戦後日本社会論

「六子《むつこ》」たちの戦後

浜 日出夫

有斐閣

目次

著者紹介

浜　日出夫（はま　ひでお）
東京通信大学情報マネジメント学部教授、慶應義塾大学名誉教授。
一九五四年福島県生まれ。一九八〇年大阪大学大学院人間科学研究科博士課程中途退学。
主著に、
『社会学の力――最重要概念・命題集〔改訂版〕』（共編）有斐閣、二〇二三年
『サバイバーの社会学――喪のある景色を読み解く』（編著）ミネルヴァ書房、二〇二一年
『社会学〔新版〕』（共著）有斐閣、二〇一九年　など。

はじめに――「ALWAYS 三丁目の夕日」から「無縁社会」へ

「無縁社会」

二〇一〇（平成二二）年一月三一日に放送されたNHKの番組「無縁社会――〝無縁死〟三万二千人の衝撃」からこの話を始めることにしよう。

この番組は、二〇〇九（平成二一）年一年間に「ひとり孤独に亡くなり引き取り手もない死」――これをNHKは「無縁死」と名づける――が三万二千人あったことを報じたものである。これはこの年の死亡数一一四万一八六五人の約二・八％に当たる。とりわけNHKは、この三万二千人のうち、身元のわからない約千人を除く約三万一千人が、身元が判明しているにもかかわらず誰にも引き取られず、自治体の手で火葬・埋葬されたことに注目して、そのような社会のあり方を「無縁社会」と名づけた[1]。

二〇〇八（平成二〇）年九月にリーマン・ショックが起こり、翌〇九年の実質経済成長率がマイナス五・四％に急落、失業者が三〇〇万人を超える（失業率五・一％）という暗い世相を背景に放送されたこの番組は大きな反響を呼んだ。それは、「無縁社会」がこの年の「新語・流行語大賞」のトップテンの一つに選ばれていることからもわかる。誰かの手からすり抜けてしまった赤い風船が低く雲が垂れ込めた空に向かって昇っていくタイトルバックと陰鬱な音楽が繰り返されるこの番組は、あたかも戦後日本社会の葬送曲のようであった。

「無縁死」三万二千人を多いとみるか、少ないとみるか、感想はさまざまだろうが、九七・二％の人は誰かに看取られ葬られていることを考えれば、この社会全体を「無縁社会」と呼ぶのはやや誇張のように思われる。しかし、「無縁死」三万二千人をどうとらえるかは別として、この番組は興味深い現象を引き起こしていた。それは、この番組の放送直後から、SNS上で「無縁社会、他人事でないなぁ」「このままいくと、私も無縁死になる」といった書き込みが相次いだことである。しかもその多くが三〇代、四〇代の書き込みであった（NHK「無縁社会プロジェクト」取材班編『無縁社会』二一二頁）。

現代社会では単身で暮らす高齢者が増えている。二〇一〇年の国勢調査によれば、六五歳以上の高齢者で単身で暮らす人は約四七九万人、高齢者全体の一六・四％であった。一人暮らしの高齢者がこの番組を見て「他人事ではない」と感じるのは当然である。しかし、三〇代、四〇代といえば、まだまだ若く、死を差し迫ったことと感じないのがふつうだろう。その三〇代、四〇代の人たちがこの番組を見て「他人事ではない」と感じたということは、「無縁死」が三万二千人あったということ以上に、この社会のありようを鮮明に映し出している。そして、これら三〇代、四〇代の人たちの反応も含めれば、このような社会のあり方はたしかに〈無縁社会〉と言ってよいものだろう。

今年（二〇二三年）は戦後七八年を迎える。僕たちはどこから来て、どこをどうたどって、このような社会にたどりついてしまったのか、この本では一人の女性の人生を追いながら戦後日本社会の歩みをたどってみることにする。

「ALWAYS 三丁目の夕日」

その女性の名前は星野六子《むつこ》、映画「ALWAYS 三丁目の夕日」（山崎貴監督）の主人公である。一九五八（昭和三三）年の東京を舞台とするこの映画は二〇〇五（平成一七）年に公開され、観客動員数二七〇万人の大ヒットとなった。その後もテレビで何度も放送されており、見たことのある人もいるだろう。六子は一九五八年、青森県の中学校を卒業と同時に、集団就職列車に乗って、東京にある自動車修理工場鈴木オートに就職する。五八年はちょうど高度経済成長が始まったばかりのころである。映画は六子と戦後日本社会の未来を祝福するような明るい音楽で彩られ、貧しかったけれども夢と希望にあふれ

1　NHKの調査は一回限りであったが、二〇二三（令和五）年三月、総務省は全国の自治体を対象とした「引取者のない死亡人」の発生状況についての調査結果を公表した（総務省「遺留金等に関する実態調査　結果報告書」）。「引取者のない死亡人」はNHKのいう「無縁死」と同じである。それによれば、一八（平成三〇）年四月から二一（令和三）年一〇月の間に「引取者のない死亡人」は一〇万五七七三人、うち身元のわからない人が二八五二人である。三年半で約一〇万六千人ということは、平均すれば一年約三万人で、一〇年で大きな変化はない。二一年の死亡数が一四三万九八〇九人と増加しているので、死亡数に占める割合は低下している（約二・一％）。

ていた社会を描いている。それから約五〇年を経て、時代は〈無縁社会〉へと変貌する。
「ALWAYS 三丁目の夕日」から〈無縁社会〉への約五〇年間の日本社会の変化を、六子とその家族のありえたかもしれない人生をたどりながらみていくことにしよう。

登場人物

はじめにこの話の登場人物を紹介しておこう。[2]

六子　六子は一九四三（昭和一八）年一〇月二一日に青森県北津軽郡板柳《いたやなぎ》町で父新吉の三女として生まれる（鈴木オートの社長鈴木則文が六子の荷物を道に放り出したとき、そこに入っていた履歴書にそう書かれていた）。そして、いま述べたように五八年三月中学校を卒業すると、集団就職列車に乗って、鈴木オートにやってくる。しかし、じつは計算が合わない。六子は遅生まれなので、中学校卒業は五九年のはずである。ここでは映画に合わせて話を進めることにしよう。そして、六八（昭和四三）年三月、勇[3]と結婚、翌六九（昭和四四）年八月、第一子・直美[3]が誕生、七二（昭和四七）年三月、第二子・誠[3]が誕生する。

勇　六子の夫。一九四一（昭和一六）年一月生まれ。五六（昭和三一）年中学校を卒業し高校に進学。五九（昭和三四）年高校を卒業して就職。六八年三月、六子と結婚。

直美　六子と勇の長女。一九六九年八月生まれ。八八（昭和六三）年高校を卒業して短大に進学。九〇（平成二）年短大を卒業して就職。九五（平成七）年一二月、健一[3]と結婚。九七（平成九）年七月、第

一子・明日香[3]が誕生。二〇〇〇（平成一二）年二月、第二子・翔[3]が誕生。

誠　六子と勇の長男。一九七二年三月生まれ。九〇（平成二）年大学に進学、九四（平成六）年卒業。

明日香　直美と健一の長女。一九九七年七月生まれ。

翔　直美と健一の長男。二〇〇〇年二月生まれ。

そして、この時代を生きた無数の「六子」たちや「勇」たち、「直美」たちや「誠」たち、「明日香」や「翔」たちもまたこの話の登場人物である。僕もそのなかの一人である。僕は一九五四（昭和二九）年生まれ、六子より一〇学年下である。僕もまたこの時代に生まれ、この時代によって作られ、またこの時代を作ってきた、この時代の子である。この時代を語るとき僕自身の記憶を織り交ぜて語ることもあるだろう。

時代区分

六子はどんな時代を生きたのだろうか。それは、戦後の混乱期を除いて、大きく三つの時期に分けら

2　なお、六子以外は本書オリジナルの登場人物である。

3　名前は明治安田生命による名前ランキングの各生まれ年の一位。ただし一九六七年生まれの健一は二位。この年の男子の一位も誠だった。

れる。これを国内総生産（GDP）の実質成長率の推移でみてみよう（図はじめに-1）。成長率がトントンと階段を二段下りるように低下してきたことがわかる。

第一の時代は一九五五（昭和三〇）年から始まり、七三（昭和四八）年の第一次オイルショックで終わる高度経済成長期である。この時代の成長率の平均は九・二五％、この間にGDPは五五年の約八兆九千万円から七三年の約一一九兆六千万円へと約一三・四倍に増加する（内閣府「令和三年度」年次経済財政報告」）。

第一次オイルショックによって、一九七四（昭和四九）年の成長率はマイナス一・二％、戦後はじめてのマイナス成長となる。欧米諸国がそのまま低成長期に入ったのに対して、日本はいち早く立ち直り、バブルが崩壊する直前の九〇（平成二）年まで安定成長期が続いた。この期間の成長率の平均は四・〇七％である。九〇年直前の少し折れ線グラフが高くなっているところがバブル経済である。この間にGDPは七四年の約一四三兆円から九〇年の約四六二兆円へと増加する（同）。

そして、バブルが崩壊した一九九一（平成三）年から現在まで続くのが低成長期である。この間の成長率の平均は一％に満たない。GDPも九一年の約四九二兆円から二〇二〇年の約五三九兆円へとわずかに増加しただけである（同）。「失われた三〇年」である。

六子のようにこれら三つの時代をすべて経験してきた世代もあるだろうし、明日香や翔のように生まれてからずっと低成長期という若者も多いだろう。

図はじめに-1　経済成長率の推移

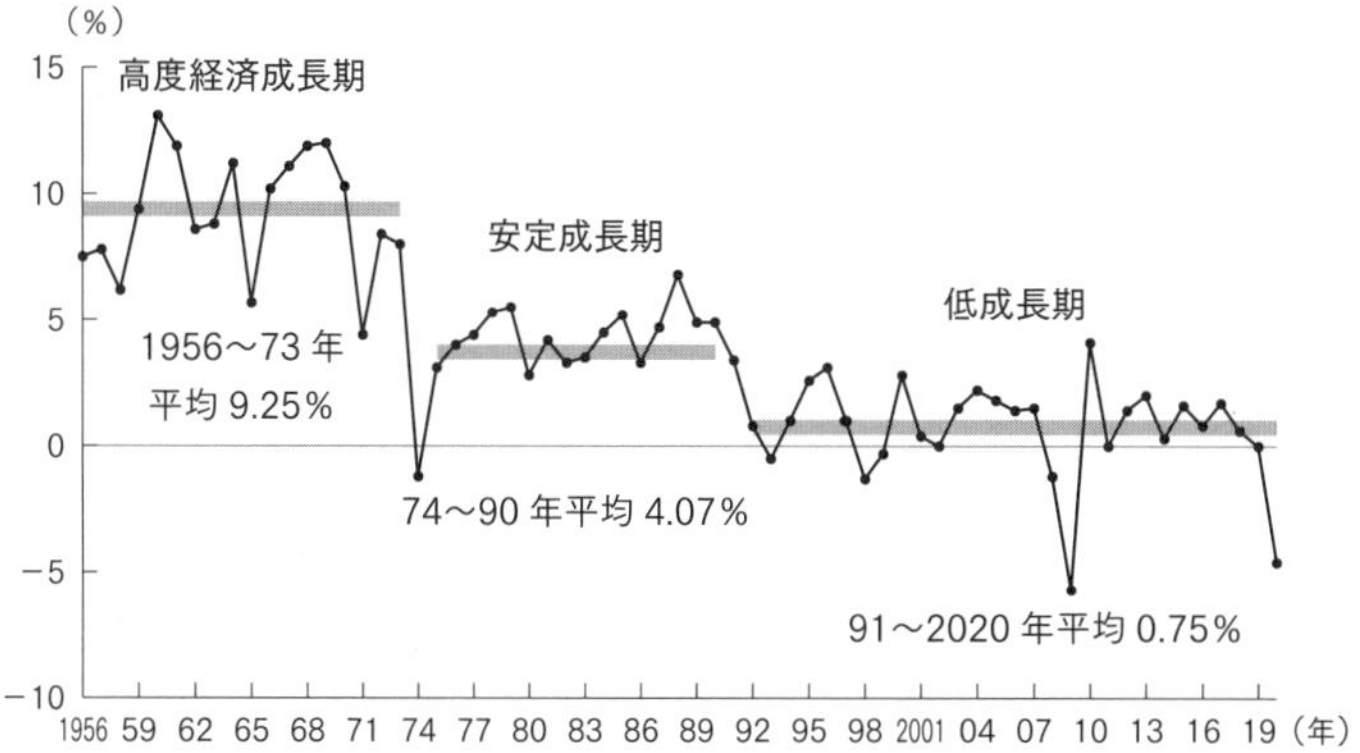

（注）1955 年は成長率のデータはない。
（出所）内閣府「〔令和 3 年度〕年次経済財政報告」より作成。

一身にして三生を経る

六子は今年（二〇二三年）、傘寿（八〇歳）を迎える。まだまだお元気だろう。二〇二〇年国勢調査によれば、女性の平均寿命は八七・七一歳である。六子たちの世代は日本史上、そればかりか世界史上稀有な経験をした世代である。それは高度経済成長という大事件に遭遇したことによる。

原朗は高度経済成長期を二千年前の弥生時代に匹敵すると述べている。

> 高度成長期における経済構造の変化は、農地改革・地租改正・太閤検地などを飛び越えて、はるか二千年前の弥生時代における変化に匹敵するといってもよいと思われる（原朗「戦後五〇年と日本経済」『年報・日本現代史』創刊号、九九頁）。

高度経済成長は日本だけの出来事ではなかった。「黄金の六〇年代」といわれた一九六〇年代は先進工業国ではどこでも高度経済成長を謳歌していた。世界的な歴史家ホブズボームはこう述べている。

この黄金時代について、今、大きな自信をもって評価できるのは、その中で生じた経済的、社会的、文化的な転換が異様なまでに大きな規模と迫力をもったものだったということである。それは、記録に残っている歴史の上で最大、かつもっとも急速で根本的な転換であった。[……、著者中略、以下著者補足は［ ］で示す］二〇世紀の第三・四半期は石器時代の農業の発明とともに始まった七千年、ないしは八千年の歴史の終わりを記したと主張できるであろう。この時代とともに、人類の圧倒的多数が食料を育て動物を養って暮らしてきた長い時代が終わったからである（ホブズボーム『二〇世紀の歴史〔上巻〕』一四―五頁）。

一九六〇（昭和三五）年から七〇（昭和四五）年の日本の実質経済成長率の平均一〇・四%は、アメリカの三・九%、イギリスの二・九%、西ドイツ（当時）の五・三%、フランスの六・〇%をはるかに凌駕していた（三和良一・原朗編『近現代日本経済史要覧〔補訂版〕』四一頁）。「東洋の奇跡」と呼ばれた日本の高度経済成長は世界史的な出来事でもあった。

さらに六子たちの世代の経験を特別なものにしたのは、たんに高度経済成長という出来事に遭遇したためばかりでなく、日本の高度経済成長のペースがあまりに早かったためである。経済学者たちの言葉を借りよう。

高度成長は誇張でなく、日本という国を根本から変えた。［……］これほど大きな変化が、「昭和」という一つの元号の三分の一にも満たない短い期間、わずか六〇〇〇日の間に生じたことは、考えてみれば驚くべきことである（吉川洋『高度成長』五頁）。

高度成長は、農村から都市へという「民族大移動」を通して国の姿をすっかり変えた。それはまた有史以来の日本の農業を「地すべり」的な衰退へと追い込む過程でもあった（同一一七頁）。

この時期［昭和三〇年代］の日本の重化学工業化は、欧米諸国が半世紀以上の時間をかけ何回かのピークを重ねながら実現してきた到達点を、わずか一〇年くらいのあいだに一挙に圧縮して達成したものである（柴垣和夫「産業構造の変革」東京大学社会科学研究所編『戦後改革8　改革後の日本経済』七七頁）。

一九五〇年代を転機にして、高度成長期には世界史上例をみない都市化現象がはじまった。［……］アメリカが一世紀かかった都市化を、日本はその四分の一の二五年でなしとげた（宮本憲一『昭和の歴史　第10巻　経済大国』七一頁）。

武士として封建社会を生き、明治維新以降は慶應義塾を創設し、教育者・思想家・言論人として近代社会の建設に力を尽くした福沢諭吉（一八三五―一九〇一）は自分の半生を振り返って「一身《いっしん》にして二生《に しょう》を経《ふ》る」と述べた（福沢諭吉『文明論之概略』一二頁）。これになぞらえれば、六子の人生は高度経済成長に遭遇したこと、そしてそのペースがあまりにも早かったために「一身にして三生を経る」ものとなった。

六子はおそらく高度経済成長期以前の青森の伝統的な家族と村で生まれ育っただろう。これが一生目である。そして、集団就職列車に乗って、これから高度経済成長に向かおうとする東京にやってきて、自分が生まれ育った家族とは異なる近代的な家族を作った。これが二生目である。ホブズボームによれば、「黄金時代」はオイルショックで終わりを告げ、「危機の時代」が始まる。日本は安定成長期をはさみ、欧米諸国から約二〇年遅れて「危機の時代」に突入する。そしていま六子は、自分の子どもたちや孫たちが自分の知らない社会に足を踏み入れていくのを心配そうに見守っている。これが三生目である。

あらすじ

本書のあらすじは以下のとおりである。

第1章「集団就職の時代」では、青森の中学校を卒業して集団就職列車に乗って東京に向かった六子の歩みを追いながら、戦後日本社会の輪郭が作られていく過程を描く。

第2章「テレビの時代」では、次から次に登場する夢を追いかけた「夢の時代」であったと同時にさまざまな公害も生んだ高度経済成長期の明暗を描く。

第3章「六子の結婚」では、東京にやってきた六子が勇と結婚してどんな家族を作ったかをみる。第4章「高度経済成長期の社会」は家族・雇用・住宅に焦点を当てて高度経済成長期の社会の特徴をみていく。第1節「家族の戦後体制」では高度経済成長期の家族の特徴をみる。高度経済成長期には、みんなが結婚し、二、三人の子どもをもち、夫が一家の生活を支え、妻が家事・育児を担う家族を作った。第2節「雇用の戦後体制」では、夫が一家の生活を支えることができた背景には戦後確立された「日本的経営」があったことをみる。これが、「モーレッ社員」の夫と専業主婦の妻からなる近代家族を可能とした。第3節「住宅の戦後体制」では近代家族の容れものとなった団地をみる。

第5章「一億総中流社会」では、オイルショックから立ち直ったあとバブル崩壊まで続く安定成長期の社会の特徴をみる。「ジャパン・アズ・ナンバーワン」の時代である。この時代は、高度経済成長期に骨格が作られた日本の近代社会が完成された姿を現すと同時に、その足元で次の時代への移行の前兆が始まっていた時代であった。

第6章「失われた三〇年」は、バブル崩壊後の社会の変容を流行語を手がかりとしてみていく。

第7章から第9章は直美と誠が歩んだかもしれない人生をたどりながら、バブル崩壊後の「第二の近代社会」の特徴をみていく。

まず第7章「家族のポスト戦後体制——第二の近代社会へ（その一）」では直美と健一が作った家族をみる。家族は多様化し、もはやみんながみんな結婚するわけではないし、結婚してもみんながみんな二、三人の子どもをもつわけではない。

第8章「雇用のポスト戦後体制——第二の近代社会へ（その二）」では、「第二の近代社会」では女性も男性と同じように働く時代になったことをみる（第1節）。女性の働き方の特徴をみると同時に、「男女雇用機会均等法」（一九八五年）がなぜ女性の働き方を変えることに失敗したのか考えてみる（第2節）。誠が大学を卒業したときにはすでに就職氷河期が始まっていた。誠たちはみんながみんな勇のように就職し働くことができたわけではなかった（第3節）。

第9章「地域の変容——第二の近代社会へ（その三）」では現在の日本列島の風景からいくつかを点描する。

「おわりに——第二の近代社会を生きる」では、これから「第二の近代社会」を生きていく明日香と翔にエールを送りたい。

これが本書のあらすじであるが、できれば「ALWAYS 三丁目の夕日」をあらかじめ見ておいていただければ少しリアリティが増すかもしれない。また注を煩雑に感じられれば飛ばして読んでいただいてもかまわない。

それでは「一身にして三生を経る」という稀有な経験をした六子の歩みをたどりながら戦後日本社会の変遷を追っていくことにしよう。

第1章

集団就職の時代

青森県板柳町

「はじめに」で紹介したように、六子は一九四三（昭和一八）年一〇月二一日に青森県北津軽郡板柳町で父新吉の三女として生まれる。「上に五人いた」と言っているので、六子という名前のとおり、三男三女の六番目として生まれたのであろう。もしかしたら下にまだ弟妹がいるかもしれない。家はおそらく農家だろう。それも、六子は「口減らし」で家を出されたと信じ込んでいるので、豊かな部類の農家ではなかっただろう。

板柳町は弘前市に隣接する実在の町である。津軽平野の中央、岩木山の東麓に広がるリンゴ栽培を中心とする農業地帯である。人口は、六子が東京に出る直前の一九五五（昭和三〇）年の二万二二五七がピークで、その後は減り続け、二〇二二（令和四）年には一万二九三一となっている。

家制度

六子が生まれ育った家族はどのようなものであっただろう。戦前の日本の家族制度は「家制度」と呼ばれている。鳥越皓之は家制度の特徴として次の三つを挙げている。

①「家は家の財産としての家産をもっており、この家産にもとづいて家業を経営している一個の経営体である」（鳥越皓之『家と村の社会学〔増補版〕』一一頁）。

②「家は家系上の先人である先祖を祀る」（同）。

③「家は世代をこえて直系的に存続し、繁栄することを重視する」（同一二頁）。

それぞれについてみていこう。

①戦後改正された民法によって、現在では家族の財産は子どもたちの間で均分に相続される。しかし、戦前の旧民法では、財産は一人の子ども（ふつう長男）によって単独で相続された。それは戦前の家が家族であると同時に家業を経営する経営体でもあったためである。家長は同時に家業の経営者であり、家族の財産は同時に家業を継続するための家産でもあった。家産を分割してしまうと家業が成り立たなくなってしまう。[1]

②家産を単独で相続した家長は先祖代々の墓を祀る義務と権利も相続する。そして、いずれは自分もその墓に入り、自分の長男によって祀られることを期待することができた。これは家長のみの特権である。他出した兄弟は先祖代々の墓には入れない。他家に嫁ぐ姉妹は他家の墓に入ることになるし、自分

で新たに家を創設する次三男は自分で墓を用意しなければならない。
③この結果、家は先祖代々の姓を継承する老夫婦と長男夫婦とその子どもたちの三世代からなる直系家族（三世代世帯）となり、これが繰り返される。このような家ではしばしば仏壇の置かれている仏間の長押《なげし》に先祖の写真が並べられていた。
六子が生まれ育った家族もおそらくこのような家族であっただろう。
戦前は子どもの数が多かった。国立社会保障・人口問題研究所の「人口統計資料集〔二〇二二年版〕」によれば、妻の生まれ年が一八九〇（明治二三）年から一九〇五（明治三八）年の間では、平均出生児数は四・八人である（六六頁表3-3）。

戦前の農民の一夫婦は、一生の間に平均五人の子供を生んだ。そのうち一人は、成年に達する前に死ぬ。残ったのは四人だ。平均してみれば男女それぞれ二人ずつだ。かれらの一組は両親の座をつぐであろう。他の一組は、いずれ他出するであろう（並木正吉『農村は変わる』一五五頁）。

子どもが五人生まれれば、そのうち一人は成年に達する前に死ぬ。戦前、乳児死亡率は明治後期から

1　この事情は一片の法律改正によってたちまち変わるわけではない。新民法下の一九六八（昭和四三）年でも、八割以上の農家で農地の単独相続が行なわれていた（福武直『日本の農村〔第二版〕』六三頁）。

大正期は一五％以上、一九三九〔昭和一四〕年までは一〇％を超えていた。すなわち、生まれた子ども一〇人のうち一人か二人が生後一年未満で亡くなっていたことになる。[2] 四人が残り、そのうち長男は家を継ぐ。姉妹のうち一人は他家の長男に嫁ぎ、他家を継ぐ。残る二人は家を出なければならない。これが「次三男〔女〕問題」である。

残った次三男や女子はどこに行くのだろう。男子であれば、上層の農家なら分家を出してもらうことができた。または他家に婿入りするという可能性もあった。そうでなければ就職することになる。戦前であれば、商店の丁稚《でっち》・小僧、大工などの職人が主な就職先であった。そのいずれも困難であれば、一生結婚しないまま兄の支配下で「部屋住み」として働かなければならなかった。女子であれば、女中[3]・子守となるか、製糸工場・紡績工場などの女工となった。

ちなみに僕の父〔一九二六〔大正一五〕年生まれ〕は九人きょうだいだった。うち二人は幼くして亡くなっている。母〔三一〔昭和六〕年生まれ〕も七人きょうだいである。父は兵庫県の日本海側、但馬《たじま》地方の農家の長男だったが、家は継がなかった。たとえ長男であっても、家を出れば本家の墓には入れない。父は自分で墓を用意した。母は「家は継がなかったけれども代わりに自由を手に入れた」と振り返っている。

集団就職

六子は一九五八〔昭和三三〕年三月に中学校を卒業した。五八年の青森県の高校進学率は男子四五・

七%、女子三九・四%であった。男女ともまだ半分に届かない。全国平均の男子五六・二%、女子五一・一%との間には大きな開きがある（青森県「青森県教育データブック」）。六子も高校には進学せず、同級生たちとともに集団就職列車に乗って東京へと向かった。[4]

六子が東京へやってきた「集団就職」とはどういうものだったのだろうか。

「集団就職」という言葉は、昭和三〇年代の毎年三月に、地方出身の中卒就職者（時に高卒就職者を含むこともある）が「集団就職列車」（一九五四年に開始）で大都市に集団的に移動した事態をさす、昭和三〇年代に固有の歴史的名称である（加瀬和俊『集団就職の時代』一四三頁）。

六子の世代の人であれば、「集団就職」といえば図1-1のような光景を思い浮かべるだろう。六子の上京よりもすこし後のことになるが、早船ちよは一九六三（昭和三八）年三月に秋田から上野[5]

2　戦後は医療技術の発達や栄養状態の改善によって、乳児死亡率は劇的に低下し、二〇二一（令和三）年では〇・〇一七%である。生後一年未満で亡くなるのは一万人に二人弱である（厚生労働省〔令和三年（二〇二一）〕人口動態統計月報年計〔概数〕の概況）。

3　「女中」という言葉には差別的な含みがあるが、本書では歴史的表現としてそのまま踏襲して用いる。

4　「青森県は、日本の近代化の中で、長い間労働力供給地域＝人口排出地域であった。集団就職のような形を含め、多くの青少年たちを労働力として積極的に提供してきた」（山下祐介・作道信介・杉山祐子「津軽地域とその変容」『津軽、近代化のダイナミズム』一〇頁）。

図 1-1　青森から上野駅に到着した集団就職列車（1959 年）

（出所）　毎日新聞社／時事通信フォト。

に向かう集団就職列車に同乗して、その様子を次のように書いている。

三月二十七日のあさ、七時三十五分。／［改行、以下同］八幡平《はちまんたい》駅へ、集団就職臨時列車がすべりこみ、村の中卒就職者たちがのりこんだ。ホームが、わあっとわきたった。ホームいっぱいの見送り人があふれて、線路みちにまで、二、三十人は立っている。［……］中学校の先生たちが、幾人も車内へのりこんできて、ひとりひとり、肩を抱くようにして励ましている。／「さべれ！　さべれよう！　遠慮スねえで、どんどん、さべれよう」／汽車がうごきだす。五色のテープが車窓に乱れとび、中学生のブラスバンドの「蛍の光」。／「このホームの外れさ見れ、な、部落の人らみんなが、見送りにきているから」という先生のこえ。／汽車がそのホームの外れにかかると、わあっと、喚声があがる。手をふる、ふる。ホームいっぱいの人びとは、反対がわのレールの上まであふれて立ちならび、口ぐちにさけぶ。／「がんばれ！　からだ、だいじにな」／「正月にゃ、帰ってこいよう」／「さいならァ、さいならァ！」／人びとの姿が見えなくなるまで見送っていた少女たちは、みんな泣きだす（早船ちよ『集団就職の子どもたち』一二―三頁)。
「さべれよう」は方言を気にして口の重たい子どもたちへの励ましの言葉だった。貧しい親たちは、学校や職業安定所(以下、職安)が東京へ行っても着ることはないからやめるように言っても学生服やセーラー服を新調してやり、まだ幼さの残る一五歳の子どもたちをこのようにして送り出した。そして、約二〇時間後、集団就職列車は上野駅に到着する。

二十八日のあさ、五時四十五分、上野着。集団就職列車の秋田・岩手組千人は、バスをつらねて台東区体育館へ――。体育館へ入るアーチには「就職、おめでとう」「きょうから東京の人です」の歓迎のことばが大きくかかげられている。/体育館にはいると、県別に各職安にわかれ、それぞれ迎えにきた事業主にひき渡される。わたしたちの秋田・岩手組の男子の就職先は、東京ではゼロメートル地帯といわれる江東地区や川口市が多く、女子は、足利市や山梨県のセンイ工場行きである。そのほかには、商店の店員、食堂の給仕、美容師見習など(同一六頁)。

5 早船ちよは埼玉県川口の鋳物職人一家を描いた『キューポラのある街』(一九六一年)の作者である。早船自身、明治時代から諏訪地方の製糸工場に女工を送り出してきた岐阜県飛驒地方で生まれ育ち、尋常高等小学校を卒業した後、東洋レーヨン滋賀工場、片倉製糸下諏訪工場などで働いた経験をもつ(関口安義『キューポラのある街』)。

「青森職安」の旗を持った職員に引率されて、同じようにセーラー服を着て上野駅に降り立った六子も、社長の則文自ら運転するオート三輪で「夕日町三丁目商店街」にある有限会社鈴木オートへとやってくる。そこは住居と工場を兼ねた小さな自動車修理工場だった。六子はその二階に住込みで、見習いの自動車修理工として働くことになった。6

民族大移動

このような集団就職という現象の背景にあったのは日本経済の「二重構造」である。経済企画庁（当時）の「〔昭和三二年〕経済年次報告」は次のように書いている。

我が国雇用構造においては一方に近代的大企業、他方に前近代的な労資関係に立つ小企業及び家族経営による零細企業と農業が両極に対立し、中間の比重が著しく少ない。〔……〕いわば一国のうちに、先進国と後進国の二重構造が存在するに等しい。

朝鮮戦争（一九五〇—五三）による特需で経済復興の足がかりを得た当時の日本では、京浜・中京・阪神の三大都市圏で重化学工業化が進み、旺盛な労働力需要が生まれていた。他方、農村では次三男問題に加えて、戦後農村に戻った、復員兵士、引揚者、都市で住居と仕事を失った疎開者たちで、過剰人口をかかえていた。戦前から約一四〇〇万人でほぼ一定していた第一次産業就業者（その大半は農業就業者）は、一九五〇（昭和二五）年には一七〇〇万人を超え、就業者数全体に占める第一次産業就業者の割合は四八・五％であった（国立社会保障・人口問題研究所「人口統計資料集」〔二〇二二年版〕）。

一九五八（昭和三三）年度の一人当たりの県民所得をみると、上位には約一六万円の東京都をトップに、大阪府、兵庫県、神奈川県、愛知県が並び、下位には四六位（まだ沖縄は返還されていない）[7]の鹿児島県（約六万五千円）から始まり、岩手県、宮崎県、熊本県、山梨県、青森県、福島県が並んでいる（内閣府経済社会総合研究所「県民経済計算（昭和三〇年度―昭和四九年度）」）。上位に三大都市圏が並び、下位には九州・東北の農業県が並んでいることがわかる。鹿児島県と東京都の間には約二・五倍の開きがある。これが、後進国＝農村から先進国＝三大都市圏への「民族大移動」（吉川洋）を生んだ。集団就職はその一部であった。

集団就職の規模はどれくらいだったのだろうか。それを直接示すデータはみつからないが、苅谷剛彦によれば、一九五九（昭和三四）年から六八（昭和四三）年の間に就職のために都道府県をまたいで移動した労働者数は、毎年約三〇万人から約五三万人の間、平均して毎年約四四万人であった。そのうち農家出身の新規学卒者が占める割合は三八・九％から五七・〇％の間、人数にして毎年約一六万人から約二五万人の間で推移している（三年分はデータ欠落）（苅谷剛彦「学校・職安・地域間移動」苅谷剛彦・菅山真

6 「一粒の麦」（吉村公三郎監督、一九五八年）は、福島から東京に集団就職した中卒就職者の当時の姿をよりリアルに描いている（倒産、転職、賃金不払い、病気など）。

7 沖縄の返還は一九七二（昭和四七）年である。

図 1-2　産業別就業者数の推移

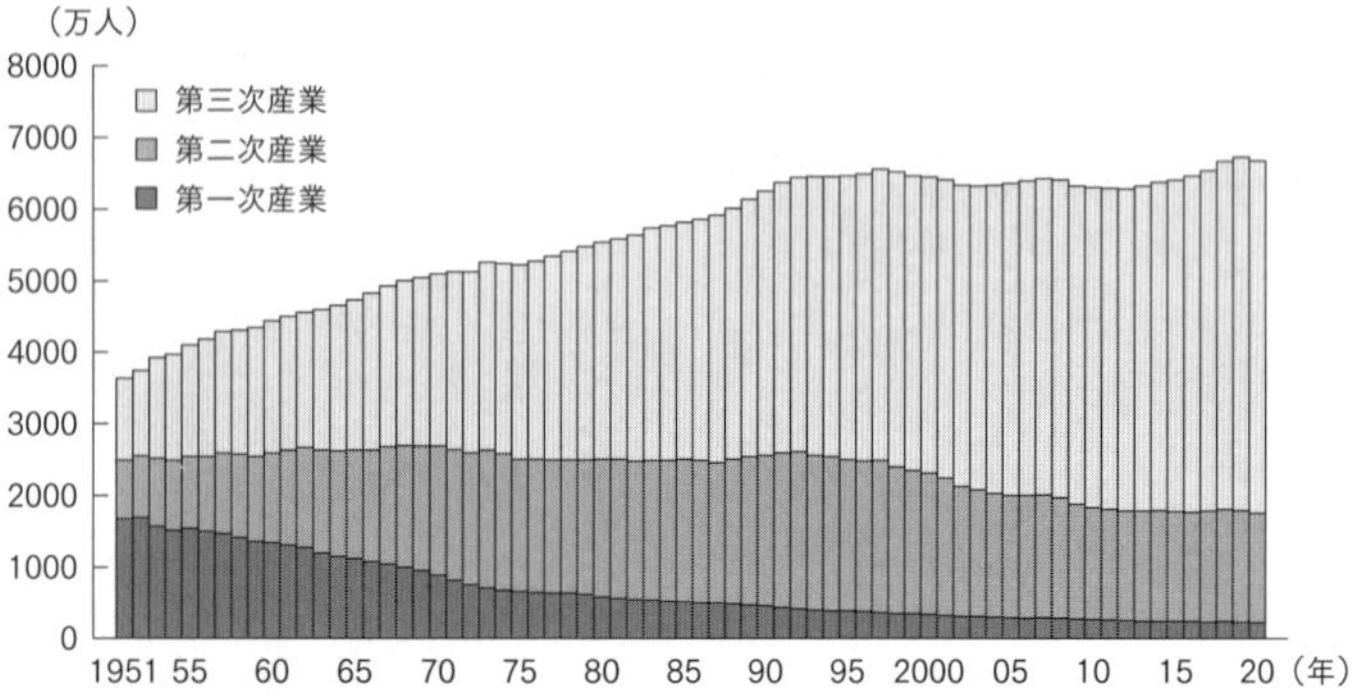

(出所) 労働政策研究・研修機構「早わかり　グラフでみる長期労働統計」より作成。

次・石田浩編『学校・職安と労働市場』四四頁)。六〇年代、毎年約二〇万人の新規学卒者が農村を離れて都市に向かったことになる。

この民族大移動の結果、第一次産業就業者の数は急速に減少する(図1-2)。高度経済成長が始まった一九五五(昭和三〇)年に一五三六万人(三八%)だった第一次産業就業者は、それが終わった七三(昭和四八)年には七〇五万人(一三%)と半分以下になっていた。[8]

これと入れかわって増加したのが第二次産業、第三次産業就業者である。青森の農家で育った六子も東京にやってきて第三次産業の自動車整備業で働くことになった。

これらの農村出身の新規中卒者のすべてが六子のように集団就職列車に乗って三大都市圏にやってきたわけではない。新規中卒者の就職経路には大きく分けて二種類あった。一つは職安・学校を経由するもの、もう一つはそれ以外のものである。後者には縁故就職、紡績業にみられた募集人(会社専属の就職斡旋人)を通した就職、個人での移動などがあった。並木正吉によれば、「中学卒業生で、雇用労働者となったものについては、昭和二十七年すでに六〇%、三十年以降では七〇%が職業安定所・学校を経由している」（並木正吉『農村は変わる』三七―八頁）。三〇%から四〇%は職安・学校経由以外のものということになる。これは、早船が書いている「職安をとおさない縁故紹介が、秋田県のこの郡の職安管内で、職安をとおす就職者（三七〇名）の、やく半数か、それ以上、あるらしかった」（早船ちよ『集団就職の子どもたち』二二頁）とも一致する。集団就職列車を利用したのはこのうちの職安・学校経由の新規学卒者である。さらにそのすべてが、六子が東京へやってきたような一編成すべてを貸切りにした集団就職専用臨時列車であったわけではない。それ以外に通常ダイヤの列車に就職者用の車両を増結したものや客車の一部だけを貸切りにしたものもあった。こうしてさまざまなルートをたどって、高度経済成長期の毎年三月に多くの農村出身の若者たちが三大都市圏の駅に降り立った。

集団求人

それではこうして都市にやってきた若者たちはどんなところに就職したのだろうか。

表1-1は、一九六三（昭和三八）年三月に卒業し東京都内に就職した新規中卒者・高卒者について、出身地域別に就職先企業規模の比率を示したものである。

8　二〇二〇（令和二）年には二一三万人（三一%）である。

表 1-1　出身地域別・就職先企業規模別の新規学卒者数割合（1963 年 3 月）

	出身地	～29 人	30 人～	100 人～	300 人～	500 人～	計
中卒者	都内	7.2	22.9	30.2	11.2	28.4	100.0
	地方	44.1	32.3	14.4	3.6	5.6	100.0
高卒者	都内	5.4	15.0	22.8	13.4	43.5	100.0
	地方	22.5	27.8	24.6	7.9	17.2	100.0

（出所）　加瀬和俊『集団就職の時代』98 頁より作成。

中卒者だけみておくと、都内の中学校の卒業者は約七割が従業員規模一〇〇人以上の企業に就職しているのに対して、地方出身者の四人に三人が従業員規模一〇〇人未満の企業に就職しており、鮮明なコントラストを描いていることがわかる。

どうして同じ新規中卒者であるにもかかわらず、都内出身者と地方出身者の間でこのような違いが生まれるのだろうか。加瀬和俊はその理由を企業の側の「通勤労働力への選好」（加瀬和俊『集団就職の時代』一〇〇頁）に求めている。つまり、企業は可能であれば通勤可能な労働者を雇用しようとするということである。親元に居住している通勤労働者であれば、寮や寄宿舎を建てたり、それを維持したりするコストがかからず、また年少者の監督を親に期待することもできるからである。

そうするとどういうことになるだろうか。都市の大企業は都市の出身者から順番に採用しようとするし、また都市の新規中卒者も条件のよい大企業から順番に選択していくことになる。同様に、地方都市の企業でも地方都市周辺の出身者を採用しようとする。これらの企業に採用された新規学卒者は県境をまたいで移動することはない。そこから締め出されるのは、都市の中小・零細企業や商店と、地方都市から離れた農山村の新規学卒者である。そして、この両者を結んだのが集団就職列車であった。「でっけぇビルヂングの自動車会社」を想像してきた六子が、住居と工場を兼ねた従業員一名の自動車修理工場に住込みで働くことになったこと、また有限会社鈴木オートが採用することができたのが青森県出身の六子であったことは、高度経済成長期の集団就職という現象を正確に描写している。

そして、都市の中小・零細企業や商店が地方の農村の新規学卒者を採用するためにとったのが「集団求人」という方法であった。それは、都市部で新規学卒者を採用することができなくなった、洋服屋・クリーニング屋・パン屋・米屋・酒屋・鮨屋・理容業・美容院などの業種別団体や、商店街単位で組織された地域別団体が労働条件を協定して、まとまって職安に求人を申し込む方式であった。一九五五（昭和三〇）年三月に東京都世田谷区桜新町《さくらしんまち》商店街が新潟県高田市（現・上越市）から中卒者三〇人を採用したのが集団求人の始まりであったといわれる（山口覚『集団就職とは何であったか』四一頁）。

サザエさんの街

桜新町はまた「サザエさんの街」でもある。東急田園都市線渋谷駅から四駅先の桜新町駅を降りて地上に出ると、サザエさん一家の銅像が出迎えてくれる。波平さんの一本しかない髪の毛が抜かれて話題になったこともある。なぜ桜新町がサザエさんの街なのかというと、「サザエさん」の原作者の長谷川町子が長年桜新町で暮らしたことによる。桜新町商店街（サザエさん通り）を抜けたところには長谷川町子美術館がある。

「サザエさん」（アニメ）には桜新町での生活の様子も描かれている。磯野家の住所は「東京都世田谷区桜新町あさひが丘三丁目」である。「サザエさん」のなかに「三河屋のサブちゃん」という御用聞きが出てくる。六子の世代の人ならご存じだが、御用聞きとは得意先を回って注文を取る人のことである。そのほかにも八百屋やクリーニング屋の御用聞きも出てくる。まだ電話も少なく、コンビニもないころ、商店では、午前中に御用聞きが得意先を回って注文を取り、午後にそれを配達していた。桜新町商店街が新規中卒者を必要としていたのは、この御用聞きや出前・見習いなどのためであった。サブちゃんももしかしたら集団就職で桜新町にやってきたのかもしれない。

じつは「ALWAYS 三丁目の夕日」が「サザエさん」を引用しているところがある。六子たちが集団就職列車で上野駅に到着したとき、たくさんの人たちが改札口で出迎えていた。そのなかに「歓迎 就職おめでとうございます 旭が丘商店街」という横断幕を持った人たちがいた。「旭が丘商店街」とは「サザエさん」に出てくる商店街の名前である。つまり桜新町商店街のことである。集団求人第一号の桜新町商店街へのリスペクトかもしれない。

一九六〇年代の変化

六子が東京へやってきたのは一九五八（昭和三三）年だったが、六〇年代に入ると集団就職の様相も変化してくる。

第一に、新規中卒者の採用が急速に困難になった。職安経由の就職についてのみだが、一九五〇年代の新規中卒者の求人倍率は男女とも一倍台で推移していた。六子が就職した五八年の求人倍率は男子一・二八倍、女子一・一五倍であったが、六〇年代になると男女とも一気に二倍から三倍に跳ね上がる（加瀬和俊『集団就職の時代』六五頁）。

その原因は高校進学率の上昇によるものであった。一九五五（昭和三〇）年に約五〇％であった高校進学率は、六五（昭和四〇）年には約七〇％に上昇し、就職率は逆に四二％から二七％へと低下する（文部科学省「文部科学統計要覧〔令和三年版〕」）。六四（昭和三九）年には中卒就職者を指す「金の卵」という言葉が流行語になった。

第二に、新規中卒者の減少に対応するために、企業が新規高卒者の採用にシフトしたことである。大学進学率（短期大学を含む）は一九六〇（昭和三五）年に一七％、六五年に二五％とまだ低く、高卒の就職率はそれぞれ六一％、六〇％であった。六〇年に新規中卒就職者が約六三万人、新規高卒就職者が約五七万人であったのに対して、六五年にはそれぞれ約五五万人、約六九万人と逆転している（同）。

そして、高卒就職者の仕事の内容も変化した。一九五〇年代には、中卒者はブルーカラー、高卒者はホワイトカラーという区分があったが、六〇年代になると、中卒者の減少にともない、それまで中卒者が担っていた生産現場のブルーカラー職を高卒者が担うようになっていく。これは、技術革新の進展にともない企業が生産現場においてより高度な労働力を求めるようになっていたためでもある。この学歴代替の結果、高卒はブルーカラー、大卒はホワイトカラーという区分が作られていった。

一九六〇年代の集団就職の状況を描いているのが、二〇一七（平成二九）年に放送されたＮＨＫの連続テレビ小説「ひよっこ」である。主人公谷田部みね子は前回の東京オリンピックの翌年一九六五（昭和四〇）年三月に高校を卒業して、茨城県奥茨城村（架空の地名）から、同級生の時子や三男《みつお》とともに集団就職列車で東京へと向かう。集団就職列車で乗り合わせた中卒の豊子や澄子とともに向島電機というトランジスタラジオ工場に就職する。向島電機では社員寮で生活しながらトランジスタラジオの組み立て作業に従事した（当時「トランジスタ・ガール」と呼ばれた）。オリンピック翌年の六五年は不況で、向島電機は倒産してしまい、みね子はレストランのウエイトレスに転職することになった。

第三に、次三男と長男の立場が逆転したことである。一九五〇年代には「次三男問題」の解決が急務であった。「かつて、集団就職者は、『激励壮行会』で残村組と教師と地元有力者から励まされ慰められて農村を離れていった」（小川利夫・高沢武司編『集団就職』二〇頁）。しかし、六〇年代、農村からの人口流出が続くようになると、「次三男問題」から、一転して農村に取り残された「長男の孤独」、さらにのちには「長男の結婚難」が問題化する（加瀬和俊『集団就職の時代』六一頁）。その結果、「激励会の対象は、どこでも流出者から残村者に変わりつつある」（小川利夫・高沢武司編『集団就職』二一頁）。

そして、村に残った長男も地方に進出した企業や役場・農協・郵便局・国鉄などで働くようになる。また跡取りの長男だけでなく、大黒柱である世帯主まで農閑期には出稼ぎに出るようになる。一九六四（昭和三九）年には「三ちゃん農業」という言葉も流行した。これは家に残った「かあちゃん」「ばあちゃん」「じいちゃん」が農業の担い手になっている現象を言い表したものである。みね子も東京に出稼ぎに行ったまま行方不明になった父を探すために東京に出たのであった。

最初の集団就職専用臨時列車は一九五四（昭和二九）年四月五日青森発上野行臨時列車であったといわれている。[9]そして、最後の就職列車とされる七五（昭和五〇）年盛岡発上野行（山口覚『集団就職とは何であったか』一五九頁）まで二二年間、高度経済成長期の日本において、集団就職列車は農村から都市に若者を運びつづけた。[10]

戦後日本社会の輪郭

この「民族大移動」の結果、戦後日本社会の輪郭が徐々に現れはじめる。ここでは次の三点をみておこう。①過疎と過密、②雇用者化、③新規学卒一括採用の定着である。

過疎と過密——地域間移動

農村から都市への「民族大移動」の結果、農村の過疎・都市の過密という現在まで続く地理的な人口分布が生まれた。一九五五（昭和三〇）年から七三（昭和四八）年までの高度経済成長期の間に、就職や進学などの理由で地方から三大都市圏に移動した人は、都市から戻った人と差し引きしても、約八四九万人にのぼった。図1-3中央の0の横軸より上が転入超過、下が転出超過を表している。

このグラフをみると、高度経済成長期における地方圏から三大都市圏への地域間移動がいかに巨大な

9　山口覚によれば、これは「神話」である（山口覚『集団就職とは何であったか』八頁）。集団就職専用列車の運行は戦前までさかのぼり、戦後にかぎってみても一九五一（昭和二六）年の長野発名古屋行が最初であるという。

10　多くの若者が降り立った上野駅の広小路口には集団就職を歌った「あゝ上野駅」（一九六四年）の歌碑が建っている。

図 1-3　各地域の転入超過数・転出超過数の推移

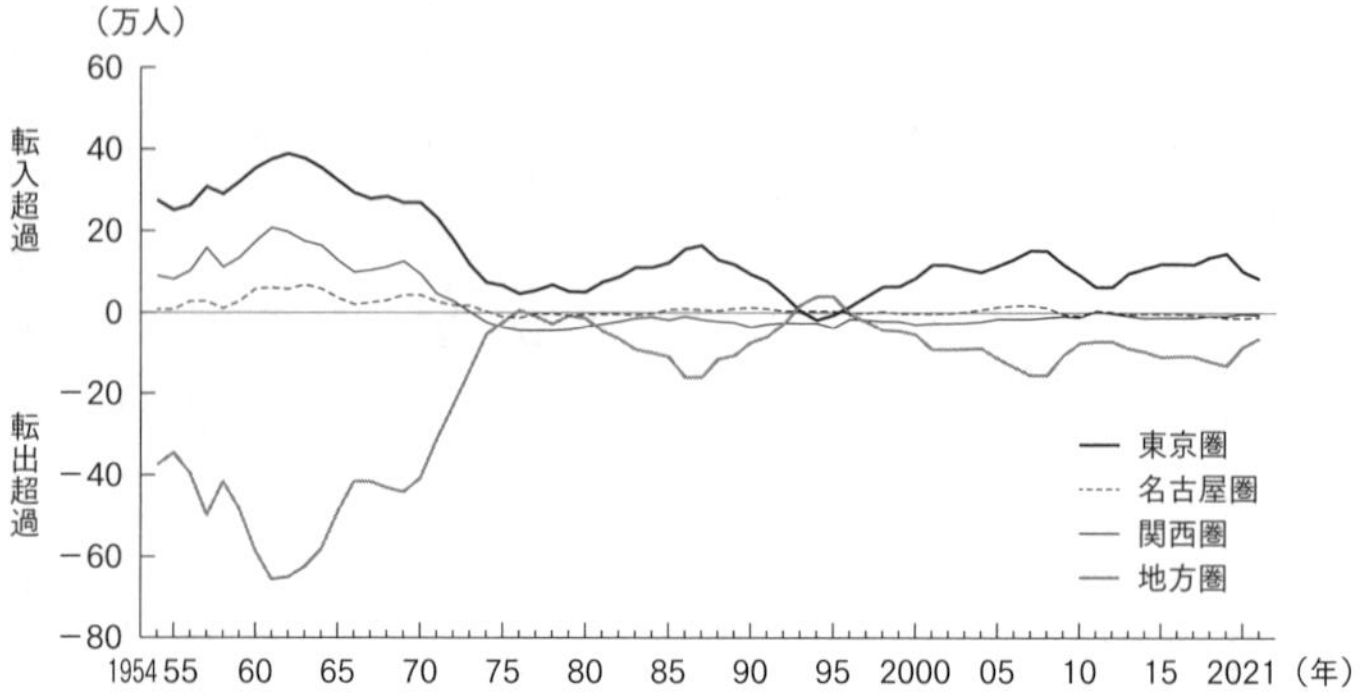

（注）　地域区分は以下のとおり。東京圏：埼玉県・千葉県・東京都・神奈川県，名古屋圏：岐阜県・愛知県・三重県，関西圏：京都府・大阪府・兵庫県・奈良県，地方圏：上記以外。

（出所）　労働政策研究・研修機構「早わかり　グラフでみる長期労働統計」より作成。

ものであったかということがわかる。八四九万人の内訳は東京圏に約五五四万人、名古屋圏に約六八万人、関西圏に約二二七万人である。六子やみね子もその一人であった。国勢調査によれば、高度経済成長が始まった一九五五（昭和三〇）年には、三大都市圏の人口が総人口に占める割合は三六・九％（東京圏は一七・一％）、地方圏が六三・一％だったが、高度経済成長が終わったあとの七五（昭和五〇）年には、三大都市圏四七・六％（東京圏二四・二％）、地方圏五二・四％となっていた。およそ二人に一人が三大都市圏に、四人に一人が東京圏に住んでいたことになる。

雇用者化
——職業間移動

また高度経済成長期に農家出身の新規学卒者が農業を継がず、三大都市圏に集団就職したり、あるいは三大都市圏内部、地方都市周辺で企業に雇用されて働くようになった結果、巨大な職業間

図 1-4　従業上の地位別就業者数の推移

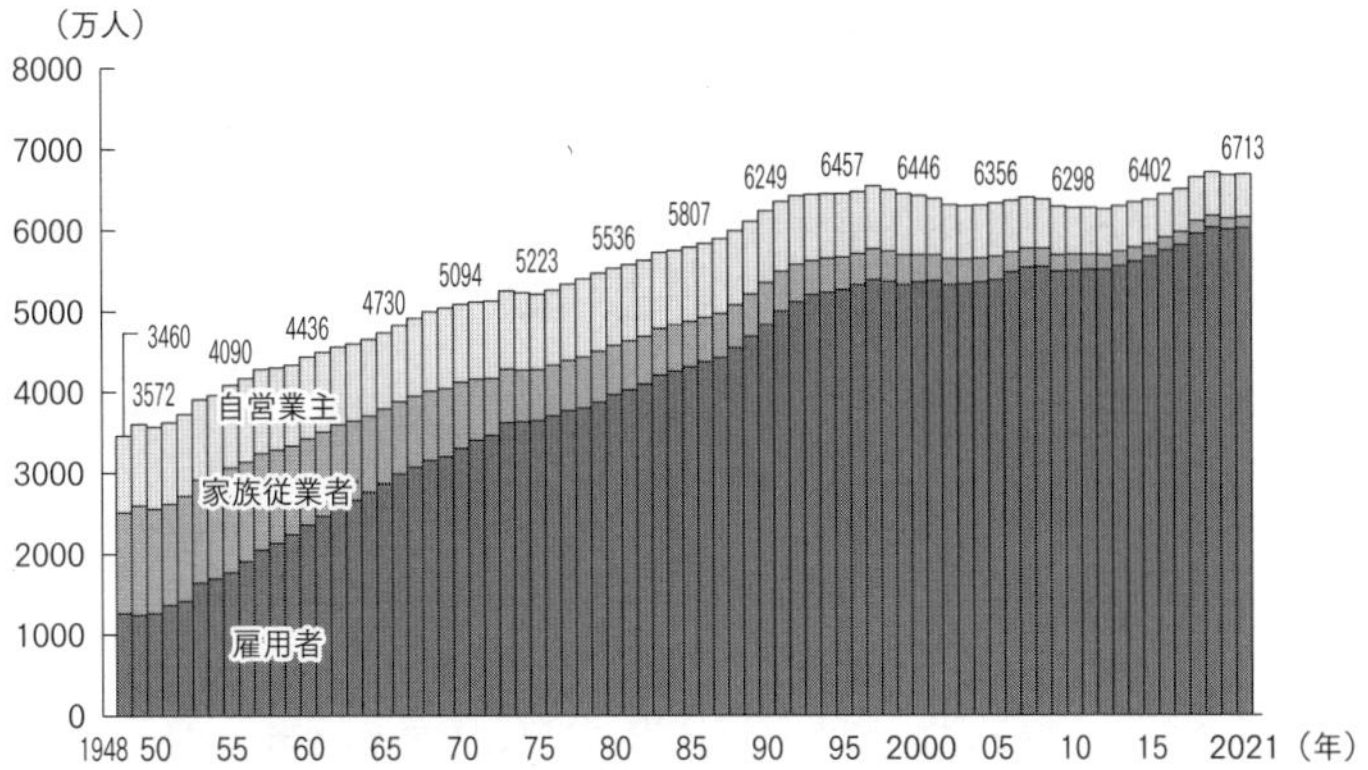

（出所）労働政策研究・研修機構「早わかり　グラフでみる長期労働統計」より作成。

移動が生まれた。職業間移動とは、子どもの世代が親の世代の職業とは異なる職業に就くことである。職業間移動はかならずしも地域間移動をともなうとはかぎらない。

就業者は「従業上の地位」にしたがって自営業主・家族従業者・雇用者に分けられる。自営業主は、自ら農家や商店を営む個人事業主であり、家族従業者は自営業主とともに農家で農作業に従事する家族や、商店で店を手伝う家族である。雇用者は、企業や団体、政府や地方自治体などに雇われ給料を支払われて働く人びと、つまり「サラリーマン」である。図1-4は従業上の地位別にみた就業者数の推移を示したグラフである。

高度経済成長の入口の一九五五（昭和三〇）年には、就業者の約五七%は自営業主とそのもとで働く家族従業者だった。働く人の六割近くは農家や商店で働いていた。さきほど引用した「〔昭和三二年〕経済年次報告」は次のように書いていた。

就業者はその従業上の地位で三つに分類される。すなわち、一）俸給資金を得て働く雇用者、二）農業や中小商工主のような自家営業者［自営業主］、三）農村の婦女子のような家族労働者［家族従業者］である。雇用者はいわばより近代的な労働関係に基づいた就業であって、この比率の大きいことは、その社会が近代化している［こと］を示すのであるけれども、［我が国では］雇用者の率は四割六分に過ぎず、イギリスの九割、アメリカの八割に比べてはるかに及ばない。自家営業者の割合も二割四分と極めて高いが、驚くべき高さを示しているのは家族労働者の比率である。我が国の三割は英国の〇・二％に比べればほとんど比較にならない。

しかし、高度経済成長期に農家出身の新規学卒者が雇用者化したことによって、一九七三（昭和四八）年には雇用者比率は七割近くになった。高度経済成長期における職業間移動を通して日本もようやく近代社会としての姿を整えるにいたった。その後も雇用者比率は増え続け、二〇二〇（令和二）年には就業者の約九割が雇用者である。

新規学卒一括採用の定着

三月に学校を卒業したばかりの卒業生が、年度をまたいで四月一日に入社式に出席していっせいに社会人になっていくという光景は、戦後の日本社会で見慣れた光景である。この新規学卒一括採用という仕組みは、明治後期に財閥系企業が大卒者をホワイトカラーとして採用するようになったことにその起源をもつが、これが新規学卒者全体に定着するのは高度経済成長期のことである。

六子は青森の中学校を卒業すると集団就職列車に乗って東京にやってきて鈴木オートに就職した。そもそもこれはどのような仕組みで行なわれたのだろうか。六子は独力で鈴木オートをみつけたのではないし、鈴木オートも自力で六子を探し出したのではない。遠く離れた六子と鈴木オートを結びつけたのは職安と学校であった。すでに述べたように、一九五〇年代には雇用者となった中卒者の六〇%から七〇%が職安・学校経由で就職していた。

石田浩と菅山真次・西村幸満の研究によれば、六子の就職はおおよそ次のような形で進んだと考えられる。中学校では、生徒が三年生になると就職指導を始め、就職希望者数・希望職種・希望就職地などをとりまとめて職安に提出し、さらにそれが労働省（当時）に集約される。職安は同時に企業から求人申込みを受け付け、こちらも労働省に集約される。

当時、京浜・中京・阪神の三大都市圏では旺盛な求人があった一方、地方では過剰人口をかかえ求人が不足していた。このアンバランスを調整するために労働省によって開催されたのが「全国需給調整会議」であった。この会議では「各都道府県の職安職員、担当者が一堂に集まり、会議の席上で、自県内では求人数が求職数を大きく下回る『供給県』とその逆の立場にある『需要県』の間の調整を行った。すなわち、全国的なレベルで中卒就職希望者とその求人の数量調節を目指し、地域的需給のアンバランスの是正に努めた」（石田浩「中卒者就職のミクロなメカニズム」苅谷剛彦・菅山真次・石田浩編『学校・職安と労働市場』一二七頁)。具体的には、「当日の会議は、労働省が提出する資料にもとづいて、[……]需要県が求人を読み上げ、これを供給県が手をあげてもちかえるという仕方で進められる。こうして各県がもちかえった求人は、全国会議の終了後ほどなく開催される県レベルの需給調整会議を通じて、さらに管轄内の各職業安定所へと配分されていく」(菅山真次・西村幸満「職業安定行政の展開と広域紹介」苅谷剛彦・菅山真次・石田浩編『学校・職安と労働市場』八一頁)。

もちろんすべての求人がこの会議で読み上げられたわけではない。県内向けの求人はすでに職安を通じて管轄内の中学校に求人票が配布されており、県外向けの求人も近隣の諸県の間で事前に調整が行なわれていた。全国需給調整会議で読み上げられるのはこのような前段階での調整で決まらなかった条件の不利な求人である。地方出身の中卒者の就職先が規模の小さい中小・零細企業に片寄ってしまうのはこの仕組みの結果であった。鈴木オートは業種別団体を通して職安に求人を申し込んだが、おそらく都内でも近隣の諸県でも求職者がみつからず、全国需給調整会議で読み上げられただろう。そして、供給県である青森県が手をあげてそれをもちかえり、それが県内の各職安に配分され、さらに管轄内の中学校に照会されたであろう。そして、中学校では生徒や父兄の希望も考慮しながらマッチングが行なわれ、そこではじめて鈴木オートと六子が結びつけられる。このようにして就職先が決まった生徒たちのために各県は集団就職列車を仕立て、毎年何万人もの中卒者を都市に運んだ。こうして「中学校の卒業が、同時に就職とつながる『間断のない』学校から職業への移行のしくみができ上がった。生徒たちは卒業してから就職先を探すのではない。卒業以前に四月一日にはどこで働くのかが決まっている。国際的に見て異例とも言える卒業即職業生活の開始というしくみが、誕生した」（苅谷剛彦「問題の提起と本研究の射程」苅谷剛彦・菅山真次・石田浩編『学校・職安と労働市場』一二―三頁）。

並木はこのころ職業安定所であったやりとりを記録している。

北陸のある職業安定所で、就職係の一人が求職者に次のように話しているのを耳にした。「新品の労働力のうちに決めることですね。中古になったらねだん（賃金）はガタ落ちですからね」と。その求職者は農家の次三男らしかった。〔……〕ここに示されているのは、新規学卒者が就職戦線で優位に立っているという周知の事実だ。極端にいえば、この学卒者の優位性も、学校を出たその年だけだ。このきびしさは、根本的には、労働力の一般的な過剰を前提とすることであろう。そうであればこそ、学校を卒業したその年が、一生の運命を決める年ともなるのだ。職業安定所と学校の先生達のPRが生徒におどろくほどの早さで徹底し、かれらが就職するか、家業に残るかを真剣に考えてきたのも、この「一回勝負」的な労働市場を背景にしてのことであった（並木正吉『農村は変わる』三九頁）。

のちにみるように（第4章第2節）、一九五〇年代に中卒者で定着した新規学卒一括採用という仕組みは、六〇年代に中卒者に代わって高卒者が新規学卒者の中心になっても形を変えて受け継がれ、その「一回勝負」的な性格とともに、戦後の雇用慣行を形づくっていった。

永山則夫

六子が集団就職列車に乗って東京に向かった七年後の一九六五（昭和四〇）年、板柳中学校を卒業したもう一人の若者が同じように集団就職列車に乗って東京へ旅立った。名前は永山則夫《のりお》。永山は六八（昭和四三）年一〇月から一一月にかけて東京・京都・函館・名古屋でガードマンやタクシー運転手ら四人を次々に拳銃で射殺し、翌年逮捕された。のちに獄中作家となり『無知の涙』（一九七一年）などを出版する。九〇（平成二）年最高裁判所で死刑が確定し、九七（平成九）年刑死した。

堀川惠子『永山則夫』（二〇一三年）にしたがって、かんたんにライフヒストリーを紹介しておこう。

永山の父武男と母ヨシは一九三〇（昭和五）年に板柳町で結婚している。武男は腕のよいリンゴ栽培の技師だったが、無類の賭博好きで借金を作り、板柳を逃れて、三人の子どもを連れて網走に移住した。網走ではさらに五人の子どもが生まれ、それに加えて長男とその同級生の間に生まれた子どもも引き取っていた。永山は七番目の子ども（四男）として四九（昭和二四）年に生まれる。武男の賭博癖は網走でも続き、家にも寄りつかなくなる。このままでは家族全員共倒れしてしまうと考えたヨシは、五三（昭和二八）年一〇月、まだ幼い四女と孫、手伝いをさせるための次女の三人を連れて板柳町に帰った。長男はすでに独立しており、長女は精神病院にいた。三女、次男、三男、そして永山の四人は網走に遺棄された。零下三〇度にもなる酷寒の網走で四人の子どもたちがゴミ箱をあさって一冬を生き延びることができたのは奇跡的だった。春になって福祉事務所がヨシの居場所を探し出して、四人を板柳町に送った。次女と三女も家を出て、ヨシと次男、三男、永山、四女、孫の五人の子どもたちが六畳二間の棟割り長屋で暮らし始める。

板柳町に戻っても暮らしは楽にならなかった。生活保護費と、ヨシがリンゴと魚を売り歩く行商の稼ぎと、子どもたちの新聞配達でぎりぎりの生活が続いた。永山は穴だらけの薄汚れた服とオネショの臭い、それに津軽弁がしゃべれなかったために友だちができなかった。さらに母によるネグレクト、次男からの暴力も加わり、不登校と家出をくりかえす。次男、三男が集団就職で家を出ると、次は永山の番だった。「昭和四〇年（一九六五）三月下旬、五〇〇人の生徒を詰め込んだ集団就職列車に乗せられて、一五歳の永山則夫は東京へと向かった。駅のホームは教師や見送りの家族でごった返していたが、母と妹の姿はなかった」（堀川惠子『永山則夫』二一一一二頁）。

永山の最初の就職先は渋谷にある青果店だった。永山は社員寮で暮らしながら心機一転張り切って働き始める。しかしささいな行き違いから、五カ月後社員寮を飛び出し、その後は板金工場、米屋、牛乳配達店、沖仲仕など転職をくりかえした。そして一九六八（昭和四三）年一〇月八日、在日アメリカ海軍横須賀基地に侵入して拳銃を盗み出し、連続射殺事件を起こす。

二つの永山論

永山則夫については集団就職世代を象徴する人物としてこれまでさまざまな文章が書かれてきたが、ここでは二つだけ紹介しておこう。見田宗介「まなざしの地獄」（一九七三年、後に単行本化）といま取り上げた堀川惠子『永山則夫』（二〇一三年）である。

永山もまた高度経済成長期に農村から都市へ移動した「金の卵」の一人であった。しかし、農村―都市という二重構造から抜け出した「金の卵」はこんどは都市内部の近代的大企業―中小・零細企業という二重構造の底辺に位置づけられる。一九五八年版の『青少年白書』は農村から都市へ移動した集団就職者について次のように書いている。

見田宗介
「まなざしの地獄」

一般に村から都市にいつた青少年はいわば都市社会の下積みとして働いているといえる。店員、中小企業の工員、徒弟、女子では女中などが代表的なものである。かれらの生活はきわめて不安定であり、恵まれない条件におかれている。しかもかれらの家庭背景をみると、農家の次三男が大部分である。かれらは村に帰りたくとも帰るところのない青年たちである（中央青少年問題協議会事務局編『青少年白書〔一九五八年版〕』二二頁）。

見田の「まなざしの地獄」が描くのは、農村からやってきて都市の下層に組みこまれた「金の卵」たちが直面しなければならなかった都市の階級・階層の構造である。「N・N〔永山則夫〕にとって〔……〕、上京とは自己解放への企図であった。少なくとも上京に託した夢とは、自己解放の夢である」（見田宗介『まなざしの地獄』二一―二頁）。永山にとってはことさらそうだったはずである。そして東京に到着するとN・Nたちは「金の卵」として歓迎される。「中卒者を『金の卵』とよぶとき、それはだれの、どのような期待を反映しているか？　いうまでもなく、それは彼らが、雇用者〔雇い主〕たちにとって、下積みの安価な労働力として貴重品であることを示す」(同二一頁)。「金の卵」を迎えるこの都市の側の期待とN・Nたちの夢との間には「落差」(同一九頁)が存在する。そして「『[流入青少年]問題』の核心部分は、この落差のうちにこそ胚胎している」(同二〇頁)。永山はこの「落差」を「都市のまなざし」として経験する。

都市のまなざしとは何か? それは「顔面のキズ」に象徴されるような具象的な表相性にしろ、あるいは「履歴書」に象徴される抽象的な表相性にしろ、いずれにせよある表相性において、ひとりの人間の総体を規定し、予料するまなざしである。[……]／具体的な表相性とは一般に、服装、容姿、持ち物などであり、抽象的な表相性とは一般に、出生、学歴、肩書などである。／[……]N・Nが、たえずみずからを超出してゆく自由な主体性として、〈尽きなく存在し〉ようとするかぎり、この他者たちのまなざしこそ地獄であった(同四〇―一頁)。

「都市のまなざし」は永山を彼が逃れてきた過去につなぎ留め、それによって永山の現在と未来を規定してしまう。「顔面にキズのある人間は罪悪の人かもしれぬという他者たちのまなざしとその実践が、彼をまことに罪悪の人として予定してしまう」(同三九頁)。じっさいには永山の顔面の傷は次男が火箸か何かを投げつけてできた傷だった(堀川惠子『永山則夫』一五三頁)。また永山が取り寄せた戸籍謄本の本籍欄には「網走市呼人番外地」と記載されていた。永山は当時流行していた高倉健主演の「網走番外地」シリーズから自分が刑務所生まれだと信じてしまい、それからは戸籍謄本を必要としない職業を渡り歩くことになる。

このまなざしは想像されただけのものではなかった。加瀬は、一九五五（昭和三〇）年国勢調査における東京都の一〇～一四歳人口と六五（昭和四〇）年国勢調査における東京都の二〇～二四歳人口を比較して、「東京都において一九六五年に二〇～二四歳であった男子八七・八万人、女子七〇・二万人のうち、東京出身者であった者は（一〇～一四歳の時に東京都に住んでいた者を近似的にそれとみなせるとして）、それぞれ三八・一万人（四三・四％）、三七・〇万人（五二・七％）に過ぎない」とした（加瀬和俊『集団就職の時代』四四頁）。永山が東京にやってきた六五年、東京に住む若者の半分以上が地方出身者だったのである。都市のまなざしは都市の路上で日常的に交差する現実のまなざしであった。

都市が現実のあるいは想像されたまなざしで人間をその表相性においてとらえようとするとき、「人はみずからの表相性をすすんで演技することをとおして、他者たちの視線を逆に操作しようと試みる」（見田宗介『まなざしの地獄』五九頁）。永山はポールモールのたばこを吸い（具体的な表相性）、大学生の名刺を持ち歩くようになる（抽象的な表相性）。「都市が人間を表相によって差別する以上、彼もまた次第に表相によって勝負する」（同四六頁）。それは「まなざしの地獄を逆手にとったのりこえの試み」（同）であった。しかし、この演技は都市のまなざしの前で空転する。

金持ちの息子は（たとえば庄司薫の小説『赤頭巾ちゃん気をつけて』（一九六九年））のあの鼻もちのなら

ない主人公たちは）セーターにジャンパーなどを無造作にひっかけて銀座を歩く。Ｎ・Ｎは「パリッとした背広」にネクタイをしめる。――貧乏くさいのはＮ・Ｎの方だ！／このようにそののりこえのあらゆる試みにつきまとい、とりもちのようにその存在のうちにつれもどす不可視の鉄条網として、階級・階層の構造は実存している（同五六頁）。

連続射殺事件はこの「まなざしの地獄」から逃れるための絶望的な企てであった。永山が逮捕されたときの所持品は、ピストルのほか、ローレックスの腕時計、ロンソンのライター、鉄製クシ、明治学院商学部の学生証、質札二枚等であったという（同五八頁）。

堀川惠子『永山則夫』 永山の遺品を調査していた堀川は永山が遺した日記のなかに「テープを前にして」「テープに入らず」の記述があることを発見する。堀川は、それが一審公判中の一九七四（昭和四九）年に永山の精神鑑定を行なった石川義博医師が永山との面接の記録を録音したテープであることを突きとめる。堀川は石川医師からこのテープを託される。約九カ月、二七八日をかけた面接で録音されたテープは四九本、一〇〇時間をゆうに超えるものであった[11]。堀川の『永山則夫』は、この録音テープ（母ヨシ、長女へのインタビューも含む）、石川医師による面接記録、石川医師に

11　この経緯はＮＨＫ・ＥＴＶ特集「永山則夫　一〇〇時間の告白――封印された精神鑑定の真実」（二〇一二年）で放送された。元広島テレビ記者であった堀川自身がディレクターとしてこの番組の制作に関わっている。

よって書かれた永山の精神鑑定書、石川医師へのインタビュー、公判記録などにもとづいている。堀川は「まなざしの地獄」を意識してかどうか次のように書いている。

〝連続射殺魔〟は、あらゆる人間関係の磁場からはじき出され、孤立していた。少なくとも逮捕されるその日まで、彼にまなざしを注いだ人間は誰もいない。集団の最小単位である〝家族〟を含めてである。そういう意味で彼は、どこにもいなかった。いることができなかったからこそ、事件は起きた。事件が起きて初めて、彼はその存在を認知されることになるのである（堀川惠子『永山則夫』一〇頁）。

永山が三女、次男、三男とともに厳寒の網走に遺棄されたことはすでに述べた。しかし、警察の事情聴取に、三女は「則夫が三歳位だったので（実際は四歳）、母と一緒に行ったのではないかと思います」（同一一五頁）と答え、次男も「母は次女とまだ小さかった則夫を連れて、青森の実家に帰り、兄弟は別れ別れになったのです」（同）と答えている。二審で証言した三男も「正直申し上げますと、則夫がいたのか、いないのかも覚えていないんです」（同一一六頁）と話している。永山はともに一冬を生き延びた誰の記憶にも残っていない。「お母さんは、則夫君、誉めたりはしなかったんですか？」と尋ねる石川医師に、ヨシは「滅多に言わんかったの。おら、子ども、構わんかった」（同一五八頁）と答えている。ヨシは永山を殴るとき、道具を使い、けっして自分の手では殴らなかったという。「永山には母に直にふれられた記憶が一度もない」（同一五五頁）。ヨシは、永山が集団就職で東京に出発する前、「則夫（が東京に）行ったら、赤飯炊いて喜ぶべし」（同二一〇頁）と妹たちに繰り返した。永山も「おふくろが『赤飯炊いて喜ぶべし』って言ってるって、妹から聞いたんだ。『喜ぶべし』って……。おふくろ、喜んでたんだなあ……。俺はもう帰って来ないっていう気持ちだったよ、絶対に戻って来ない！」（同二一一頁）と語る。こうして永山は一人東京へと向かう。

東京で転職を繰り返す永山について、石川医師は永山が仕事を辞めるときに同じ行動パターンを繰り返していることに注目する。「最初は必死に働くものの、辞めるきっかけはいつも同じ。人間関係を作れず孤立して、何をされても被害的に受け止めてしまい、果ては身ひとつで逃げ出すというパターンを繰り返す」（同二四〇─一頁）。永山も「いっつも人間関係が駄目になっちゃうんだ」（同二四二頁）と語っている。石川医師はその背景にある「基本的信頼感」（同二九八頁）の欠如を指摘する。これはふつう母親かそれに代わる人との安定した関係のなかで育まれるものである。それは永山が望んでも得られなかったものであった。「辛い現実から逃げ出した時、永山はいつも『安心した、自由になった』と喜ぶ。だが、心の中に憎悪は溜っていく。逃げ出すだけでは腹が立つ。その憎しみを仕返しに転化しようとする時、必ず『当てつけ』の行動をとる。そして、一時的に相手を困らせて復讐した〝つもり〟になり、すっきりする」（同二五〇─一頁）。長男から紹介された板金工場で働いていたときに近所の肉屋で窃盗事件を起こしたとき、また次男のアパートから長男のカメラを持ち出して質屋に売り払ったとき、そして三男の下宿の近くにある牛乳配達店に住込みで働いていたときに三万円の集金を持ち逃げして姿を消したとき、これらはいずれも兄たちへの「当てつけ」であった。子どもは大人に「見て、見て」と言う。誰からもまなざしを向けられなかった永山は兄たちに見てもらいたくて兄たちを困らせる「当てつけ」をする。拳銃を手に入れたあと、この憎悪は銃弾に形を変える。そしてその引き金を引いたとき、永山は家族全員を巻き込む「当てつけ」を行なった。永山は獄中で次のように書いている。

私には目的がなかった――と世間ではいっている。果してそうであるのか？　私から観ればあったのである。〔……〕あなた達へのしかえしのために、私は青春を賭けた。それが世間全般への報復としてでもある。そしてそれが成功した。十五年間躰《からだ》に刻まれたものを五年間で完結させた。これからあた〔な〔編者注〕〕た達は傷のある人間の苦患を味わうことでしょう。そして、あなた達が私に一切タッチしなかったように、世間は、必然の救助をして欲しいとあなた達が思う時、誰も助けてはくれないでしょう。それを私は嗤《わら》って視ていてやる〔永山則夫『無知の涙〔増補新版〕』二七〇頁〕。

六子と永山

六子も永山も高度経済成長期、日本社会が農村社会から近代社会に変貌を遂げるなか、地方から都市に移動した八四九万人のなかの一人であった。見田は「このような社会構造の実存的な意味を、N・N

はその平均値においてではなく、一つの極限値において代表し体現している」（見田宗介『まなざしの地獄』一七頁）と述べている。これと対比していえば、本書ではむしろ「平均値」としての六子とその家族のありえたかもしれない軌跡をたどりながら戦後日本社会の変化を描いていこうと思う。もちろん「平均的な」人生などというものは虚構にすぎない。どの人生も他の人生とは異なるという意味で個性的である。たとえていえば、4と6という二つの人生があるとする。平均を取れば「5」という数字になる。しかし「5」という人生はじっさいには存在しない。それは仮想的な人生である。しかし「5」を基準とすることによって、4はそれより1少ない、6はそれより1多いというように、4と6の人生の個性をとらえることができる。永山の人生はマイナス10であったかもしれない。しかし、永山の人生を通して浮かび上がる階級・階層の構造のなかに他の人生もまた位置づけられるように、六子の仮想的な「5」の人生を座標軸の原点とすることによって、同時代を生きた人びとの現実の軌跡をそれからの距離として描くことができるはずである。

第2章

テレビの時代

東京タワー

「ALWAYS 三丁目の夕日」のもう一つの主人公は東京タワーである。

上野駅で六子を迎えた則文の運転するオート三輪が鈴木オートへ向かっている道路[1]の背後には、五分の一ほど建ちあがった東京タワーが姿を見せていた。

1　その道路には都電が走っていた。タイトルバックでは、都電三系統（品川駅前―飯田橋）の飯田橋行が東京タワーを正面に見て、都電八系統（中目黒―築地）の中目黒行が東京タワーを背にしてすれ違うところが出てくる。当時の路線図（図2-1）を見ると、東京タワーを背景にしてこのような形で都電三系統と八系統がすれ違う可能性があるのは赤羽橋―飯倉四丁目間の桜田通り（現在の都営地下鉄大江戸線赤羽橋駅北側）だけである。鈴木オートがあったのはこの付近だったと思われる。

図 2-1　都電路線図（1962 年）

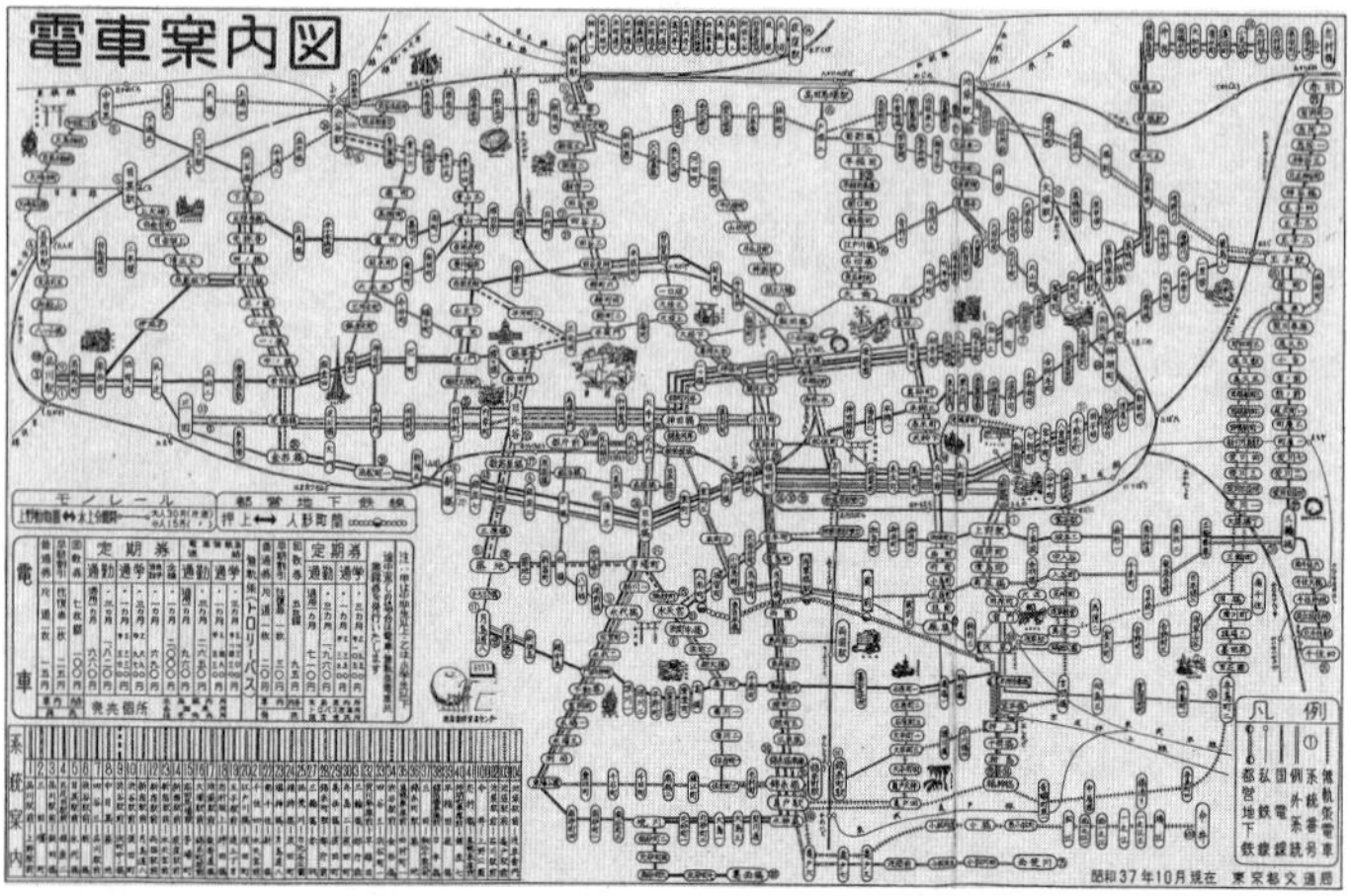

（出所）　吉川文夫『東京都電の時代』。

東京タワーは六子が上京する前年の一九五七（昭和三二）年六月に着工され、翌五八年一二月二三日に完成した。高層ビルがまだない東京を一望できる高さ三三三メートル、パリのエッフェル塔を抜いて当時高さ世界一の建造物が大みそかに帰省する六子を見送った。

東京タワーはまた永山の犯行も目撃している。永山は一九六五（昭和四〇）年上京してまもなく、先に上京していた三男に東京タワーに連れて行ってもらった。永山は展望台から真下にある東京プリンスホテルのプールを眺め「いつかあんな所に行ってみたいなあ」と思った（堀川惠子『永山則夫』二二五頁）。そして、六八（昭和四三）年一〇月一一日未明、そのときのことを思い出し、東京プリンスホテルに忍び込んだところをガードマンに見つかり、逃げようとして拳銃の引き金を引いた。これが最初の犯行であった。

テレビ放送の開始

「ALWAYS 三丁目の夕日」では則文の長男、小学生の一平が毎日「テレビ、テレビ、かあちゃん、今日テレビ来る?」とはやしたてながら小学校から帰ってくる。日本のテレビ放送は、一九五三(昭和二八)年二月にNHKが、同年八月に民放としてははじめて日本テレビが本放送を開始して始まった。五五年にはラジオ東京(現・TBS)も放送を開始する。はじめは各放送局が自前で電波塔を建てていたが、共同の電波塔として建設されたのが東京タワーである。その後も、五九年に日本教育テレビ(現・テレビ朝日)、フジテレビの開局が続いた。

テレビ放送開始当時のテレビの値段は「一台十九万円、勤労者世帯の平均年収三十一万円の六割」(吉川洋『高度成長』四九頁)であった。二〇二〇(令和二)年の勤労者世帯(二人以上の世帯)の平均年収約七三一万円に直せば、一台約四四八万円となる(総務省統計局「家計調査年報〔家計収支編〕二〇二〇年〔令和二年〕家計の概要」)。高級外車並みの値段である。とうてい一般のサラリーマン家庭で買える値段ではない。

そこで日本テレビが考え出したのが「街頭テレビ」であった。街頭テレビは駅前や盛り場などに設置されて無料で見られるテレビのことである(いまでいうパブリックビューイングの先がけである)。図2-2の写真は一九五五(昭和三〇)年の新橋駅前の様子である。勤め帰りのサラリーマンたちが、駅前に設置された街頭テレビの小さな画面で力道山のプロレス中継を見ているところである。

そして一九五八(昭和三三)年夏、ついに鈴木オートにもテレビがやってくる。家の中から作業場ま

図 2-2　街頭テレビ（1955 年，新橋駅前）

（出所）『アサヒグラフ』1955 年 8 月 3 日号。

で近所の人たちであふれ、やはり力道山の空手チョップに歓声を送った。

皇太子成婚パレード

当時テレビの普及に大きな役割を果たしたのが一九五九（昭和三四）年四月一〇日に行なわれた皇太子（現・上皇）の成婚パレードである。五三（昭和二八）年の放送開始時点ではＮＨＫの受信契約数はたった八六六、六子が上京した五八（昭和三三）年五月にようやく一〇〇万を超えた。この間に所得が上昇するとともにテレビの価格が低下したため、一一月二七日に宮内庁が正式に婚約発表を行なうと、パレードの中継を見ようと契約数は五八年一二月に一五〇万、パレード直前の五九年四月三日には二〇〇万と急増した。

四月一〇日当日、皇居での結婚の儀を終えた皇太子夫妻が、午後二時半から三時二〇分までの五〇分間、皇居から東宮仮御所まで六頭立ての馬車でパレードを行なった。当日のテレビ中継の様子について吉見俊哉の記述を引用しておこう。「成婚パレードのテレビ中継は、ＮＨＫ、日本テレビ系列、ラジオ東京（現ＴＢＳ）系列の三つのネットワークが競い合い、各局とも皇居から東宮仮御所に至る八・八キロの沿道に四〇台近く、計約一一〇台のテレビカメラと総勢一五〇〇人を超える放送局員が動員されてパレードの沿道の至るところに並んでいった。テレビカメラとスタジオをつなぐ中継車も総動員され、上空からは、テレビ局だけで四台のヘリコプターが報道合戦に参加した。また、通り過ぎていく馬車に並行してカメラで追いかけ、皇太子夫妻の表情をクローズアップで撮ろうと、沿道の随所にテレビカメラを乗せたトロッコを走らせる移動カメラ用レールまで敷設されていった。このレールは、延べ一・五キロにも及んだという。さらに各局は、高さ五メートルを超える大型クレーンの上にカメラを据えつけ、馬車の行列を俯瞰的に撮影する仕組みも導入した」（吉見俊哉「メディア・イベントとしての『御成婚』」津金澤聰廣編『戦後日本のメディア・イベント［一九四五―一九六〇年］』二六九頁）。沿道でパレードを迎えた人が約五〇万人、テレビで中継を見た人が約一四〇〇万人と推計されている。一台のテレビの前に平均七人が座っていたことになる。

この日はわが家でも小さな事件が起こった。母もこのパレードを見たくてしかたなかったが、わが家にはまだテレビがなかった。父の上司が見にきてもいいと言ってくれ、父はオートバイの燃料タンクに五歳の僕を座らせ、一歳の弟を背中にくくりつけた母が荷台にまたがって、四人乗りで上司の家に向かっていたところ、警官に止められ、結局パレードを見損ねてしまった。よほど残念だったのか、まもなくわが家にもテレビがやってきた。東京から遠く離れた島根県出雲の話である。

三種の神器

高度経済成長期は家庭電化製品が次々に登場し普及する時代であった。一九五三（昭和二八）年、三洋電機（現・パナソニックグループ）が電気洗濯機を発売し、この年が「家電元年」と呼ばれるようになった。

電気洗濯機の登場以前は、たらいと洗濯板を使って毎日衣類を手洗いしなければならなかった。水の冷たい冬の洗濯は主婦の手を赤く腫れあがらせた。芥川賞作家の重兼芳子は電気洗濯機がきた日のことを次のように振り返っている。

そんなとき月賦で買った洗濯機が届いた。ほんとうに感動してただ呆然と立ち尽くした。洗濯機の中をいつまでものぞきこみ、機械ががたがた廻りながら私の代りに洗濯してくれるのを、手を合わせて拝みたくなった。こんなぜいたくをしてお天道《てんとう》さんの罰が当らないかと、わが身をつねって飛び上った。／絞り機は手で廻すローラー式だった。これだって最初に考え出した人はノーベル賞級の天才だ。シーツや布団カバー、あれを手で絞るには下腹に力をこめ腕力充分にがんばらなけりゃあ固くは絞れない。それをローラーが絞ってくれるんだから感激するの当り前でしょ。絞り機にお神酒《みき》上げたくなった（重兼芳子『女房の揺り椅子』一二頁）。

重兼は「神様、仏様、洗濯機サマ」と書いている。これは「洗多苦《せんたく》」とも書かれた重労働から解放さ

表 2-1 「三種の神器」と「新・三種の神器」の世帯普及率

年	三種の神器			新・三種の神器		
	電気洗濯機	白黒テレビ	電気冷蔵庫	カラーテレビ	乗用車	クーラー
1958	24.6	10.4	3.2			
1960	40.6	44.7	10.1			
1962	58.1	79.4	28.0			
1964	61.4	87.8	38.2			
1966	75.5	94.4	61.6	0.3	12.1	2.0
1968	84.8	96.4	77.6	5.4	13.1	3.9
1970	91.4	90.2	89.1	26.3	22.1	5.9
1972	96.1	75.1	91.6	61.1	30.1	9.3
1974	97.5	55.7	96.5	85.9	39.8	12.4
1976	98.1	42.2	97.9	93.7	44.0	19.5
1978	98.7	29.7	99.4	97.7	51.7	29.9
1980	98.8	22.8	99.1	98.2	57.2	39.2

（出所） 内閣府「消費動向調査　主要耐久消費財等の普及率（全世帯）（平成 16 年 3 月末現在）」より作成。

れた主婦たちの共通の感想だっただろう。

当時この電気洗濯機とテレビと電気冷蔵庫が「三種の神器《じんぎ》」と呼ばれ、人びとのあこがれの的となった。**表 2-1** によれば、鈴木オートにテレビがやってきた一九五八（昭和三三）年のテレビの普及率は一〇・四％、かなり早い時期にテレビを購入したことになる。五九年の皇太子成婚パレードをはさんで、急速に普及が進み、六〇年には四四・七％、六五年には九〇％を超えた。テレビがきた日、六子が傷んだシュークリームを食べて食あたりを起こしたことから、鈴木オートは続けて電気冷蔵庫も購入した。世帯普及率がまだ三・二％なので相当早い段階で購入したことになる。則文の妻トモエが「これでうちも三種の神器がそろったわ」と言っているので、テレビより前に電気洗濯機は買っていたのだろう。三種の神器をそろえた家庭としては相当早い部類に入る。

新・三種の神器

その後も、電気掃除機、ステレオ、カラーテレビ、乗用車、クーラー、電子レンジ、ビデオ・テープ・レコーダーなど、次々に新しい商品が登場した。これらのうちカラーテレビ、乗用車、クーラーは一九六〇年代半ばごろから「新・三種の神器」、あるいはそれぞれの英語の頭文字を取って「3C」と呼ばれるようになり、新たにあこがれの的となった。やっと「三種の神器」に手が届いたと思ったら、また新たな夢へと人びとは駆り立てられていった。

皇太子成婚パレードの後、NHKの受信契約数は一九五九（昭和三四）年一〇月に三〇〇万、六〇年八月に五〇〇万と伸び、六二年三月には一〇〇〇万を超えた。そして六〇年九月にはカラー放送が始まる。白黒テレビの普及率がピークとなった六八年、こんどはそれと入れ替わるようにカラーテレビの普及が始まる。六八年に五・四％だったカラーテレビの普及率はまたたくまに増え、七二年に六割、七五年には九割を超えた。

一九六五（昭和四〇）年に九・二％だった乗用車の普及率は、七〇年に二割、七五年に四割を超え、七八年には半数を超えた。マイカー時代の到来である。

このモータリゼーションの発展は都電を廃止に追いやることになった。東京都の自動車登録台数（営業用を含む）は、一九六〇（昭和三五）年に約六〇万台、六五年には約一二〇万台と増加し（東京百年史編集委員会編『東京百年史　第六巻』九二六頁）、都心の道路にはげしい渋滞を引き起こした。渋滞の一因は都電であるとされ、六一年には都電の軌道内に自動車が自由に乗り入れできることになった。都電は自動車にはさまれてノロノロと走ることになり、それにつれて乗客数が減少し、収支の悪化を招いた。最盛期には四一系統、営業距離約二一〇キロと、都心に網の目のように張り巡らされていた都電は廃止が決定され、六七年には、「ALWAYS 三丁目の夕日」に出てきた三系統と八系統も撤去された。そして七二年、三ノ輪橋—早稲田間の荒川線を除いて全廃された（東京都交通局『東京都交通局一〇〇年史』二一九頁）。これは都電だけではなかった。六九年には大阪市電、七四年には名古屋市電、七八年には京都市電もそれぞれ全廃された。

臭いにもあふれていた

高度経済成長期は次から次に登場する夢を追いかけたまさに「『夢』の時代」（見田宗介『社会学入門』七七頁）だった。こう聞くと明日香や翔の世代の若い人たちは、やっぱり「ALWAYS」の時代は貧しくても夢や希望にあふれていたよい時代だったんじゃないかと思うかもしれない。しかしよいことばかりではなかった。

一つだけ例を挙げておこう。それは臭いである。「ALWAYS 三丁目の夕日」は当時の社会をかなり正確に再現しているが、映画は臭いは伝えない。「ALWAYS」の世界は夢や希望にあふれていただけではなく、臭いにもあふれていた。

表2-2は下水道普及率の推移を示したものである。

六子が東京にやってきた一九五八（昭和三三）年の東京都区部における下水道普及率は一九・七％

表2-2　下水道普及率の推移（%）

年度	東京都区部	東京都平均	全国平均
1950	10.68		
1955	15.62		
1960	21.32		
1965	35.3		
1970	47.9		
1975	63	52.2	
1980	74	66.4	30
1985	83	78	36
1990	93	88	44

（注）1950年度，1955年度，1960年度は面積比普及率。それ以降は人口普及率。
（出所）東京都編『東京都政五十年史　事業史Ⅰ』804頁より作成。

(面積比普及率)だった(東京都編『東京都政五十年史　事業史Ⅰ』四六九頁)。ということは、ほとんどの家庭排水は垂れ流されていたことになる。水洗トイレのある家はまだ少なく、多くの家は汲取り式のトイレだった。バキュームカーが各家庭をまわってそれを回収していた。たいてい近所のどこかの家にバキュームカーが来ていて、町内には屎尿《しにょう》の臭いが漂っていた。[2]

垂れ流された家庭排水や工場排水は川に流れ込み深刻な水質汚染を引き起こした。江戸時代から人びとに親しまれてきた隅田川も「まさに『死の川』としか形容しえない汚濁度」となり、「川から発生する有毒ガスは、沿岸の家庭や商店・工場などの金属製品・金属部品を腐蝕させ、浅草寺の仏具の金箔や仏像も変色をきたした。住民の健康にも悪影響をおよぼし、セキやはき気が慢性化した」(下水道東京一〇〇年史編纂委員会編『下水道東京一〇〇年史』一九八頁)。隅田川の花火大会も一九六一(昭和三六)年を最後に中止となった(七八(昭和五三)年に復活)。

「ALWAYS」の時代が貧しくても夢や希望にあふれていた時代だったことはたしかだとしても、あの時代に帰りたいかと聞かれれば、とても懐かしくはあるけれども遠慮しておこうと思う。現在の衛生観念からするととうてい耐えられないだろう。

高度経済成長の影

これは東京だけの話ではなかった。「はじめに」で述べたように、一九五五（昭和三〇）年から七三（昭和四八）年の高度経済成長期の間に日本の国内総生産（GDP）は約一三・四倍になった。社会のサイズが短期間に一三・四倍になれば、さまざまな問題が生じる。その代表が公害であった。高度経済成長期には、環境破壊が進行し、工場排水による水質汚染、工場や自動車からの排出ガスによる大気汚染が全国に広がり、住民の健康被害を引き起こした。

公害の原点となったのが水俣病である。熊本県の水俣湾では一九五〇年代から猫が「狂い死に」したり、原因不明の奇病があるといわれていた。熊本大学は、五九（昭和三四）年、水俣病が有機水銀中毒によるものであると発表したが、新日本窒素肥料（現・チッソ）や政府はこれを認めず、被害をさらに拡大させた。政府が水俣病を正式に認定したのは六八（昭和四三）年だった。患者の一部は、六九年チッソを相手取って訴訟を起こす。この裁判は七三年、患者の全面勝訴で終わったが、二〇二三年現在も水俣病認定をめぐる裁判が継続している。

2　回収された屎尿はどうなったかというと、一部は肥料として農村に還元され、多くは海洋投棄されていた。「六三年末においてもなお、し尿の四五％が東京湾に投棄されているという状態だった」（上山和雄「東京オリンピックと渋谷、東京」老川慶喜編『東京オリンピックの社会経済史』六八頁）。

水俣病をはじめ、新潟県阿賀野《あがの》川流域の新潟水俣病、富山県神通《じんずう》川流域の鉱山から排出されたカドミウムによるイタイイタイ病、三重県四日市市の石油コンビナートから排出された亜硫酸ガスによる四日市ぜんそくをめぐる裁判は「四大公害訴訟」と呼ばれ、そのすべてが患者側の全面勝訴となった。政府もこうした事態を受け、一九六七（昭和四二）年公害対策基本法を制定し、ようやく公害対策に重い腰を上げ、七一（昭和四六）年、環境庁（現・環境省）を設置した。

「三種の神器」が高度経済成長の光の側面であったとすれば、公害はその影の側面であった。

戦争の記憶

「ALWAYS 三丁目の夕日」には戦争の記憶もまた描かれている。一九五八（昭和三三）年といえば、戦争が終わってまだ一三年である。「思い起こせば戦争から生き残ってはや一三年」は則文の口癖である。鈴木オートのラジオからは「尋ね人の時間」が流れ、戦友や引揚者などの消息を求める手紙が読み上げられていた。登場人物の一人である医師の宅間は空襲で妻と子どもを亡くしている。ある夜、家に帰ると玄関の灯りがともっていて、中から子どもと妻が迎えに出てきて、おみやげの焼き鳥をいっしょに食べた。気がつくとそこは神社の境内だった。暗い家に戻ると妻と子どもの写真が宅間を迎えた。

このころは誰もが戦争の記憶をかかえて生きていた。

第3章　六子の結婚

「クリスマスケーキ」

ここまで「ALWAYS 三丁目の夕日」にしたがって六子の歩みを追ってきた。「ALWAYS 三丁目の夕日」は一九五八（昭和三三）年四月から一二月までの物語である。その後のことはわからない。ここから先はさまざまなデータを用いて六子のありえたかもしれない人生を再構成してみよう。まずは六子の結婚である。

表3-1[1]は一九六〇年代の平均初婚年齢を示した表である。六〇年代を通して、妻は二四歳台、夫は二七歳台である。当時、女性の結婚適齢期は「クリスマスケーキ」にたとえられた。[2]二四日を過ぎると売れないという意味だった。

平均的なライフコースにしたがえば、六子も一九六八（昭和四三）年に二四・四歳で結婚したと考え

表 3-1　1960 年代の平均初婚年齢

年	夫	妻
1960	27.2	24.4
1965	27.2	24.5
1966	27.3	24.5
1967	27.2	24.5
1968（六子・勇結婚）	27.2	24.4
1969	27.1	24.3

（出所）国立社会保障・人口問題研究所「人口統計資料集〔2022 年版〕」より作成。

られる。六子は四三（昭和一八）年一〇月二一日生まれである。六子が二四歳になるのは六七（昭和四二）年一〇月二一日、さらに〇・四歳分がある。四カ月と二四日である。そうすると六子はおそらく六八年の三月に結婚しただろう。

勇

お相手はどんな人だっただろう。年齢は二七・二歳である。一九六八年三月に二七・二歳ということは、四一（昭和一六）年一月初めの生まれということになる。名前は勇としておこう。四一年一月生まれの勇は五六（昭和三一）年三月に中学校を卒業する。文部科学省「文部科学統計要覧〔令和三年版〕」によれば、五六年の高校進学率は全国平均で男子五五・〇％、女子四七・六％だった。全国平均で考えると、勇も高校に進学したと思われる。そして、五九（昭和三四）年高校を卒業する。同じく「文部科学統計要覧〔令和三年版〕」によると、五九年の大学進学率（浪人を含む）は全国平均で男子一三・七％、女子二・三％、まだ大学に進学するのは男子で七人に一人だった。勇も就職した可能性が高い。

勇はどんなところに就職しただろう。**表1-1**（二四頁）をもう一度みてみよう。勇が高校を卒業した一九五九年よりあとの六三（昭和三八）年のデータであるが、中卒者と比べると高卒者のほうが規模の大きい企業に就職する傾向はあるものの、高卒者のなかで都内出身者と地方出身者を比べると、中卒者の場合と同様、地方出身者と比べて、都内出身者のほうが有利な状況にあることがわかる。地方出身者の約五割が従業員規模一〇〇人未満の企業に就職しているのに対して、都内出身者は約八割が従業員規模一〇〇人以上の企業に就職している。企業側の「通勤労働力への選好」は高卒者についてもあてはまった。

勇の出身地はわからないが、勇が都内出身であるのか地方出身であるのかは、勇にとっても六子にとっても大きな違いであり、それによって二人の人生はさまざまなものになりえただろう。ここでは、勇は一番大きなグループを形成している従業員規模五〇〇人以上の企業に就職した都内出身者だとしておこう。一九五〇年代には高卒者の職種の中心は事務職であった。勇も都内の高校を卒業したあとおそらく事務職として自宅から通勤していただろう。

1　「ALWAYS 三丁目の夕日」（二〇〇五年）が大ヒットして、続編が二本作られた。「ALWAYS 続・三丁目の夕日」（〇七年）と「ALWAYS 三丁目の夕日'64」（一二年）である。じつは「ALWAYS 三丁目の夕日'64」で六子は結婚している。「ALWAYS 三丁目の夕日'64」はタイトルのとおり、東京オリンピックが開催された一九六四（昭和三九）年の東京を舞台としている。東京に来て六年経ち、六子は相変わらず鈴木オートに住込みで働いている。六子は当時の平均より早い二〇歳で結婚したことになる。お相手は医師の菊池で恋愛結婚だった。一〇月一〇日のオリンピック開会式直前に開通した東海道新幹線のこだま号に乗って新婚旅行に出発した。ここでは六子のありえたかもしれないもう一つの人生を追っていこう。

2　「クリスマスケーキ」とたとえられる状態は一九七六（昭和五一）年まで続いた。

この時代、地方出身であるのか都市出身であるのか、家族が農家や商店であるのかサラリーマン世帯であるのか、生活は豊かだったのか貧しかったのか、男性であるのか女性であるのか、兄弟姉妹の数は何人なのか、出生順位は何番目であるのか、学歴は中卒なのか高卒なのか、大学に進学したのか、地方出身者であれば、地元に残って農家を継いだのか、地元に残ったが農業は両親に任せて自分はサラリーマンとなったのか、それとも地元を離れて都市に移動したのか、就職だったのか進学だったのか、就職であれば、大企業だったのか、中小企業だったのか、零細企業だったのか、ブルーカラーだったのか、ホワイトカラーだったのか、都市出身者であれば、農業を継いだのか、企業などに就職したのか、進学したのか……などなどにしたがって、無数の「六子」たち、無数の「勇」たちの人生は無限に分岐し、そしてその営みが戦後の日本社会を形づくっていった。ここではそのなかの一つの家族の軌跡をたどっていく。それは虚構の家族の軌跡である。しかし、それを座標軸の原点とすることによって、無数の「六子」たち、無数の「勇」たちの現実の人生をそこからの距離として測ることができるだろう。

見合い結婚？　恋愛結婚？

六子と勇はどういうきっかけで出会ったのだろうか。

図3-1は、見合い結婚と恋愛結婚の割合の推移を示すグラフである。

六子と勇が結婚した一九六八（昭和四三）年は見合い結婚と恋愛結婚がほぼ拮抗していたころである。見合い結婚だったかもしれないし恋愛結婚だったかもしれない。その後、見合い結婚は減少し続け、現

図 3-1　見合い結婚・恋愛結婚の割合の推移

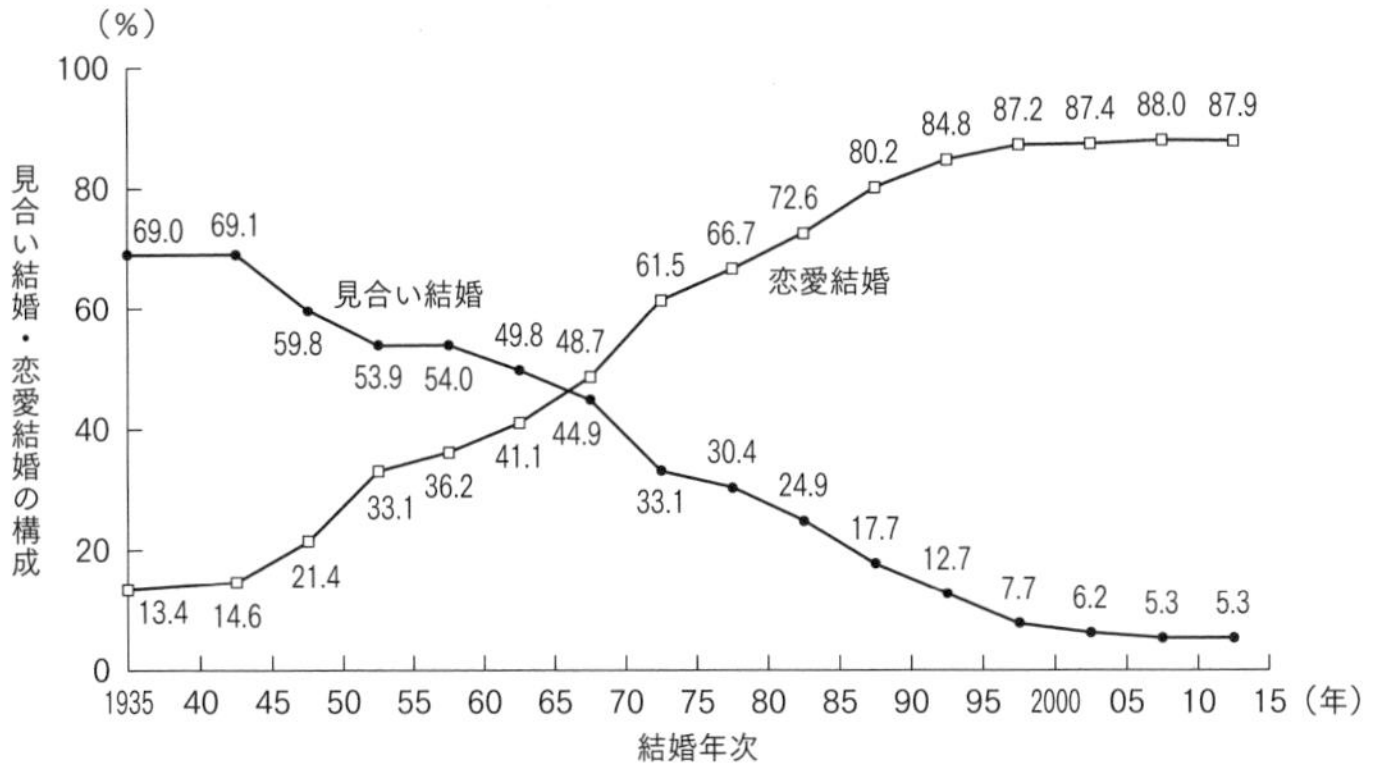

(注)　この調査では，夫婦が出会ったきっかけをたずねた設問に，「見合いで」「結婚相談所で」と回答したものを「見合い結婚」，「学校で」「職場や仕事の関係で」「幼なじみ・隣人関係」「学校以外のサークル活動やクラブ活動・習いごとで」「友人や兄弟姉妹を通じて」「街なかや旅行先で」「アルバイトで」と回答したものを「恋愛結婚」と分類している。

(出所)　国立社会保障・人口問題研究所「現代日本の結婚と出産——第 15 回出生動向基本調査（独身者調査ならびに夫婦調査）報告書」38 頁より作成。

在では五％程度である。

専業主婦？　共働き？

六子は勇と結婚した後も鈴木オートあるいはどこか他の職場で働き続けたのだろうか、それとも鈴木オートを退職して専業主婦になったのだろうか。

図３-２は、夫が雇用者（サラリーマン）である世帯の妻が無業なのか（専業主婦世帯）、妻もまた雇用者なのか（共働き世帯）の推移を示したものである。左端の一九八〇（昭和五五）年には、専業主婦世帯が一一一四万世帯（六四％）、共働き世帯が六一四万世帯（三六％）であったが、その後、専業主婦世帯が減少、共働き世帯が増加を続けた。九〇年代には両者が拮抗するが、二〇〇〇年代から

図3-2　雇用者世帯の専業主婦世帯・共働き世帯の推移

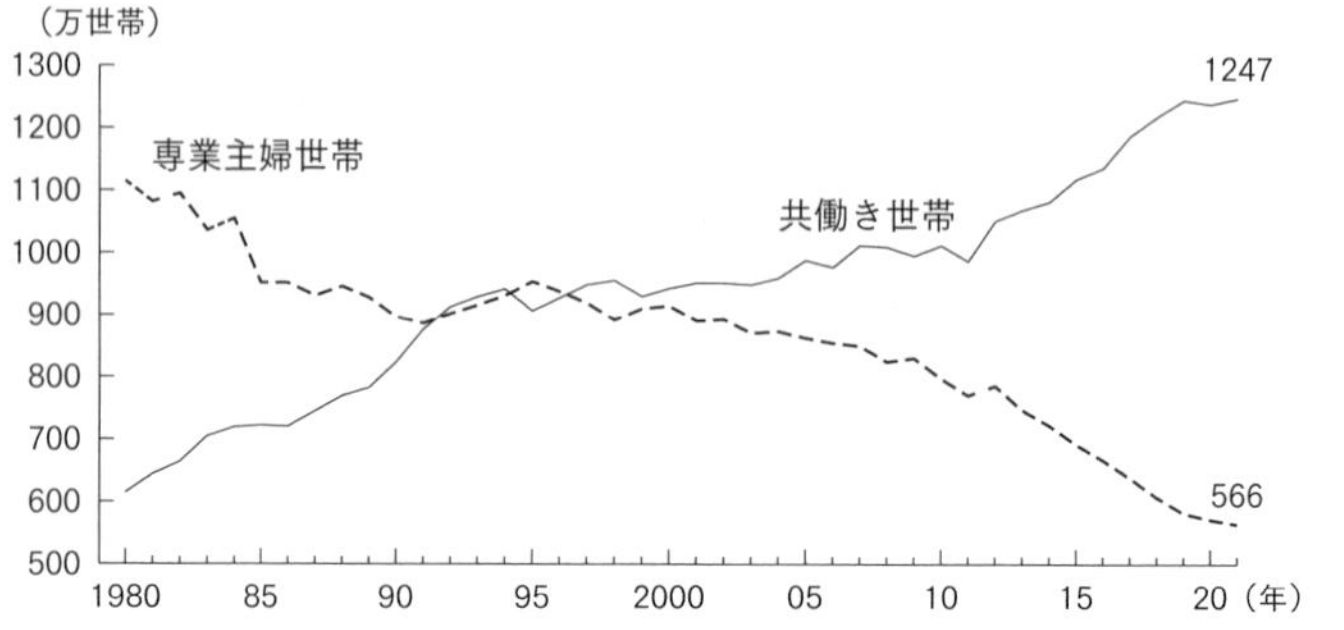

（注）「専業主婦世帯」は，夫が非農林業雇用者で妻が非就業者（非労働力人口および失業者）の世帯，「共働き世帯」は，夫婦ともに非農林業雇用者の世帯。
（出所）労働政策研究・研修機構「早わかり　グラフでみる長期労働統計」より作成。

は共働き世帯が専業主婦世帯を引き離し、二〇二一（令和三）年には、専業主婦世帯五六六万世帯（三一％）、共働き世帯一二四七万世帯（六九％）と逆転している。現在では約七割が共働き世帯である。

この図には一九八〇年以前の数字が示されていないが、経済企画庁（当時）の『国民生活白書〔平成九年版〕』（一九九七年）によれば、六子と勇が結婚した六八（昭和四三）年に近い七〇年には「サラリーマンの妻が専業主婦である割合は［……］六二・〇％」であった。六子もおそらく鈴木オートを退職して専業主婦になったであろう。

六子の出産

「はじめに」で紹介したように、その後、六子と勇は一九六九（昭和四四）年に長女・直美、七二（昭和四七）年に長男・誠をもうけた。

表3-2は、一九六〇年代後半から七〇年代初めにか

表 3-2　出生順位別の母親の平均出生年齢の推移（1966 年～1972 年）

年	第一子	第二子	第三子	第四子
1966	25.81	28.51	30.57	32.49
1967	25.87	28.57	30.63	32.50
1968	25.88	28.57	30.71	32.54
1969（直美誕生）	25.86	28.51	30.73	32.52
1970	25.82	28.46	30.76	32.55
1971	25.77	28.41	30.72	32.54
1972（誠誕生）	25.68	28.36	30.68	32.50

（出所）国立社会保障・人口問題研究所「人口統計資料集〔2022 年版〕」より作成。

けての第一子、第二子、第三子、第四子の出生順位別の母親の平均出生年齢の推移を示したものである。これをみると、この時代、第一子の出生年齢は二五歳台後半、第二子は二八歳台でほとんど変化していない。また第三子は三〇歳台、第四子は三二歳台である。

これにしたがえば、一九六八（昭和四三）年三月に二四・四歳で結婚した六子は、翌年二五・八六歳で第一子・直美をもうける（一姫二太郎としておこう）。六子が二五・八六歳になるのは六九（昭和四四）年八月の終わり、直美の誕生日もそのころということになる。第二子・誠は六子が二八・三六歳のとき、七二（昭和四七）年三月初めに誕生する。

子どもは何人？

六子と勇は何人子どもをもうけただろうか。

表 3-3 は、妻の生まれ年別の出生児数割合および平均出生児数を示したものである。六子は一九四三（昭和一八）年生まれなので、出生児数二人の割合が五七・九％、三人の割合が二四・二％である。六子も二人ないし三人の子どもをもうけた可能性が高い。ここでは直美と誠の二人姉弟としておこう。

表 3-3　妻の生まれ年別の出生児数割合および平均出生児数

妻の生まれ年	調査年次	出生児数割合（%）					平均出生児数（人）
		無子	1人	2人	3人	4人以上	
1890〜1895	1950	11.3	8.3	7.8	8.9	63.8	4.8
1895〜1900	1950	9.9	8.7	8.0	9.3	64.0	4.8
1900〜1905	1950	9.0	8.6	8.4	9.7	64.3	4.8
1910〜1915	1960	7.6	9.8	11.2	14.8	56.6	3.93
1920〜1925	1970	7.9	11.3	24.1	28.2	28.5	2.77
1927〜1932	1977	3.5	11.0	47.0	28.9	9.7	2.33
1932〜1937	1982	3.6	10.8	54.2	25.7	5.7	2.21
1937〜1942	1987	3.1	10.1	55.3	25.8	5.7	2.22
1942〜1947	1992	3.8	9.0	57.9	24.2	5.1	2.18
1947〜1952	1997	3.3	12.4	56.4	24.4	3.5	2.13
1952〜1957	2002	4.2	9.3	53.7	28.9	4.0	2.20
1955〜1960	2005	5.7	11.1	50.3	29.0	3.8	2.15
1960〜1965	2010	7.5	13.8	52.0	23.6	3.1	2.01
1965〜1970	2015	9.9	18.1	51.3	18.2	2.5	1.86

（出所）　国立社会保障・人口問題研究所「人口統計資料集〔2022 年版〕」より作成。

表 3-4　出生場所の推移

年	施設内				自宅・その他
	病院	診療所	助産所	総数	
1950	2.9	1.1	0.5	4.6	95.4
1960	24.1	17.5	8.5	50.1	49.9
1970	43.3	42.1	10.6	96.1	3.9
1980	51.7	44.0	3.8	99.5	0.5
1990	55.8	43.0	1.0	99.9	0.1
2000	53.7	45.2	1.0	99.8	0.2
2010	51.8	47.1	0.9	99.8	0.2
2020	53.8	45.5	0.5	99.9	0.1

（出所）　厚生労働省「〔令和 2 年〕人口動態統計」より作成。

どこで出産したのか？

ついでながら六子は直美と誠をどこで出産しただろうか。

表3-4は出生場所の推移を示したものである。大きく施設内（病院・診療所・助産所）と自宅・その他に分けられている。一九五〇（昭和二五）年には自宅などが九五・四％、病院などが四・六％でほとんどが自宅で産まれた。六〇（昭和三五）年には自宅などが四九・九％、病院などが五〇・一％でほぼ半々となり、七〇（昭和四五）年以降は病院などで産まれる人がほとんどである。現在は自宅などで産まれる子どもは〇・一％である。[3]

直美と誠の誕生に近い一九七〇（昭和四五）年でみると、施設内が九六・一％、自宅などが三・九％である。おそらく直美も誠も病院か診療所で産まれただろう。ちなみに五四（昭和二九）年生まれの僕は自宅出産だったが、四歳年下の弟は病院で産まれた。

標準世帯

六子と勇は、かつて年金制度や税制などを設計するさいのモデルとして用いられた「標準世帯」と呼ばれる家族を形成したことになる。

「標準世帯」とは、総務省統計局の「家計調査」の定義によれば、「夫婦と子ども二人の四人で構成さ

3　これが乳児死亡率を大きく低下させた。

れる世帯のうち、有業者が世帯主一人だけの世帯に限定したものである」。これは「夫婦と子ども二人の四人で構成される」という世帯構造と、「有業者が世帯主一人だけ」（ほとんどは夫が有業者で妻が専業主婦）という有業者の状況によって定義されている。六子と勇が作った家族は、六子と勇の夫婦と直美と誠の子ども二人の四人で構成され、かつ勇が有業者で六子が専業主婦という、まさしく「標準世帯」であった。六子が家族形成を行なった昭和四〇年代はまさに標準世帯が「標準的」だった時代である。

六子は自分が生まれ育った伝統的な家族とはまるで異なる家族を作ったことになる。

六子が生まれ育った家族は、①農村にある、②農家（自営業主世帯）であり、③先祖代々の墓と仏壇を守り、④三世代世帯で、⑤子どもは五人（以上）で、⑥そこでは祖母、母も世帯主とともに家族従業者として働いていた。

しかし六子が自分で形成した家族は、①都市にある、②雇用者世帯であり、③墓は田舎で兄が守り、仏壇の代わりにテレビがあり、④夫婦と未婚の子どもからなる核家族世帯であり、⑤子どもは二、三人で、⑥夫がサラリーマン、妻は専業主婦である。

六子は東京で新しい人生へ一歩を踏み出した。

第4章 高度経済成長期の社会

1 家族の戦後体制

近代家族

この章では、六子たちが新しい生活へと踏み出した高度経済成長期の社会の特徴をみていく。まず高度経済成長期の家族の特徴をみてみよう。六子と勇が「標準世帯」と呼ばれる家族を作ったことはすでに述べた。社会学ではこれを「近代家族」と呼んでいる。

ここでは近代家族の特徴として四つ挙げておく。

①夫婦と未婚の子どもからなる核家族である。

②みんなが結婚して二、三人の子どもがいる。
③夫が雇用者であり妻が専業主婦である。
④もしかしたら郊外の団地で暮らしたかもしれない。
それぞれについてみていこう。

核家族の時代

高度経済成長期は核家族の時代であった。

図4-1は、国勢調査による家族類型別にみた世帯数の構成割合の推移を示したものである。国勢調査では、家族類型は大きく「核家族世帯」「その他の親族世帯（核家族以外の世帯）」「単独世帯」「非親族世帯」に分けられる。六子が生まれ育った直系家族（三世代世帯）は「その他の親族世帯（核家族以外の世帯）」に含まれる。

これをみると、核家族世帯は一九六〇（昭和三五）年以降ずっと五割を超えており、これに対して核家族以外の世帯は、六〇年には約三〇％であったのが、その後急速に低下し二〇二〇（令和二）年には約七％になっている。ここからは、戦前の家制度に特徴的であった直系家族（三世代世帯）が戦後衰退し、これに代わって核家族が支配的となったといえそうである。一九九〇（平成二）年以降は核家族世帯の比率も徐々に低下し、これに代わって単独世帯が急増している。六〇年に約一六％であった単独世帯は二〇二〇年には三八％まで増加している。

図 4-1　家族類型別にみた世帯数の推移（構成割合）

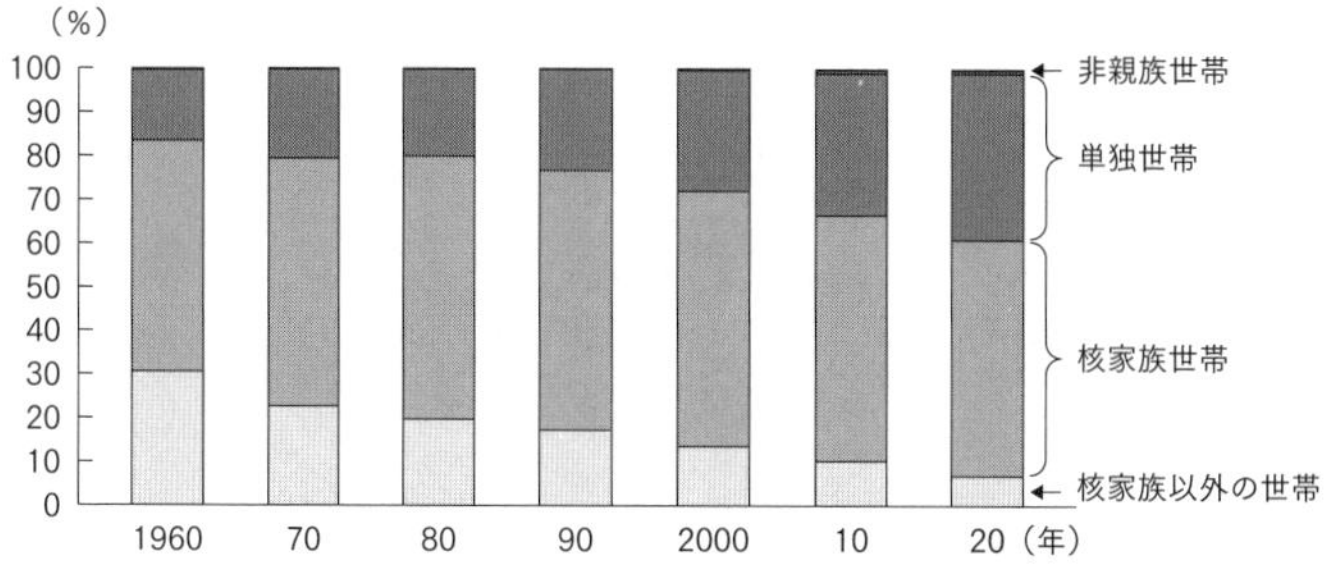

（出所）国立社会保障・人口問題研究所「人口統計資料集〔2022 年版〕」より作成。

図 4-2　家族類型別にみた世帯数の推移（実数）

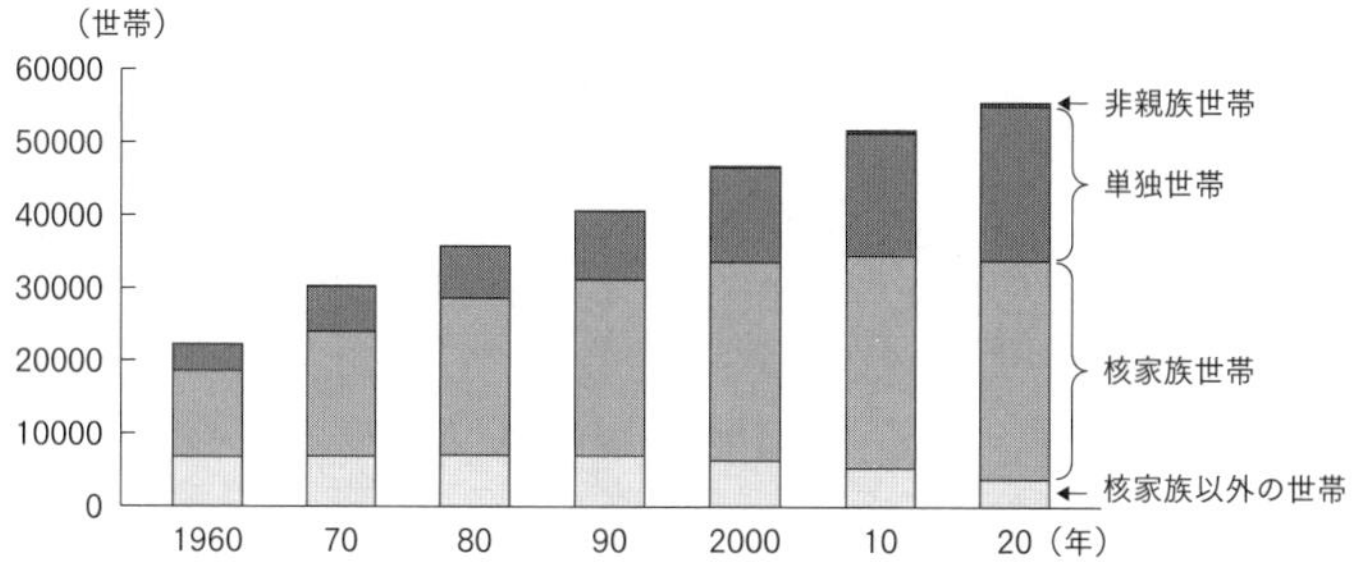

（出所）国立社会保障・人口問題研究所「人口統計資料集〔2022 年版〕」より作成。

大家族を夢見る核家族

図4-2はこれを実数でみたものである。

実数でみると、核家族以外の世帯の数は一九六〇年から二〇〇〇年まで六〇〇万世帯を超えておりほとんど変化していない。実数が変化していないにもかかわらず、構成割合が低下しているのはどうしてだろうか。それは、一九六〇年に約二〇〇〇万世帯だった総世帯数が、二〇二〇年には約五六〇〇万世帯まで増え、その増加分の大部分が核家族世帯と単独世帯だったためである。一九六〇年に核家族世帯が約一二〇〇万世帯、単独世帯が約四〇〇万世帯だったのが、二〇二〇年にはそれぞれ約三〇〇〇万世帯、約二一〇〇万世帯まで増えている。落合恵美子は次のように説明している。

拡大家族［直系家族］が減らないまま、核家族が増えた秘密……。その答えは、いわれてみればコロンブスの卵、この世代はきょうだいが多かったのです。親と同居すべきだという規範があるといっても、子夫婦が二組も三組も親と同居することはできない。日本の直系家族制というのは、一組しか親と同居しないという決まりですから。だから長男夫婦が同居したら、次三男や娘たちは東京なり大阪なりに出ていってよいのです。家制度を守るのは田舎のお兄さんに任せておいて、弟妹たちは安心して都会で核家族を作る。けれど万一お兄さんに何かあったときには、誰かが田舎に帰らなくっちゃ、などと思っていた。それから、やっぱりれっきとした家族というものは、田舎のお兄さんの家のような、おじいちゃんおばあちゃんのいる三世代家族なんじゃないか、という気分を漠然と引きずっていた（落合恵美子『21世紀家族へ〔第四版〕』七九頁）。

六子も青森の家と親を兄夫婦に任せて東京で核家族を形成した。落合はこのような高度経済成長期の核家族のあり方を「大家族を夢見る核家族」（同七九頁）と呼んでいる。六子たちは都市で核家族を形成しつつ、想像のなかでは故郷の伝統的な家制度に属していた。落合はその表れを一九六〇年代のテレビで流行したホームドラマにみいだしている。そこには三世代同居の大家族が茶の間でいっしょに食事をする団欒シーンが延々と映し出されていた。「サザエさん」（六九年放送開始）もその一つである。それは「れっきとした家族というものは、田舎のお兄さんの家のような、おじいちゃんおばあちゃんのいる三世代家族なんじゃないか、という気分」が投影されたものであった。六子たちは核家族の「仏壇」であるテレビの画面を通して自分が生まれ育った想像のなかの家制度を見ていたのである。そして、お盆や正月には田舎に帰って仏壇と墓に参り、想像のなかの家制度が現実のものであることを確認した。

皆婚

近代家族の二番目の特徴は、みんなが結婚して二、三人の子どもがいることである。ここには二つの要素が含まれている。一つは「みんなが結婚する」ということ、すなわち皆婚であること、もう一つは「みんなが二、三人の子どもをもつ」ことである。

まず皆婚のほうからみてみよう。皆婚かどうかは五〇歳時の未婚率（生涯未婚率）をみることでわかる。生涯未婚率は、四五歳から四九歳の未婚率と五〇歳から五四歳の未婚率の平均値で表される。一九四三（昭和一八）年生まれの六子が五〇歳になるのが九三（平成五）年、四一（昭和一六）年生まれの勇が五〇歳になるのが九一（平成三）年、一番近い九〇（平成二）年の生涯未婚率をみると、女性で四・三%、男性で五・六%である（国立社会保障・人口問題研究所「人口統計資料集〔二〇二二年版〕」、本書一六八頁図7-4）。六子の世代では一〇〇人に五人前後が未婚だったことがわかる。これは結婚を望む人はほとんど結婚することができた状態であったといってよい。高度経済成長期は結婚を望む人たちがほとんど結婚することができた皆婚の時代だった。しかし、それはいつまでも続かなかった。その後急速に生涯未婚率が上昇していくが、これについてはあらためてみることにしよう（第7章）。

二人っ子革命

落合はみんなが二、三人の子どもをもつようになったことを「二人っ子革命」（落合恵美子『21世紀家族へ〔第四版〕』五四頁）と呼んでいる。もう一度**表3-3**（六六頁）をみてみよう。妻の生まれ年が一八九〇（明治二三）年から一九〇五（明治三八）年の間では平均出生児数は四・八人であった。出生児数四人以上が六割を超えている。それが一〇（明治四三）年生まれ以降平均出生児数が減りはじめ、六子の世代になると二・一八人まで低下している。六子の世代では出生児数二人の割合が五八％、三人が二四％である。これが「二人っ子革命」である。

合計特殊出生率

これを戦後の出生数と出生率の推移でみてみよう。**図4-3**は一九四七（昭和二二）年以降の出生数と合計特殊出生率の推移を示したものである。棒グラフが出生数、折れ線グラフが合計特殊出生率である。合計特殊出生率とは、ある年の一五歳から四九歳までの女性の年齢別の出生率を合計したものを、一人の女性が一五歳から四九歳までの間に産む子どもの数とみなしたものである。親の世代の人口と子ども

図 4-3　戦後における出生数および合計特殊出生率の推移

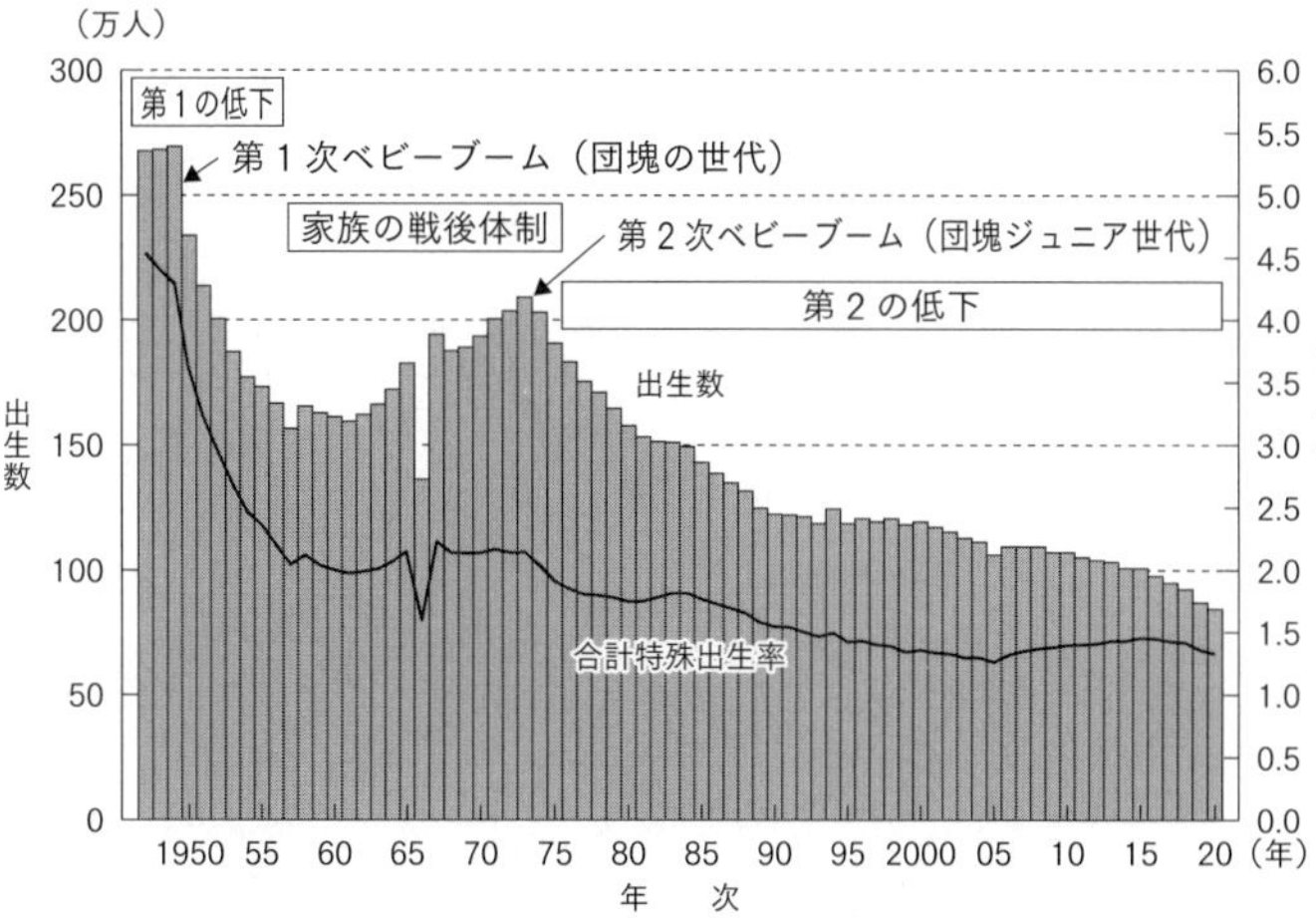

（出所）　国立社会保障・人口問題研究所「人口統計資料集〔2022 年版〕」より作成。

の世代の人口が同じになり、人口が世代間で再生産されるために必要な合計特殊出生率は「人口置換水準」と呼ばれる。人口置換水準は死亡数によって変化するが、二〇二〇（令和二）年の人口置換水準は二・〇六（国立社会保障・人口問題研究所「人口統計資料集〔二〇二二年版〕」）である。合計特殊出生率が二・〇六を超えれば人口は増加に向かい、下回れば人口は減少に向かう。

　戦後の始まりとなった一九四五（昭和二〇）年一一月の日本の総人口は約七二〇〇万人だった。戦後の出生数をみると、二つ大きなピークがあることがわかる。四七（昭和二二）年から四九（昭和二四）年が第一次ベビーブームで毎年約二七〇万人の子どもが生まれた。これが「団塊の世代」である。この間の合計特殊出生率は四・五前後であった。その後、合計特殊出生率は急降下し、五七（昭和三二）年には二・〇四となる。その後七四

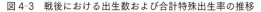

（昭和四九）年まで合計特殊出生率が二を超える水準で推移する。六七（昭和四二）年にははじめて総人口が一億人を超えた。そのなかで特異なのが六六（昭和四一）年で、出生数が約一三六万人、合計特殊出生率が一・五八となっている。グラフがくぼんでいるところである。この年は六〇年に一度まわってくる丙午《ひのえうま》の年で、丙午生まれの女性は夫を食い殺すという迷信を信じた結果であった。次の丙午は二〇二六年である。また同じような現象が起こるだろうか。

次のピークが一九七一（昭和四六）年から七四（昭和四九）年の第二次ベビーブームで、毎年二〇〇万人を超える子どもが生まれた。これが「団塊ジュニア世代」である。誠もその一人だった。これは団塊の世代の女性が出産適齢期を迎えたことによるもので、合計特殊出生率には大きな変化はみられない。第二次ベビーブームが終わって、七五（昭和五〇）年に一・九一になってから、合計特殊出生率はもはや人口置換水準を超えることはなく、二〇二〇（令和二）年の一・三三までだらだらと低下を続けている。出生数も減少を続け、一六（平成二八）年には一〇〇万人を切り、二〇年には約八四万人となっている。[1]総人口も〇八（平成二〇）年の一億二八〇八万人をピークに翌年から人口減少が始まっている。

本来であれば、団塊ジュニア世代の女性が出産適齢期を迎える二〇〇〇年ころに第三次ベビーブームがくるはずだった。それが幻となった理由についてはあらためて考察しよう（第8章第3節）。

家族の戦後体制——標準世帯の時代

近代家族の三番目の特徴は「夫が雇用者、妻が専業主婦」という性別分業である。そのための条件は夫一人で一家四人分の生活費を稼ぐことができることである。これは夫の雇用の条件とかかわるので次節でみることにしよう。

落合は近代家族が全盛であった時代を「家族の戦後体制」（落合恵美子『21世紀家族へ〔第四版〕』九四頁）と名づけている。出生率からみると戦後は三つの時期に区分される。最初は一九四七（昭和二二）年の第一次ベビーブームの開始から始まり、ジェットコースターに乗っているように出生率が急降下する五六（昭和三一）年までである。この間に出生率は四・五四から二・二二まで低下した。これが「〔出生率の〕第一の低下」（同五一頁）である。第二の時期は出生率が横ばいで推移する五七（昭和三二）年から第二次ベビーブームが終わる七四（昭和四九）年までである。この間、六六（昭和四一）年の丙午を除けば、出生率は二をすこし超えたあたりで安定していた。第三の時期は七五（昭和五〇）年から現在までである。七五年以降、出生率は一度も二を超えることはなく、多少の増減はあってもずるずると低下を続けている。これが「第二の低下」（同五一頁）である。落合が「家族の戦後体制」と呼んでいるのは「第一の低下」と「第二の低下」にはさまれた第二の時期である。ただし、落合はもう少し広く五五年から七五年までとしている（同五二頁）。これはちょうど高度経済成長期（五五年―七三年）と重なる。この時代、六子を含めて、みんなが結婚し、二、三人の子どもをもうけ、夫が一家四人の生活を支え、

1　二〇二三年六月に発表された厚生労働省「令和四年（二〇二二）人口動態統計月報年計（概数）の概況」によれば、二〇二二年の出生数は七七万七四七人、合計特殊出生率は一・二六となった。

妻は専業主婦として家事・育児を担う家族を作ったのである。

標準世帯が「標準的」だった時代。それはたんに標準世帯が「平均的」だったというだけではない。それは標準世帯が「模範的」、望ましい家族の姿とされた時代でもあった。「女性は二五歳になるまでに結婚するのがあたりまえ」「結婚したらすぐに子どもを作るのがあたりまえ」「子どもは二、三人いるのがあたりまえ」「夫は一家の大黒柱として家族を養うのがあたりまえ」「妻は内助の功で夫を助けるのがあたりまえ」。高度経済成長期、人びとは標準世帯を模範として画一化された「あたりまえ」の家族を作った。六子たちは伝統的な家制度からは自由になったかもしれない。しかし、近代家族もまたそれはそれで息苦しいものだったかもしれない。

2 雇用の戦後体制

性別分業

近代家族の三番目の特徴、「夫が雇用者、妻が専業主婦」についてみていこう。六子も一九六八（昭和四三）年に勇と結婚したあと、あるいは翌年直美が生まれたあと、鈴木オートを退職して専業主婦になっただろう。第3章では、サラリーマンの妻の就業状態からこれをみた（六四頁図3-2）。七〇（昭和四五）年には、専業主婦の比率は六割を超えていた。これはサラリーマンと結婚しているすべての年齢層の女性を分母とした数字である。ここでは年齢階級別の女性の労働力率でみてみよう。

図 4-4　就業状態に関する用語

- 15 歳以上人口
  - 労働力人口
    - 就　業　者
      - 従業者
      - 休業者
    - 完全失業者
  - 非労働力人口
    - 通学
    - 家事
    - その他（高齢者など）

（出所）総務省統計局「労働力調査　用語の解説」。

労働力率とは、労働力人口を一五歳以上の人口で割った数字のことである。一五歳以上の人口は労働力人口と非労働力人口に分けられる。労働力人口とは働く意思を持つ人たちの人口で、じっさいに働いている就業者といまは就業していないけれども仕事を探している完全失業者からなる。非労働力人口は労働力人口以外の人たちの人口で、学生や専業主婦、仕事を引退した高齢者など、働く意思を持たない人たちである（病気・けが・障害などで働きたくても働けない人も含む）。

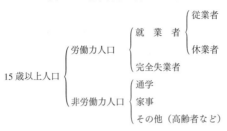

M字カーブ

図4-5は、高度経済成長が終わりを告げた一九七五（昭和五〇）年の年齢階級別にみた男女別の労働力率を示している。こちらは従業上の地位（自営業主・家族従業者・雇用者）や既婚・未婚を問わず一五歳以上のすべての人口を分母としており、五歳ごとの年齢階級別の労働力人口の比率をみることができる。

まず男性と女性のグラフの形が大きく異なっていることがわかる。男性のグラフは、二五歳から五九歳までは九〇％以上でほぼ台形をしている。二五歳から五九歳までの男性の九割以上は働く意思を持って

図 4-5　年齢階級別労働力率（1975 年）

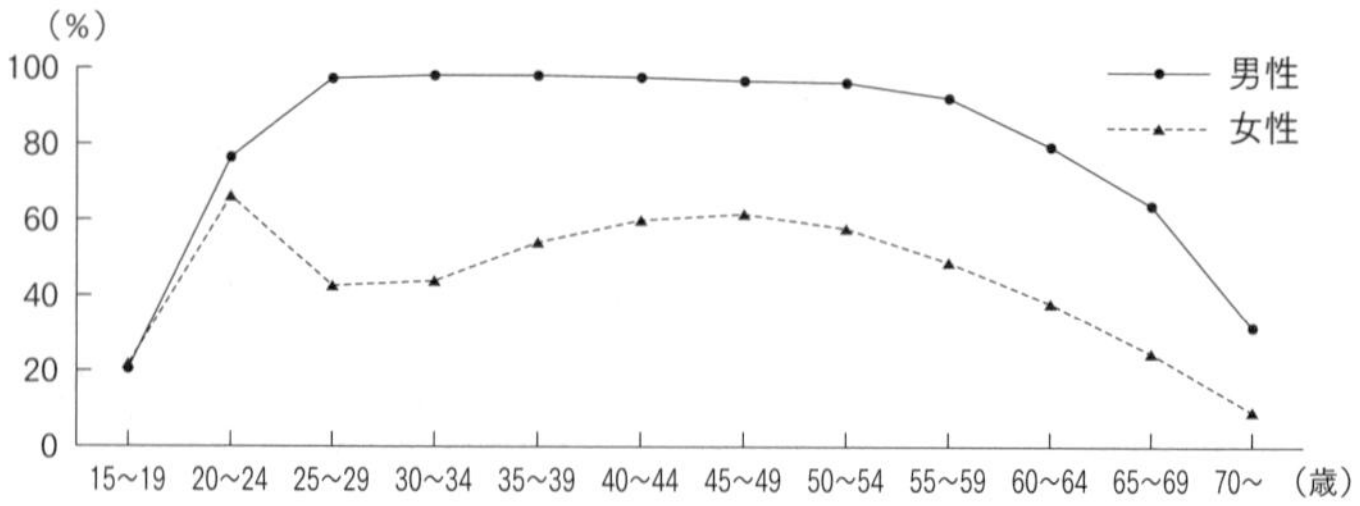

（出所）　労働政策研究・研修機構「早わかり　グラフでみる長期労働統計」より作成。

いる。これは現在も変わらない。

他方、女性のグラフは、一五歳から二四歳までは男性と同じように右肩上がりに上昇している。これは、男性と同様、女性も学校卒業後、働いていることを表している。しかし、二五歳から二九歳で急落し四二・六%、三〇歳から三四歳でも四三・九%となっている。これは、女性が結婚や出産でいったん仕事を離れ、専業主婦として家庭に入ったことを示している。この年齢層の六割近くの女性は働く意思を持っていない。それから子どもの手が離れるとまた働きはじめ、三五歳から五四歳では五〇%以上となり、そこからまたゆっくり下降していく。この曲線はその形から「M字カーブ」と呼ばれている。M字カーブは欧米諸国では見られず、日本や韓国に特徴的とされている。

じつは一九七三（昭和四八）年のオイルショック直後の七五年は、女性の労働力率が戦後最低の四五・七%となった年である。逆にいうと、専業主婦率がもっとも高くなった年である。この年、六子は三二歳、直美が六歳、誠が三歳、まだまだ手がかかるころである。六子も専業主婦として家事と育児に専念しただろう。しかし、すでに述べたように、そのためには勇が一人で一家四人分の生活費を稼ぐことができなければならない。
それではこの時代、勇はどのような働き方をしていただろう。

標準労働者

「標準労働者」という言葉がある。厚生労働省の定義によれば、「標準労働者とは、学校卒業後直ちに企業に就職し、同一企業に継続勤務しているとみなされる労働者」のことである。労働省（当時）の統計で「標準労働者」という用語がはじめて登場したのは一九六五（昭和四〇）年のことである（菅山真次『「就社」社会の誕生』五頁）。当時、「学校卒業後直ちに企業に就職し、同一企業に継続勤務」することが「標準的」と考えられるようになっていたことを示している。勇もおそらく標準労働者として働いていただろう。

この定義には二つの要素が含まれている。一つは「学校卒業後直ちに企業に就職」すること、すなわち新規学卒一括採用である。すでに第1章でみたように、この「卒業と同時に職業に就く『間断のない』学校から職業への移行メカニズム」（苅谷剛彦）は、高度経済成長期における新規中卒者の就職を通して定着した。もう一つの要素は「同一企業に継続勤務している」こと、すなわち長期雇用慣行である。

まず新規学卒一括採用のほうからみていこう。

新規学卒一括採用――勇の場合

もう一度、勇のプロフィールを振り返っておこう。勇は一九四一（昭和一六）年に生まれ、五九（昭和三四）年、都内の高校を卒業して、従業員規模五〇〇人以上の大企業にホワイトカラーとして就職した。それでは勇の就職はどのように決まったのであろうか。

勇もまた、中卒就職者と同様、高校在学中に就職先が決まり、卒業と同時に就職しただろう。この点では六子の場合と同じである。しかし、高校生の就職で中学生と大きく異なるのは、中学生の場合、学校と企業の間に職業安定所が介在し、両者の調整を行なっていたのに対して、高校生では職安は介在せず、学校と企業の直接的な関係のなかで就職が決まっていったことである。

これは高校が学校と企業の間の「実績関係」を重視したためであった。実績関係とは、「過去の採用実績をもとに就職希望者の職業斡旋を行なう学校とそこから継続的に採用を行なう企業とがとり結ぶ信頼にもとづく関係のことである（苅谷剛彦『学校・職業・選抜の社会学』二〇頁）。高校は実績関係のある企業が求めるような生徒を推薦するし、企業も実績関係のある高校が推薦する生徒を優先的に採用する。同じ高校から継続して生徒を採用すれば、自然と職場に先輩・後輩関係が生まれ、高校は安心して生徒を送り込むことができるし、企業側も職場での円滑な関係や新卒者の定着を期待することができた。高校と企業の間には、しばしば戦前にまでさかのぼる長期的・継続的な実績関係があり、この実績関係にもとづく就職のほうが、職安の紹介よりも信頼されていたのである。一九八〇年代前半の調査であるが、「全求人企業のわずか一割を占めるにすぎない実績企業に、就職者の約半数が就職」（同八三頁）していた。

もう一つ高校生の就職を特徴づけていたのは「一人一社主義」である。一人一社主義とは、「就職希望者ひとりに一社しか学校推薦を与えない」（同二〇頁）という高校の方針のことである。一人一社主義は学校と企業の間の実績関係を維持するために重要であった。現在の大学生の就職活動にみられるように、複数の企業から同時に内定を得て、そのうちの一つを選び他は辞退するということが行なわれれば、実績関係にもとづく学校と企業の間の信頼関係は損なわれてしまう。勇もまた実績関係と一人一社主義にしたがって就職先を決め、卒業と同時に就職しただろう。

このようにして高度経済成長期前半に中卒者を対象に定着した新規学卒一括採用という仕組みは、形を変えながら高度経済成長期後半には高卒者までカバーするようになっていった。ちなみに、当時はまだ少数派であった大学生については、戦前にすでに新規学卒一括採用の原型が現れており、それは戦後の新制大学へも受け継がれた。こうして「ホワイトカラー層において戦前期から導入されていた『学校経由の就職』は、戦後において職業安定所が深く関与する中卒者から、学校が独自に斡旋を行う高卒者へとブルーカラー労働供給源が変化するに伴って、ブルーカラーまでを広く覆う就職慣行として日本社会において支配的になった」（本田由紀『若者と仕事』二二頁）。

終身雇用

標準労働者の定義のもう一つの要素は「同一企業に継続勤務している」こと、すなわち長期雇用慣行である。新規学卒一括採用と長期雇用慣行を合わせたものが「終身雇用」である。

終身雇用は次のように定義される。「①会社は学校を卒業した直後の人を採用し、定年まで雇用を保障する。［……］②新規に学校を卒業する者は、卒業と同時に会社に入り、定年までその会社に働き続ける。［……］終身雇用が存在しているということは、この二つの条件が同時に満たされていることを指している」（野村正實『終身雇用』三五―六頁）。

終身雇用の萌芽も戦前の大学卒のホワイトカラーにみられるが、ブルーカラーについても一九二〇年代以降、大企業の基幹工を中心に長期雇用が増えていく。しかし、これは戦時体制のため定着しなかった。終身雇用が慣行として成立するのはやはり高度経済成長期のことである。勇もまた新規学卒一括採用によって学校卒業後直ちに就職した企業に定年まで働き続けただろう。正確にいえば、定年はまだ先のことなので、定年まで継続して安定的に雇用されることを見込んで、あるいはそのことを自明と考えて働いていただろう。[2]

年功賃金

勇が一家四人の生活を一人で支えることができるためにはもう一つ条件が必要であった。それは、年齢や勤続年数が増えるにつれて賃金が上がっていく賃金制度、すなわち「年功賃金」という仕組みである。この年功賃金の原型は一九四六（昭和二一）年の電産型賃金であった。[3]「電産型賃金の最大の特色は、労働者の年齢と扶養家族数で約七割が決まってしまうことだった」（小熊英二『日本社会のしくみ』三六四頁)。それは夫一人の賃金で一家四人の生活を支えることのできる仕組みであった。この賃金体系はホワイトカラーだけでなく、ブルーカラーにも適用された。その後六〇年代後半から職能給・職能資格制度[4]が導入されるが、そこでも基本的に年功賃金は維持された。

雇用の戦後体制——日本的経営

戦後日本社会における雇用のあり方を特徴づけたのは「日本的経営」である。[5] 日本的経営は「終身雇

2 終身雇用は実態としてはすべての雇用者にあてはまったわけではない。「第一に、中小企業の雇用慣行は終身雇用ではない。第二に、大企業においても、パートタイマーなどのさまざまな縁辺労働力は終身雇用の範囲外にある。第三に、大企業の正社員のなかでも、女性社員の若年での退社はいわば慣行となっている」(野村正實『終身雇用』vi頁)。野村正實によれば、「終身雇用の対象は、大企業の正社員一般ではなく、大企業の男性正社員に限られる。公務員を合算しても、雇用の安定している正規従業員は、日本の雇用人口全体の約三分の一にすぎない」(同三七頁)。

3 「電産型賃金とは、敗戦から一年ほどたった一九四六年九月一六日、一発送電会社と九配電会社の企業内組合の産業別連合体であった日本電気産業労働組合協議会(電産)がそれぞれの会社社長にあてた申入書において提案した賃金体系のことである。この賃金体系提案は、中央労働委員会の調停によってほぼ電産の主張どおりに承認され、実施された。電産型賃金体系は、その体系性と理論によって、他産業にも大きな影響を与えた。電産型賃金体系は、戦後の賃金体系の出発点であり、モデルであった」(野村正實『終身雇用』一一三—四頁)。

4 「職能給・職能資格制度とは、[……]個人の報酬や位置づけが職務内容や役職によってではなく潜在的・一般的な職務遂行能力に関するランクづけによって決まる仕組みである」(本田由紀『若者と仕事』六八頁)。

5 「日本的経営」といった場合、株の持ち合いや系列関係なども含まれるので、より正確には「日本的雇用慣行」というほうが適切である。ここでは一般的な用語を用いておく。

用」「年功賃金」「企業別労働組合」という三つの要素からなるとされている。このうち終身雇用と年功賃金がいずれも高度経済成長期に形成され定着したものであることはすでにみた。

三つ目の企業別労働組合は、労働組合が企業単位で組織されていることを意味している。欧米では労働組合が職種別あるいは産業別に組織されているのに対して、日本では、ホワイトカラーとブルーカラーを区別せず企業ごとに組織されている。企業別労働組合も戦後制定された労働組合法によって次々に結成された労働組合にその起源をもっている。東京大学社会科学研究所が一九四七（昭和二二）年に行なった労働組合調査によれば、「組織の単位は、ほとんどすべての組合が、特定の経営あるいは企業の従業員のみを組合員とする経営別あるいは企業別の労働組合」（野村正實『終身雇用』三〇頁）であった。

これら高度経済成長期に形成された三つの要素からなる日本的経営を「雇用の戦後体制」と呼んでおこう。

モーレツ社員と専業主婦

勇と六子は一九六八（昭和四三）年に結婚して、「夫が雇用者、妻が専業主婦」という性別分業を特徴とする標準世帯を形成した。この標準世帯は、勇が標準労働者であることによって支えられていた。六子が結婚後、鈴木オートを退職して専業主婦になったのも、勇が定年まで継続して安定的に雇用され、その間一家四人の生活を賄えるだけの賃金を得られるだろうという見通しがあったからである。

当時、標準労働者は「モーレツ社員」とか「企業戦士」と呼ばれた。それは家庭も顧みずがむしゃらに働く姿を言い表した言葉である。そんな働き方が可能であったのは、妻が標準世帯の専業主婦として家事と育児を一手に引き受けていたからである。この意味で標準労働者と標準世帯はセットであった。標準労働者の夫がいなければ標準世帯は維持できなかっただろうし、標準世帯を守る妻がいなければ、夫もそんな働き方はできなかっただろう。近代家族とはモーレツ社員と専業主婦の組み合わせが生み出したものであった。したがって、それは雇用の戦後体制と家族の戦後体制の組み合わせの産物だった。

近代家族の原型は第一次世界大戦後の一九二〇年代に生まれた。大学を卒業して官庁や大会社に勤めるホワイトカラーを中心とする都市に暮らす階層で、性別分業を特徴とする家族が誕生した。[6] しかし、それは伝統的家族の大海に浮かぶ小さな島のようなものにすぎなかった。それが労働者階級まで含めて大衆化したのが高度経済成長期である。

日本社会学会では一九五五（昭和三〇）年から一〇年に一度「社会階層と社会移動全国調査」（ＳＳＭ調査）を継続して行なっている。橋本健二は六五年ＳＳＭ調査の結果にもとづいて次のように述べている。「都市部の労働者階級世帯は、今日の労働者階級世帯に比べると、はるかに明確な性役割分業のも

---

6 それと同時に「主婦」も誕生した。女性雑誌『主婦之友』が創刊されたのは一九一七（大正六）年である。二〇年代に誕生した近代家族と高度経済成長期の近代家族の違いは、前者には住込みの女中がいたことである。『主婦之友』創刊号に載った「安価で建てた便利な家」の設計図にも一・五畳の女中部屋があった（西川祐子『住まいと家族をめぐる物語』八三頁）。戦前の郊外における女中のいた生活を描いているのが中島京子『小さいおうち』（二〇一〇年）である（二〇一四年山田洋次監督によって映画化された）。主人公のタキは一九三〇（昭和五）年、尋常小学校を卒業すると山形の農家から東京へ女中奉公に出た。

とにあり、女性の有業率はきわめて低かった。所得水準が高い新中間階級世帯はなおさらで、外で職業に就く女性はほぼ皆無に近かった」（橋本健二「激変する社会の多様な就業構造」橋本健二編『家族と格差の戦後史』七四頁）。これは戦前ひとにぎりの階層で誕生した近代家族が新中間階級世帯（ホワイトカラー世帯）だけでなく、労働者階級世帯（ブルーカラー世帯）まで広がっていたことを示している。

現在、家族の戦後体制も雇用の戦後体制も大きく変化しつつある。そうすると、近代家族もまた変化せざるをえない。近代家族はけっして普遍的に存在する自然な家族のあり方でもなければ、伝統的な家族のあり方でもない。それは家族の戦後体制と雇用の戦後体制の組み合わせが生み出した、戦後の一時期に作られた非常に特殊な家族のあり方にすぎない。

3　住宅の戦後体制

板柳の家——家制度の容れもの

近代家族の四番目の特徴として「もしかしたら郊外の団地で暮らしたかもしれない」と述べた。ここでは六子が暮らしたかもしれない住宅についてみていこう。住宅は家族の容れものである。家族の形が家の形を決めると同時に、家の形が家族の形も決める。

まず六子が生まれ育った板柳の家はどのようなものだっただろう。六子は青森県の農村の農業を家業とする三世代が同居する家制度の家に生まれた。図4-6は、今《こん》和次郎が一九二二（大正一一）年に記録

図 4-6　板柳の小作農家

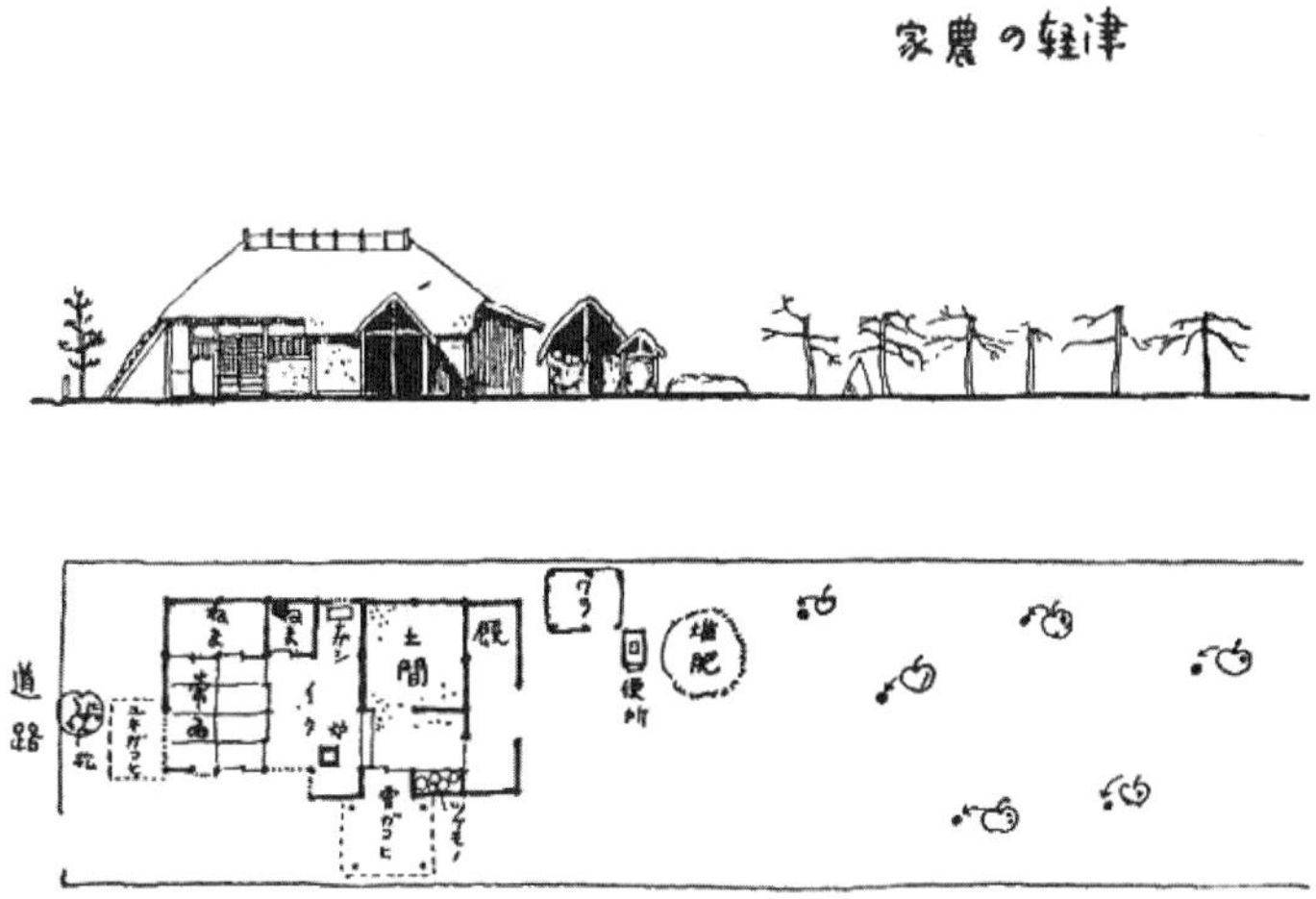

（出所）　今和次郎『日本の民家』128 頁。

した板柳の小作農家である。

　この家には、冬四ケ月の間壁の半分までを雪に埋めてくらす人たちが住っているのだ。冬の間は窓の上からばかり明りが入って来る。家の人たちは皆んな常居《じょい》（茶の間に当る）の炉のまわりにあつまって食事をしたり、縄をなったりして暮すのである。〔……〕どこの家でも、秋の終りになると、吹雪の来る風の方へ雪がこいという特別な防備をつくる（図に示してある）、ちょうど荒い海へ航海に出る人たちが船の準備をするように。晩熟の林檎《りんご》が紅《あか》くなる頃人々は冬の用意に忙しいのだ。／この図の家は小作程度の人たちの住む小さい家だ。ねま〔寝間〕としてある小さい部屋には藁が敷き込んであって、家族たちがその小さい部屋へ入ってそのまま寝るのである。

ない、まには明りがほとんど入らない、北側に子供のお習字の古《ふ》るを貼るか小さいガラスをはめ込むかした小窓を穿《うが》ったのがたまにある。何しろ寒い事から逃れる事が第一だから、衛生上それが悪いといってもなかなか改造するわけには行かない。特に貧乏な人たちは蒲団を沢山用意するわけに行かないから、従ってのびのびと寝るわけには行かないのだ。親子皆んなでこの小さい閉じ込められた藁の寝床の中にちぢこまって寒い夜を過すのである。／この家の図をとった所は津軽林檎の本場だと言われている津軽平野の岩木川沿岸の板柳という土地である。往来沿いに出来た部落なので宅地は奥行のある長方形に切られている。／雪消えどきには四月の陽《ひ》にかがやいた林檎の樹の枝が、紫色の海のようにひかっていて、岩木山という行儀のいい山がそれらの上に平野を越えて、真白に見えて、反対の方には八甲田《はっこうだ》の山脈が、もう冬もやんだぞという風に連なっている。大人たちは秋に春にこの野原で仕事をしているとき、北の国の子供たちはただ空想の国におかれているだけなのである。／私はこの土地で生れ、この土地で育ったのだから、それらの事をよく知っている（今和次郎『日本の民家』一二七―九頁）。

弘前生まれの今はこのように書いている。一九二二年の記録であるが、六子の生まれたころも大差なかっただろう。六子も「空想の国」で遊んだだろうか。

日本の農家には「田の字型」と「広間型」の二種類がある（図4-7）。「広間型」（下）は、土間に面して囲炉裏のある広い茶の間をとり、それをとりまいて小部屋を配置するもので、北陸・東北地方など寒い地方にみられるものである。図4-6は「広間型」の質素なものである。「田の字型」(上)は「にわ」(土間)に面して十字型に仕切られた四つの部屋を配置するものである。但馬にあった僕の祖父の家は、南側が先祖代々の墓のある裏山だったので南北が逆だったが、典型的な「田の字型」だった。「だいどころ」の囲炉裏はすでになく掘り炬燵になっており、「にわ」(土間)の「だいどころ」に面した部分は近代的な板の間のキッチンに改装されていた。仏壇と「トコ」(床の間)は図のとおりであった。「まや」(厩)の位置には五右衛門風呂があった。北側は中庭で、中庭を取り囲むように蔵、離れ、外便所があった。離れから見るとなだらかな斜面を下った先に山陰本線が走り、その向こうに田んぼが広がり、円山川をはさんだ向こうには持ち山が見えた。

図4-7　日本の農家の間取り

「田の字型」(滋賀県愛知郡)

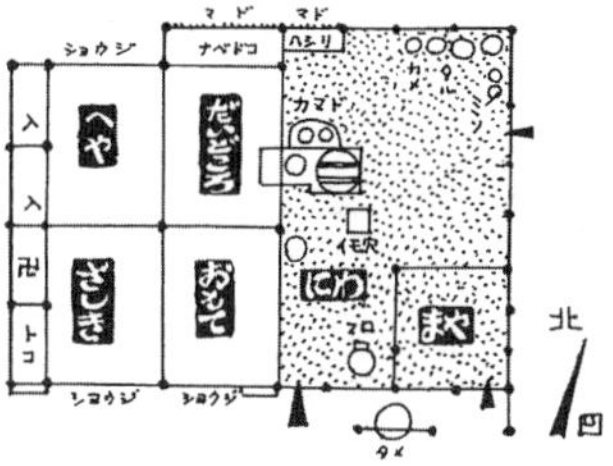

「広間型」(新潟県岩船郡)

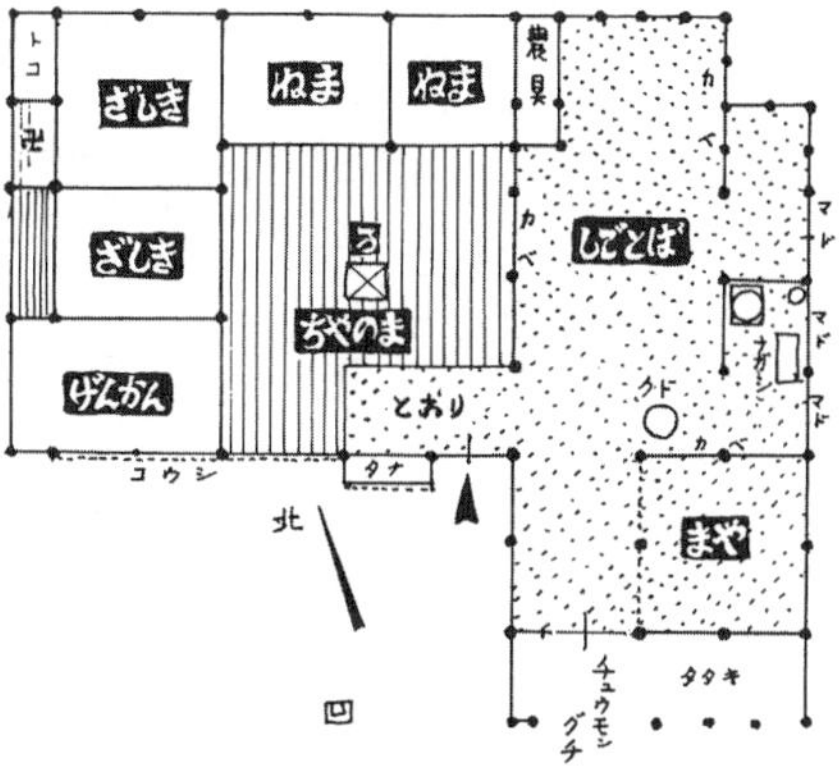

(出所)　西山夘三『すまい考今学』78頁。

郊外の誕生

今和次郎は全国で民家の記録を行なったが、また当時誕生したばかりの郊外の観察者でもあった。そもそも「郊外」とはなんだろうか。

郊外とは、単に都市の近郊のことではない。二〇世紀の産業化のなかで都市で働く人びとが増え、都心に通勤する人びとの居住に特化した住宅地が、その近郊に形成されていった。都市に付属し、都市と通勤や通学、買い物や娯楽などの行き来によって結びついた、そんな住宅地中心の場所。それが現代の郊外である（若林幹夫『郊外の社会学』四〇―一頁）。

郊外と通勤は一対の現象である。産業化にともなって、仕事の場であるオフィスや工場が都市の中心に立地し、そこで働くサラリーマンは都心から離れた郊外に住居を構え、毎日郊外から都心に通勤することになる。この意味での郊外は、箕面有馬電気軌道（現・阪急電鉄）を設立した小林一三《いちぞう》が一九一〇（明治四三）年に沿線の池田駅で池田室町住宅地を開発し分譲したのを嚆矢とする。東京ではすこし遅れて、一三（大正二）年に玉川電気鉄道（現・東急電鉄）の新町停車場で「東京の軽井沢」として分譲が開始された新町住宅地が始まりである（山岡靖「東京の軽井沢」山口廣編『郊外住宅地の系譜』[7]）。その後、目白文化村（二二年分譲開始）、田園調布（二三年分譲開始）などが続いた。これらの地域は、当時は東京の旧市域西郊に広がる武蔵野台地の農村地帯であった。二三（大正一二）年の関東大震災後、台地の上に拓かれた郊外では比較的被害が少なかったことから、旧市域から多くのサラリーマンが郊外に移動し、人口が急増した。
今和次郎は関東大震災後の一九二六（昭和元）年に「郊外風俗雑景」という文章を発表した。それはこのように書き始められている。

朝と夕方、新宿、渋谷、池袋などのプラットホームに集まる群衆のものすごさったら、……学生、会社員、職人、労働者その他その他……は、車中の温気に蒸されて、肩と肩とをなぐり合わせて活動地と休養地との間に投げられたまないたのようなコンクリートの一直線の関所に錯綜してへし合うのです。大震災以後郊外居住者の数はめっきりふえる、不景気だといえば郊外へだし、健康上合理的だと宣伝され奨励されては郊外へだし、また住宅地切売りの広告につられては郊外へとなだれ込むのです（今和次郎『考現学入門』一八一頁）。

ここには当時生まれたばかりの郊外という現象が通勤という現象とともに活き活きと書き留められて

7　新町住宅地は現在の世田谷区深沢六丁目・七丁目に当たる。新町住宅地にはその後桜が植えられ、新町は桜新町と呼ばれるようになった。現在の桜新町駅を出て、桜新町商店街（サザエさん通り）を通り抜けて、長谷川町子美術館横を通りすぎ、国道二四六号を渡ったところがかつての新町住宅地である。桜新町には大正時代の郊外ユートピアの夢、戦後の集団就職者の夢、サザエさんの大家族の夢と、幾層もの夢が地層のように積み重なっている。

いる。そして、夫が通勤で都心に出かけたあと、郊外の家では主婦と女中が家事や育児に当たった。一九二〇年代の郊外で誕生した近代家族が大衆化するのは戦後のことである。

木賃《もくちん》アパート

一九五八（昭和三三）年に集団就職列車で東京にやってきた六子は鈴木オートの二階の六畳間に住込みで働くことになった。おそらく六子にとってはじめての個室だっただろう。[8]

一九六八（昭和四三）年に勇と結婚した六子はどこに住んだだろうか。もしかしたら木造賃貸アパート（木賃アパート）だったかもしれない。『東京百年史』は七〇（昭和四五）年九月二二日の「朝日新聞」の記事を引用してこのように書いている。

現在、大都市住民の住生活をささえているのは、マンションでも分譲住宅でもなく、木造賃貸アパートと呼ばれる六畳一間ばかりの民営借家である。たとえば総理府の調査によると、昭和四十三年現在、東京の住宅の三八％は木賃アパートで都民の二五％はその住民である（東京百年史編集委員会編『東京百年史　第六巻』一二二二頁）。

まず東京の戦後の住宅事情についてかんたんに振り返っておこう。戦後の東京は絶対的な住宅不足から始まった。

太平洋戦争末期、米軍機によって全国二〇〇以上の都市が空襲を受け、広島、長崎の原爆被害者を含めて約四六万人が死亡した（NHKスペシャル取材班『本土空襲全記録』）。東京では一九四五（昭和二〇）年三月一〇日未明の東京大空襲を含めて、区部だけで六〇回の空襲を受け、約一〇万五四〇〇人が死亡した（東京大空襲戦災資料センターウェブサイト）。「戦災と建物疎開［空襲による延焼を防ぐためにあらかじめ建物を取り壊して空き地を作る作業］とで戦前までの住宅数約一三八万戸のうち約七七万戸（五六％）を失った」（東京百年史編集委員会編『東京百年史　第六巻』一四一頁）。半分以上の住宅が失われたのである。「昭和二十年九月一日現在の警視庁の調べによると、都民のうち壕舎［防空壕に屋根をかけたもの］、仮小屋に住むものは約九万三〇〇〇世帯、三一万人であった。つまり都民の約九％に相当する人々が戦災の焼け野原に応急的な仮ずまいで生活していた」（同）。壕舎・仮小屋住まいでなければ、焼け残った家に間借りさせてもらうしかなかった。そこに農村に一時的に疎開していた者や復員兵・引揚者が徐々に都市に戻りはじめ、高度経済成長期になると集団就職列車が若者たちを農村から東京に運び続ける。この深刻な住宅難に応急的に応えたのが木賃アパートであった。

8　鈴木オートには内風呂はなかった。「ALWAYS 続・三丁目の夕日」（二〇〇七年）に一家そろって銭湯に行く場面がある。

図 4-8　豊島区立トキワ荘マンガミュージアム

（注）　右上は概観[*1]，左上は玄関[*2]，右中は二階中廊下[*3]，左中は水野英子の再現部屋，右下は共同炊事場[*1]，左下は便所[*3]。

（出所）　＊1　© 豊島区立トキワ荘マンガミュージアム（https://tokiwasomm.jp/）。＊2　©Forward Stroke inc.。＊3　著者撮影。

トキワ荘

木賃アパートはほとんど見られなくなっているが、その初期の形を見ることができるのが豊島区立トキワ荘マンガミュージアム（図4-8）である。トキワ荘は一九五二（昭和二七）年に建てられた木賃アパートである。手塚治虫、藤子・F・不二雄、藤子不二雄Ⓐ、石ノ森章太郎、赤塚不二夫らが暮らした漫画の聖地として知られる。八二（昭和五七）年に解体されたが、二〇二〇（令和二）年に豊島区立トキワ荘マンガミュージアムとして再現されている。

玄関（図4-8左上）で靴を脱いで、二階に上がると中廊下（同右中）をはさんで両側に四畳半の部屋（同左中）が並んでいる。炊事場（同右下）や便所（同左下）は共用である。「便所は公共下水が整備していなかった初期のものはすべて汲取り式で、上階の便所から太い土管などで排便を下の溜めにおとす式であった」（西山夘三『すまい考今学』三五一頁）。風呂はなかった。[9]

一九六〇年代なかばころから木賃アパートも変化する。「ひとくちに『民間木造アパート』といっても、一九五〇年代から六〇年代初頭にかけて建てられたものと、六〇年代なかば以降に建てられたもの

9　一九七六（昭和五一）年、僕が大学院に入学したときに入居した阪急神戸線夙川《しゅくがわ》駅近くの「夙川パール」はおしゃれな名前に似合わない木賃アパートだった。トキワ荘と同じように玄関で靴を脱いで、二階に上がると同じような中廊下があった。共同炊事場はなく、部屋に入ったところに流しと一口のガスコンロがあり、かんたんな調理ができるようになっていた。便所は同じような汲取り式の空中トイレだった。風呂はなく、近所の銭湯に通った。阪神・淡路大震災後訪ねたが、入口の石段だけが残っていた。

では、時期によって内容が異なる。当初は設備共用の一室タイプ（いわゆる1K、部屋は四畳半〜六畳程度、トイレ共同、風呂なし）が中心であったが、次第に設備専用の二室以上タイプの比重が増大した」（小野浩「住まいの理想と現実」老川慶喜編『東京オリンピックの社会経済史』一四七頁）。関西では後者の設備専用タイプを「文化住宅」と呼んでいた。

木賃アパートに住んでいたのはどういう人たちだったのだろう。「木賃アパートの居住者の家族構成を六三年の大阪市付近の民間木造アパート調査でみると、アパート［設備共用型］では二〜三割が単身者であるが、夫婦だけが四割で夫婦と子の核家族も多い。文化住宅［設備専用型］では夫婦と子が四〜六割で最も多い。しかしいずれにしても若い小核家族が中心であった」（西山夘三『すまい考今学』三五五頁）。六八（昭和四三）年に結婚した六子も木賃アパートで結婚生活をスタートさせたかもしれない。

住宅の戦後体制——団地の時代

木賃アパートと並んで高度経済成長期の住宅供給を支えたのは団地であった。団地建設を主に担った日本住宅公団（現・都市再生機構）が発足したのは一九五五（昭和三〇）年のことである。西川祐子はこれを「住宅の五五年体制」（西川祐子『住まいと家族をめぐる物語』一三九頁）と名づけている。ここでは「家族の戦後体制」「雇用の戦後体制」に合わせて「住宅の戦後体制」と呼んでおこう。

住宅公団が建設した最初の団地が大阪府堺市の金岡団地（一九五六年入居開始）である。その後、東京都日野町（現・日野市）の多摩平団地（五八年入居開始）、大阪府枚方市の香里団地（五八年入居開始）、東京都田無町・保谷町（現・西東京市）と久留米町（現・東久留米市）にまたがるひばりヶ丘団地（五九年入居開始）などが続いた。住宅公団は六〇（昭和三五）年までに、二五七団地、約一四万戸を建設し、その居住者は約五〇万人にのぼった。これらの団地は、関東大震災後に拓かれた郊外のさらに外側に建設されたもので、郊外化の第二の波であった。郊外化の第二の波は、東京都内にとどまらず、千葉県松戸市の常盤平《ときわだいら》団地（六〇年入居開始）、千葉県船橋市の高根台団地（六一年入居開始）、埼玉県草加市の草加松原団地（六二年入居開始）など、東京圏全体に広がっていった。高度経済成長期、地方圏から三大都市圏に多くの若者が移動し、東京圏の人口は増え続けたが、東京圏の内部をみると、東京都区部の人口は六五（昭和四〇）年から人口減少がはじまり、東京都全体でも七〇（昭和四五）年からほぼ横ばいとなっているのに対して、神奈川県、埼玉県、千葉県の人口は増え続けた（二四六頁図9-3）。

東京圏の人口が増加していくのは、東京をとりまく神奈川、埼玉、千葉の三県の人口が膨張していくことに起因し、その人口の推移のカーブの上昇からいって、東京圏においては、郊外は一九六〇年代に徐々にその姿を現し、三県の人口が東京都人口を超えた七〇年から七五年にかけて成立したといっていいだろう（小田光雄『〈郊外〉の誕生と死』三四―五頁）。

人口が都市の内部から周辺に移動していくドーナツ化現象にともなって、団地も郊外へ郊外へと広がっていった。

図4-9　常盤平団地の2DK俯瞰図（1962年）

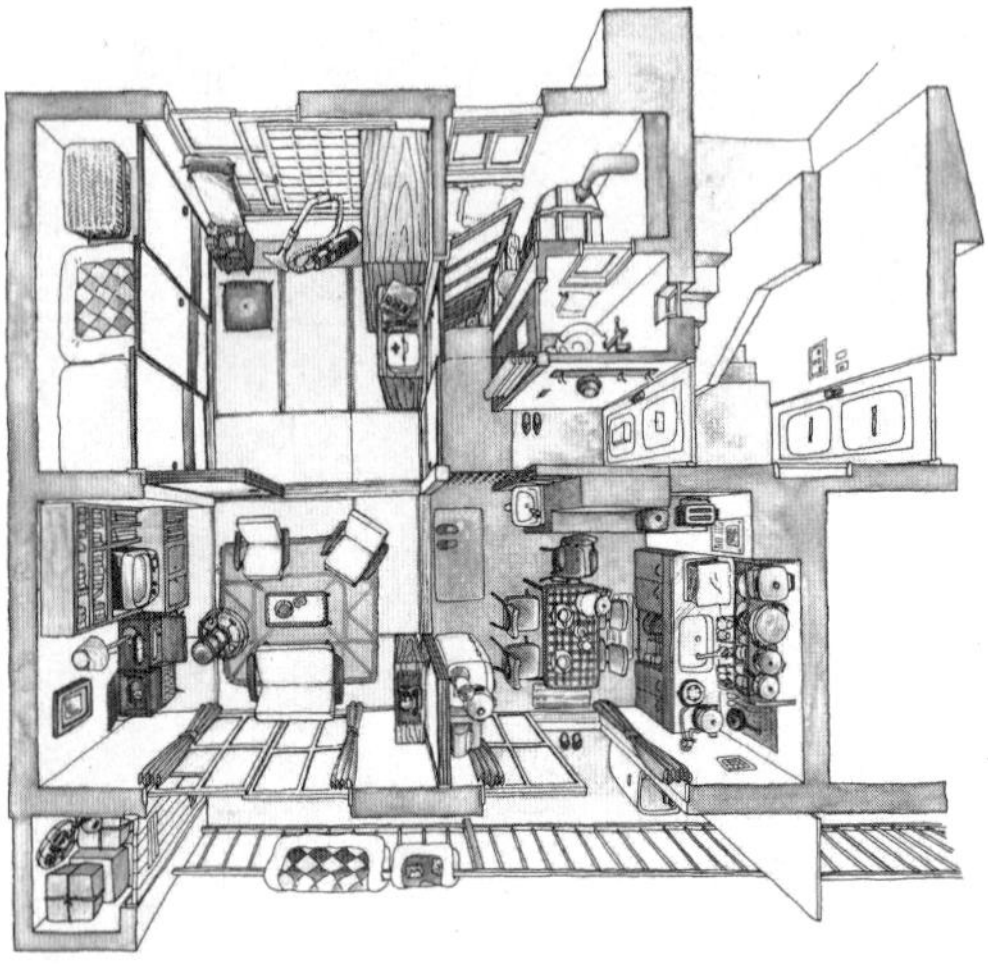

（出所）　松戸市立博物館提供。

2DK――近代家族の容れもの

当時団地生活はあこがれの的であった。高い倍率の抽選を経て団地に入居できた家族は羨望をこめて「団地族」[10]と呼ばれた。団地生活の象徴となったのが2DKである。松戸市立博物館では常盤平団地の2DKを再現展示している。図4-9はその俯瞰図である。

常盤平団地は千葉県松戸市に建設され一九六〇（昭和三五）年四月から入居が始まった団地である。「当時、住戸九二戸、畑、ヤマと呼ばれる雑木林の樹林地が大半を占めた五一万二二五一坪の土地が造成され、そこに戸数四八三九戸の四階建て中層公団住宅合計一七〇棟と、ショッピングセンター・集会所・病院・小学校などの施設を有する街が建設された。農村地域にこつ然と人工都市が出現した」（青木俊也『再現・昭和30年代　団地2DKの暮らし』四一頁）。

『再現・昭和30年代　団地2DKの暮らし』に登場するAさんは一九五八（昭和三三）年四月に結婚、六畳一間に半間の流しがついた荒川区三河島のアパート（おそらく木賃アパート）で結婚生活を始めたが、長男誕生を機に、六〇年四月、一家三人で常盤平団地の2DK（一三坪）に入居した（同五九—六一頁）。

2DKはいまではだれでも知っている言葉であるが、ダイニングキッチン（DK）と二部屋の和室という間取りを指す言葉として住宅公団が使いはじめた。[11] DKはダイニングルームとキッチン兼用の部屋を意味する和製英語であった。

階段からシリンダー錠でスチール製のドアを開けて中に入ると南側が板張りのDKである。キッチンには最新式のステンレスの流し台があり、ダイニングテーブルで椅子に腰かけて食事をした。図4-7の伝統的な「田の字」型の農家とくらべると、「田の字」型では炊事場がじめじめした土間の日当たりの悪い北向きに配置されているのに対して、団地ではキッチンが日の射す南向きに配置されているのが大きな特徴である。戦後の男女平等思想を形にしたものであった。

玄関を入った北側には男女共用の水洗トイレ、浴室があった。Aさんの入居した部屋は木製のガス風呂だったが、のちにはホーローの浴槽に変わった。炊事場や便所は共用、風呂は銭湯だった時代に、ステンレスの流し台、水洗トイレや浴室を標準装備した2DKがいかに眩しく見えたかがわかるだろう。東京都区部でさえ下水道普及率が約二割であった当時（五六頁表2-2）、水洗トイレになじみのない入居者のために「常盤平団地入居の栞《しおり》」には次のような注意書きが記されていた。

---

10 「団地族」という言葉は一九五八（昭和三三）年の『週刊朝日』ではじめて登場した。

11 2DKは公団住宅だけではなく、民間企業の社宅でも採用された。僕が高校生のとき住んだ社宅も同じ2DKだった。四畳半の和室に二段ベッドを入れて弟と二人で使っていた。

洋式便器は、便器に背を向けてお坐り下さい。便座（蓋のようなかんじの額縁式のもの）は、大変壊われやすく、勢いよく降ろしますと、ヒビが入り、約三〇〇〇円の損失となりますので、取扱いには充分御配慮下さい（同一九頁）。

このほかに六畳と四畳半の和室二間がある。2DKは戦前に西山夘三によって提唱された「食寝分離」と「分離就寝」という考え方を実現したものである。食寝分離は食事室と寝室を分けること、分離就寝は夫婦と子供の寝室を別にすることである。2DKはこれを実現する最小の単位である。

図4-9には、「三種の神器」の電気洗濯機、白黒テレビ、電気冷蔵庫をはじめ、電気釜、ミキサー、電気掃除機、ステレオ、電話など、多くの家電がところ狭しと並べられている様子が描かれている。経済企画庁（当時）の『国民生活白書（昭和三五年版）』によれば、団地では「生活を合理化、能率化するための電気洗濯機、電気釜、ストーブ等の普及率がとくに高く、電気冷蔵庫とともに一般の世帯の普及率の約二倍に達しているのが特長的」（一四三頁）であった。

団地族

それでは幸運にも団地に入居できた「団地族」とはどういう人たちだったのだろう。

住宅公団が一九六〇年に常盤平団地の2DK入居者に対して行なった調査によれば、世帯主の年齢は二〇歳代が四三％、三〇歳代が四二・六％と若く、家族構成は夫婦のみが四〇・四％、夫婦と五歳以下の幼児が二二・四%と、核家族が中心であった。世帯主の九六%は東京都区部の企業や官公庁に勤める比較的高収入のホワイトカラーのサラリーマンであった[12]（青木俊也『再現・昭和30年代　団地2DKの暮らし』五三―四、一二五頁）。また住宅公団が六四（昭和三九）年に東京都下の公団住宅居住者を対象として行なった調査によれば、「夫婦共稼ぎをしている世帯は、全世帯の一三・五%」（日本団地年鑑編集委員会編『日本団地年鑑』一七一頁）であった。専業主婦世帯が多いことがわかる。団地入居直前の住居は、民間借家・木造アパートが四八・五%、間借り・下宿が一四・二%であり、その面積は六坪未満が五割である（同一七七頁）。

2DKは近代家族の容れものであった。団地の特徴は、2DKという標準化された部屋に、同じくらいの年齢層の、同じような家族構成の標準世帯がいっせいに入居したことにある。そして、夫は都心に通勤し、妻は専業主婦として家事・育児に専念した。女中はいないが代わりに家電一式がそろえられていた。2DKは戦前の郊外で誕生した近代家族のさらに外側に広がった郊外での大衆化を象徴していた。

六子もまた子どもの誕生を機に木賃アパートからどこか郊外の団地に入居したかもしれない。

12　常盤平団地の2DKの当初家賃は月額五三五〇円であった。入居するためには家賃の五・五倍以上の月収が必要であった。

通勤地獄

常盤平団地から東京駅に通勤するためには、最寄りの新京成電鉄常盤平駅から松戸駅に出て、松戸駅から常磐線で上野駅、上野駅から山手線で東京駅まで、(乗り換え時間を含めず)四五分かかった(原武史『団地の空間政治学』一七七頁)。しかし、当時新京成電鉄は「全線が単線で、編成はたったの一両しかなく、車両は昭和初期製造の木製で、ドアはまだ手動」(同一八一頁)であった。そこに四八三九戸の大団地がこつ然と出現する。「昭和三四年、上本郷―松戸間の通勤ラッシュの混雑率[13]は一五八％だったが、常盤平団地がオープンした翌三五年には二一六％に、さらに入居が進んだ翌三六年にはなんと三〇一％という凄まじい状態となった」(『新京成電鉄五十年史』、原武史『団地の空間政治学』一八五頁より重引)。夫たちは「身体的な限界」を超えた状態で通勤していた。「遅延や事故も続発していて、ラッシュ時には窓ガラスが破損して怪我人も出る有様」(同一八五―六頁)であった。これは新京成電鉄だけではなかった。東京近郊の私鉄各線では「昭和三十年には、ラッシュ時の混雑度は、二〇九~二六四を示していた。そして昭和三十五年には、大半が二四〇以上を示すようになっていた」(東京百年史編集委員会編『東京百年史　第六巻』九五六頁)。当時、プラットホームには乗客を電車に押し込む「押し屋」という係員がいた。一九六四(昭和三九)年一月一一日の「朝日新聞」によれば、新宿駅では電車のガラス五枚が割れ、電車のドアが七カ所はずれた。夫たちもたいへんであった。

２ＤＫはその後民間マンションにも取り入れられ、２ＬＤＫ、３ＤＫ、３ＬＤＫ、ｎＬＤＫとしだいに広くなっていった。ＤＫやＬＤＫは家族の共有スペースであり、ｎは個室の数である。２ＤＫであれば、一室は夫婦の寝室、もう一部屋は子どもの寝室である。子どもが二人になると、二段ベッドを入れるか、3DKであれば一人ずつ子ども部屋があてがわれた。しかし、nはつねに「家族成員数マイナス1」であった。一家三人なら2DK、四人なら3DKである。「マイナス1」の1は夫である。夫の部屋はない。朝早く通勤し、夜遅く帰ってきて寝るだけの夫は寝室だけあればよいと考えられていた。専業主婦の妻も個室はないが、昼間は全体を占有できた。

ニュータウン

一九六三（昭和三八）年に新住宅市街地開発法が制定されると、住宅公団はさらに大規模なニュータウンの開発に着手した。大阪府の千里ニュータウン（六二年入居開始）、泉北《せんぼく》ニュータウン[14]（六七年入居開始）、愛知県の高蔵寺《こうぞうじ》ニュータウン（六八年入居開始）、東京都の多摩ニュータウン（七一年入居開始）、横浜市の港北ニュータウン（八三年入居開始）などが続いた。

一九六六（昭和四一）年に工事が始まった多摩ニュータウンの開発を描いたのが高畑勲監督の「平成

---

13 「混雑度［率］」とは、一人当たりの床面積から計算した車両定員（座席と立席）に対する乗車人員の百分率をいう。一五〇では、肩がふれ合うが、新聞は楽に読める。二〇〇では、週刊誌ならまだ読める。二四〇になると身動きが困難になり、三〇〇では身動きができず身体的な限界に達する状態」（東京百年史編集委員会編『東京百年史　第六巻』九五七頁）である。

14 千里ニュータウン、泉北ニュータウンの事業主体は大阪府企業局であった。

狸合戦ぽんぽこ」（一九九四年）である。多摩ニュータウン建設によって住まいを追われたタヌキが人間を相手に戦いを繰り広げる物語である。この物語にはニュータウン建設にたずさわった出稼ぎ労働者も描かれている。「出稼ぎ労働者の数は、ピークだった一九七二年が五四万八八一四人で、うち東北地方出身者が二七万六二〇〇人と約半数を占めていた。また農家からの出稼ぎ者は三四万一九〇〇人で、このうち一九万一〇八〇人と六割近くが東北地方出身だった。このため東北地方では、総農家数に占める出稼ぎ農家の比率が二一・七％に上っており、とくに青森県では三二・九％、秋田県では三三・七％に達していた」（橋本健二『〈格差〉と〈階級〉の戦後史』二二四頁）。東京と東北は切り離された別々の世界ではない。六子や永山則夫の集団就職、出稼ぎ労働、そしてのちに起こる東京電力福島第一原子力発電所事故が示しているように、東京で起こっていることは東北とつながっており、東北で起こっていることは東京とつながっている。[15]

15　見田宗介はかつて「水俣病は東京の病いである」と書いた。「『水俣病』と呼ぶことによって、人はそれを、遠く離れた一つの地域の、歴史の中の一つの事件の、気の毒な犠牲者たちの物語のように、時間と空間のカプセルに入れて、安心して『支援』をしたり、また忘れ去ったりすることのできるもののように、幻想しているのではないだろうか？／それはもしかすると、東京の病いではないだろうか。『東京』を象徴とする、この現代の高度産業社会の形式と、それを織り上げている生のかたちの総体の病いであるのではないだろうか。水俣という地をひとつの開口部とする、ある巨大な視えにくいもののシステムの病いであるのではないだろうか？」（見田宗介「世界の芽吹く場所」『水俣展総合パンフレット』五七頁）。

第5章

一億総中流社会——安定成長期の社会

オイルショック

高度経済成長期は一九七三（昭和四八）年に起きた第一次オイルショックで突然終わりを告げた。この章では、オイルショック後の安定成長期の日本社会についてみていこう。この時代は、高度経済成長期に骨格が作られた日本の近代社会が完成された姿を現すと同時に、その足元では次の時代への移行の前兆が始まっていた時代でもあった。

その前に、高度経済成長期の後半に起こった出来事を振り返っておこう。

一九六四（昭和三九）年の東京オリンピック開催とその翌年の不況についてはすでに触れた。この不況を乗り切ると、翌六六（昭和四一）年から「いざなぎ景気」が始まり、七〇（昭和四五）年まで五年間にわたって実質経済成長率が一〇%を超えた。日本の国民総生産は六六年にイギリス、六七年にフランス、六八年に西ドイツ（当時）を抜いて、アメリカに次ぐ資本主義世界第二位となった。

東京オリンピック直前に開通した東海道新幹線に続いて、一九七二（昭和四七）年に山陽新幹線の新大阪・岡山間が開通、七五（昭和五〇）年には博多まで全線開通した。高速道路も、六五（昭和四〇）年の名神高速道路全線開通に続き、六九（昭和四四）年には東名高速道路が全線開通した。その後も、この時期に作られた整備計画にもとづいて、全国を結ぶ新幹線網、高速道路網、本四連絡橋の建設が次々に進められていった。また東京オリンピックに続いて、七〇年の大阪万国博覧会、七二年の札幌冬季オリンピックと、国家的イベントの開催も続いた。「東京中を掘り返す」といわれたオリンピックにともなう開発ブームが、この時代、東京から日本全体に拡大し、それにともなって環境破壊も全国に広がっていった。

一九六八（昭和四三）年から翌年にかけて全国の大学で大学紛争が起き、六九年一月には東京大学安田講堂を占拠した全共闘が機動隊によって排除された。「より良い社会」をめざした「『理想』の時代」（見田宗介『社会学入門』七二頁）の終わりであった。七二（昭和四七）年に起きた連合赤軍によるあさま山荘事件は、もはやこの国に革命など起きないことを再確認させただけであった。僕が大学に入学したのはこの年であった。文部科学省の「文部科学統計要覧〔令和三年版〕」によると、七二年の大学進学率（浪人を含む）は全国平均で男子三三・五％、女子九・三％だった（女子では短大進学者のほうが多かった）。

終わったのは「理想」だけではなかった。「より豊かな社会」の「夢」を追った高度経済成長もまたオイルショックによって突然終わった。図はじめに-1（七頁）をもう一度みてほしい。オイルショック翌年の一九七四（昭和四九）年の経済成長率は戦後初のマイナス成長（マイナス一・二％）となった。僕にとっては生まれてからずっと空気のようにあたりまえのものであった高度経済成長が突然終わり、ジェットコースターで下り坂を転げ落ちるような時代の転換期のなかで、大学生活を送ったことになる。

一九七二（昭和四七）年に田中角栄内閣が成立すると、日本列島改造ブームによって土地投機が生じ、猛烈なインフレが起きた。それに拍車をかけたのが七三年の第一次オイルショックであった。

高度経済成長期には石炭から石油へのエネルギー転換が進んでいた。一九五五（昭和三〇）年には、第一次エネルギー源に占める石炭の比率が四七・二％、石油が一四・〇％であったが、七〇（昭和四五）年にはそれぞれ一九・九％、六〇・五％となっていた（武田晴人『日本経済史』三四八頁）。日本は石油のほぼ全量を輸入に頼っており、さらにその八割が中東からの輸入であった。日本の高度経済成長は中東からの安い原油のがぶ飲みによって支えられていた。[1] これをオイルショックが直撃した。

一九七三（昭和四八）年一〇月六日、イスラエルとアラブ諸国の間に第四次中東戦争が勃発した。サ

1　戦後の復興を支えたのは九州や北海道の炭鉱で採掘される石炭であった。「[一九]五〇年にはこの産業で働く労働者は三十五万人、働く日本人のうち百人に一人が石炭産業に関わっていた」（吉川洋『高度成長』九五頁）。しかし、中東から輸入される安価な石油との競争に敗れ、人員整理・閉山が続き、多くの炭鉱労働者が職を失った。福島県から茨城県にまたがる常磐炭鉱は生き残りを図り、六六（昭和三一）年、常磐ハワイアンセンター（現在のスパリゾートハワイアンズ）を開業した。その経緯を描いたのが映画「フラガール」（李相日監督、二〇〇六年）である。華やかなフラダンスも高度経済成長の影の側面の一つであった。

ウジアラビアなどアラブ産油国はイスラエルを支援する欧米諸国や日本に対して原油価格の値上げを一方的に通告した。その結果、七三年一月に一バレル二・六ドルだった原油価格は四倍以上に跳ね上がり、七四年一月には一一ドルを突破した。これがインフレに油を注ぎ、七四年には消費者物価は二〇％以上上昇し、「狂乱物価」と呼ばれた。これがトイレットペーパー、合成洗剤、砂糖、小麦粉などの買いだめ騒動を引き起こした。コロナ禍でも同じような光景が繰り返されたことは記憶に新しい。

［一九七三年］一一月一日の大阪郊外のマンモス団地、千里ニュータウン。安いトイレットペーパーのチラシを見た主婦二〇〇人が午前一〇時の開店を前に、大丸ピーコックストアに押しかけ、シャッターが開くと同時に、トイレットペーパーめがけて殺到。一週間分の在庫がわずか一時間で姿を消した。／翌二日、今度は尼崎市内の灘神戸生協スーパー。店頭に「トイレットペーパーの入荷量には不足はありません」の張り紙があるにもかかわらず、主婦たちは、一人でトイレットペーパーを四、五パックも抱え、買えなかった人は店員をつかまえて、「奥にある在庫を出せ」と詰め寄るなど売り場は大混乱。八三歳の老婆が左足骨折で二ヵ月の重傷を負う事態をも引き起こした。／また一一月一六日、藤沢市のスーパーでの砂糖の安売りには、四〇〇～五〇〇人の主婦が押し寄せ、一五分たらずで用意した六〇〇袋がなくなった。／石油の供給制限による生産削減で、「モノ不足」が発生するという噂が日本中に飛びかい、以上のような買いだめ騒動が全国で続発（『週刊YEAR BOOK　日録二〇世紀　一九七三』七頁）。

僕もこのころ本を探して書店をまわっていた。本も重版されるたびに価格が改定され、書店によって旧価格の本が置かれていたり、場合によっては同じ書店に新価格の本と旧価格の本が並んでいた。岩波文庫を例に取れば、かつて岩波文庫は星（★）の数で価格を表示していた。★一つ五〇円だったのが、一九七三年に★一つ七〇円となり、さらに七五年には☆が導入されて☆一つ一〇〇円となったが、店頭には☆と★が混在していた。この★を探して歩いたのである。七三年一二月には愛知県の豊川信用金庫で取り付け騒ぎが起こるなど、社会は騒然としていた。

「省エネ」という言葉が生まれたのもこのときであった。政府は石油消費の一〇％削減を求め、ガソリンスタンドが休日休業になったり、百貨店・スーパーの営業時間が短縮されたり、エレベーターの使用が制限されたり、繁華街のネオンが消えたり、テレビの深夜放送が休止されたりした。

減量経営

一九七四年にはマイナス成長になったものの、低迷する欧米諸国を尻目に日本は比較的早く立ち直り、成長軌道に戻った。失業率をみてみよう（図5-1）。

日本の失業率は高度経済成長期にはほぼ一％台で推移しており、完全雇用といってよい状態であった。オイルショック後、一九七六（昭和五一）年に二％台になり、バブル崩壊後まで続いた。ドイツはオイルショック以前は日本よりも低かったが、第一次オイルショック後四％台に急上昇し、さらに七九（昭和五四）年の第二次オイルショック後は九％台まで上昇した。アメリカもまた第一次オイルショック後

図5-1　オイルショック前後の主要国の失業率の推移

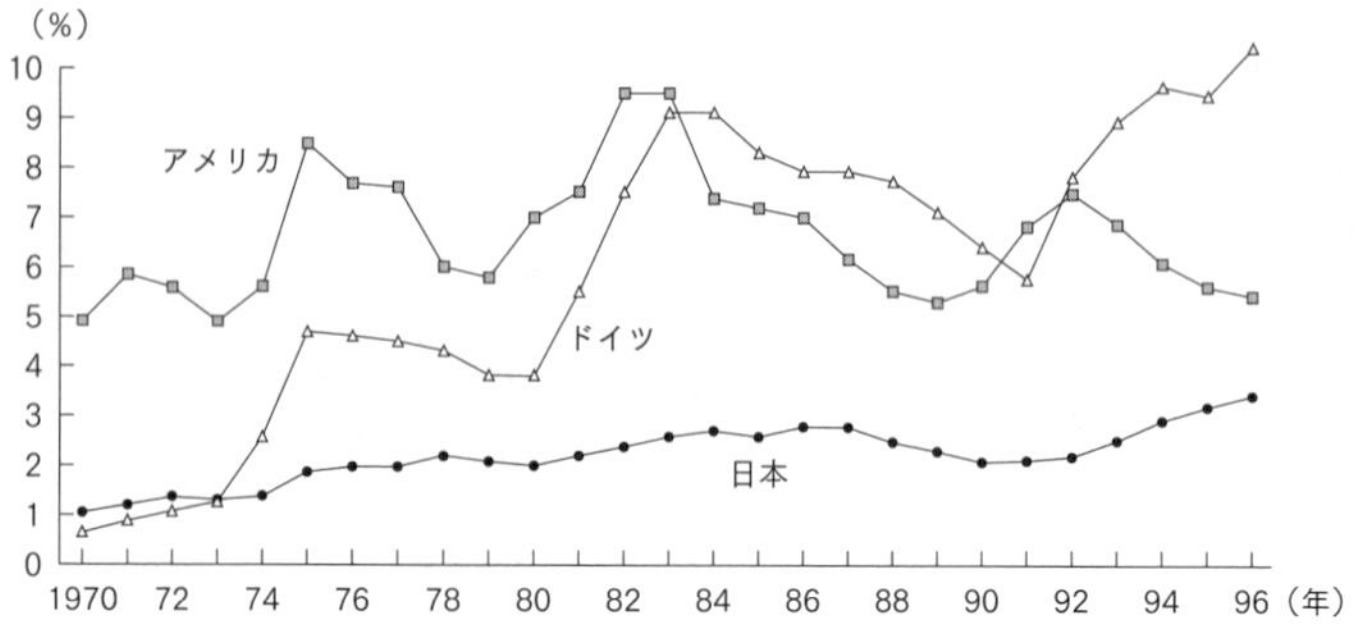

（出所）野村正實『雇用不安』11頁。

八%台まで上昇し、その後もとの水準に戻るが、第二次オイルショック後ふたたび九%台まで急上昇している。

なぜオイルショックの影響を同じように受けながら、日本の失業率の上昇は低く抑えられ、ドイツやアメリカは急上昇したのだろうか。答えは単純である。ドイツやアメリカの企業が従業員を解雇したのに対して、日本の企業が従業員を解雇しなかったためである。

当時、日本の企業はコスト削減のため減量経営に努めていた。そこではできるだけ従業員の解雇を避ける方法がとられた。残業規制や一時帰休などの時間調整、管理職の給与のカット、ベースアップやボーナスの抑制などの賃金調整が行なわれ、雇用調整はそのあとであった。そのさいもまず欠員不補充や新規採用の停止が行なわれ（僕が大学を卒業した一九七六年も就職難だった）、どうしても解雇が必要になれば、はじめにパートタイマーやアルバイトなどの非正規雇用者が雇止めされ、正社員については配置転換、出向や転籍など、できるだけ雇用を維持する方策をとったうえで、どうしてもやむを得なくなってはじめて、希望退職者の募集や退職勧奨が行なわれた。このように正社員の解雇は最後の手段とされた。このことが日本において失業率の上昇が低く抑えられた理由の一つであった。[2] 高度経済成長期に生まれた終身雇用という慣行は、オイルショック後の減量経営のなかで確立されたといえる。

それではそもそもなぜドイツやアメリカの企業は従業員をかんたんに解雇し、日本の企業はできるだけ正社員の解雇を避けようとしたのだろうか。これをわかりやすく説明しているのが、濱口桂一郎の「ジョブ型雇用システム」「メンバーシップ型雇用システム」という区別である。

ジョブ型とメンバーシップ型

「ジョブ型雇用システム」「メンバーシップ型雇用システム」（以下、「ジョブ型」「メンバーシップ型」と略）は、濱口が『新しい労働社会』（二〇〇九年）で提起した言葉である。メンバーシップ型は高度経済成長期に作られた日本に特有の雇用システムを、ジョブ型は日本以外の社会の雇用システムを、それぞれ特徴づける言葉である。

以下、表5-1にしたがって両者の特徴を整理しておこう。

①濱口は、終身雇用・年功賃金・企業別労働組合からなる日本的経営の背景に、それらを生み出す、

2　別の理由として、解雇された非正規雇用者（主に女性）が求職を諦めた可能性が考えられる。すでに述べたように（七九頁）、仕事を探すことをやめてしまえば、そもそも失業者にはカウントされない。一九七五年に女性の労働力率が最低になったのにはこれも影響していた。野村正實『雇用不安』はこちらの可能性を考察している。

表5-1　ジョブ型雇用システムとメンバーシップ型雇用システム

	ジョブ型雇用システム	メンバーシップ型雇用システム
①雇用契約	仕事に人をはりつける	人に仕事をはりつける
②採用方法	欠員補充方式	新規学卒一括採用方式
③求められる能力	特定の職務を遂行するために必要な特定の資格・能力・経験	潜在的職務遂行能力
④人事異動	職務の中での異動	定期人事異動
⑤教育訓練	公的・私的教育訓練（Off・JT）	企業内教育訓練（OJT）
⑥賃金制度	職務給	年功賃金
⑦労働組合	職種別・産業別労働組合	企業別労働組合
⑧働き方の特徴	職務限定型	職務・時間・空間の無限定性
⑨対象	日本以外の社会 日本の非正規雇用者	日本の正社員

（出所）　主に濱口桂一郎『若者と労働』にしたがって著者作成。

日本に特有の雇用契約があるととらえ、それを「メンバーシップ型」と名づけた。雇用契約とは人と仕事を結びつけるものである。人と仕事の結びつけ方には二通りある。一つは仕事に人をはりつけるやり方、もう一つは人に仕事をはりつけるやり方である。前者は、あらかじめ仕事（ジョブ）を決めておいて、その仕事にふさわしい人をあとから決める方法、後者は、あらかじめ人（メンバー）を決めておいて、あとからその人にふさわしい仕事を割り振る方法である。前者が日本以外の社会にみられるジョブ型の雇用契約、後者が日本の高度経済成長期に特有のメンバーシップ型の雇用契約である。

②ジョブ型とメンバーシップ型では採用方法が異なる。ジョブ型では、企業は、旋盤を操作するとか、会計帳簿をつけるとか、自動車を販売するといった職務（ジョブ）の集まりである。そして、そのように特定された職務を担当していた人が転職したり退職したりして、欠員が生じると、その職務を遂行するために必要な資格・能力・経験を備えた人をそのつど採用する欠員補充方式が取られる。

メンバーシップ型では、企業は人（メンバー）の集まりである。まず人を採用しておいて、それからその人に適していると思われる、工場勤務であったり、経理部門であったり、販売部門であったりする仕事が採用後に割り振られる。それでは、事前にどんな仕事を割り振るのか決まっていないのに、どのようにして人を採用するのだろうか。それが新規学卒一括採用方式である。すでに述べたように、高度経済成長期に中学校から高校、大学まで、「卒業と同時に職業に就く『間断のない』学校から職業への移行メカニズム」（苅谷剛彦）が完成していた。新規学卒一括採用はジョブ型の社会にはみられず、メンバーシップ型の雇用契約をとる高度経済成長期の日本に特有のやり方であった。「欧米諸国の企業からすれば、新規学卒者、つまり企業に採用してもさしあたっては何の役にも立たないような、職業経験も知識も何も持たないような者をもっぱら好んで採用しようとすることは、とても理解することができない」（濱口桂一郎『若者と労働』四〇頁）。

③メンバーシップ型における採用基準は、特定された職務を行なうために必要な特定の資格や能力や経験ではない。むしろ採用後どんな仕事でもこなせるような潜在的な職務遂行能力が求められる。現在の大学生の就職活動では「コミュニケーション能力」が重視されるが、このあいまいな言葉が意味しているのはこの潜在的職務遂行能力のことである。濱口によれば、日本で新規学卒者が行なっているのはじつは就職活動ではない。就職活動をするためには、あらかじめ職務（ジョブ）が特定されている必要があるが、日本の企業では職務は事前には決まっていない。したがって、日本の新規学卒者が行なっているのは就「職」活動ではなく、この企業の社員（メンバー）になりたいという入「社」活動だという

ことになる。内定段階では入社後その企業でどんな仕事をするのか知らなかったという人も多いはずである。

④新規学卒者が入社後、研修を経てともかくどこかに配属が決まる。しかし、その部署にはその仕事をしている人がすでにいるはずである。そこに新人がやってくれば、とうぜん誰かがその部署から押し出されることになる。押し出された人もどこかの部署に異動することになるが、異動した先にもその仕事をしている人がいるはずである。こうして毎年四月に新人が入社してくるのに合わせて、玉突き式に定期人事異動が行なわれることになる。ジョブ型では、職務の内容があらかじめ決まっており、その職務にふさわしい人が採用されているので、企業はその人をかってにそれ以外の職務に異動させることはできない。しかし、日本の企業の定期人事異動では、工場勤務だった人や経理部門だった人が販売部門に、販売部門だった人が工場勤務に異動するということはおおいにありうる。「メンバーシップ型の雇用契約では、職務が限定されておらず、原則としてどんな仕事でも命じられれば従事する義務がある」(同八九頁)。

⑤ジョブ型の場合は、ある職務に就く前に、その職務で必要とされるスキルをすでに身につけていなければならないので、そのスキルは当然企業のなかではなく、企業の外の公的・私的な教育訓練(オフ・ザ・ジョブ・トレーニング〔Off・JT〕)によって身につけることになる。しかし、メンバーシップ型の場合、新規学卒者は入社の時点ではコミュニケーション能力以外にはなんのスキルも持っていない。したがって、新入社員は入社後に企業内で教育訓練を受けることになる。配属が決まった後、職場で上司

や先輩の指導を受けて、仕事をしながらスキルを身につけるオン・ザ・ジョブ・トレーニング（OJT）が行なわれる。コミュニケーション能力は高いけれども電話のかけ方は知らない新入社員にまず電話のかけ方から教えなければならない。これは新入社員に限られない。定期人事異動で工場勤務だった人や経理部門だった人が販売部門に、販売部門だった人が工場勤務に異動する場合も同じである。新しい部署で必要なスキルはやはりOJTを通して身につけることになる。これがオフィスの形にも表れている。映画でもよく見るが、ジョブ型では「各自が個室かコンパートメントで各自の職務をこなす。［……］それに対し、日本は大部屋で共同作業だ」（小熊英二『日本社会のしくみ』一二七頁）。大部屋で机を並べていなければOJTはできない。ここには一つ問題もある。「素人を上司や先輩が鍛えないと物事が回っていかないということが、日本でパワーハラスメント（パワハラ）と教育訓練とがなかなか区別しにくいことの一つの原因」（濱口桂一郎『ジョブ型雇用社会とは何か』三三頁）であり、これが「ブラック企業」の温床ともなりうる。

⑥ジョブ型とメンバーシップ型ではまた賃金制度も異なる。ジョブ型では賃金は職務（ジョブ）に対して支払われる職務給である。同じ職務を続けながら、熟練度に応じて昇給していくか、あるいは自分でスキルを身につけてもっと賃金の高い別の職務に転職していく。他方メンバーシップ型では、賃金は職務に対してではなく、人（メンバー）に対して支払われる。もし賃金が職務に対応しており、販売部門より工場勤務のほうが賃金が安ければ、販売部門から工場勤務に異動する人はいなくなり、定期人事異動は滞ってしまうだろう。そのため、メンバーシップ型では、賃金はそのときたまたま従事している

職務とは無関係に人に対して支払われることになる。人に対して支払うといってもなんらかの基準は必要である。そこで用いられるのが年齢や勤続年数である。これが年功賃金である。通常一年に一度、どんな仕事をしているかとは無関係に定期的に昇給していく。また、数年に一度の定期人事異動に合わせて昇進・昇格があり、賃金もそれにともなって上昇する。さらに通常年二回、勤続年数に応じてボーナスが支給され、さらに定年まで勤めあげれば多額の退職金も支払われる。また社員寮・社宅、保養所などの福利厚生施設も利用でき、持ち家促進制度などもある。これらが長期雇用慣行を支えている。

⑦ジョブ型では職務（ジョブ）に対して賃金が支払われる以上、労働組合もジョブごとに、職種別・産業別に組織されるのが合理的である。これに対して、メンバーシップ型では人（メンバー）に対して賃金が支払われるため、同じ企業で働く人で労働組合を組織する企業別労働組合が合理的となる。

⑧ジョブ型とメンバーシップ型では働き方も異なる。ジョブ型では、職務の内容・範囲・責任・権限などがあらかじめ明確に決められている。同じ職場で働いていても自分の職務と他人の職務は明確に区別されており、自分の仕事が先に終われば、他人の仕事を手伝わなければならない義務も権利もない。

メンバーシップ型では、職務については白紙のまま採用され、仕事はそのつど企業によって割り当てられる。自分の職務と他人の職務が明確に区別されていないため、自分の仕事が先に終わったからといって「お先に失礼」とはいきにくい。部署全体の仕事が終わるまでみんなが残業につきあうことになりがちである。これが長時間労働の原因ともなっている。さらに「メンバーシップ型雇用契約で限定されていないのは職務だけではなく、働く時間や空間も限定されていない」（濱口桂一郎『若者と労働』八九頁)。したがって、命じられれば時間外労働もしなければならないし、休日出勤もしなければならない。また配置転換や転勤もあたりまえである。

⑨ここまでメンバーシップ型は日本の高度経済成長期に特有の雇用システム、ジョブ型は日本以外の社会の雇用システムとして説明してきた。しかし、日本の企業で働く人のすべてがその企業のメンバーだというわけではない。企業のメンバーであるのは正社員だけである。同じ企業で働いていても、非正規雇用者はむしろジョブ型に近い働き方をしている。すなわち、非正規雇用者の職務はあらかじめ明確に決まっており、必要なときに必要な数だけ期間を定めて雇用され、必要がなくなれば雇止めというかたちで解雇される。職務にもとづいて採用されているので人事異動もないし、教育訓練も基本的なことをのぞけば行なわれない。賃金は時給であり、契約更新をくりかえしても賃金が上昇することはない。またボーナスも退職金もないし、福利厚生施設の利用もできない。また企業のメンバーではないので企業別組合の組合員資格もない。そのかわり決まった職務を行ない時間がくれば「お先に失礼」は当然である。[3]

オイルショック時の対応の違い

以上、濱口の説明にもとづいてジョブ型とメンバーシップ型の雇用システムの違いを整理してきた。

3　女性社員については第8章第2節であらためて述べる。

そして、この違いがオイルショックのときの欧米と日本の企業の対応の違いをよく説明している。ジョブ型ではジョブに人をはりつけるので、ジョブがなくなれば、そのジョブにはりつけられていた人も解雇される。オイルショック後にアメリカやドイツで一気に失業率が上昇したのはそのためである。日本の企業ではまず時間調整や賃金調整を行なったうえで、さらに従業員の解雇を行なわなければならなくなれば、まずジョブ型で雇用されている非正規雇用者が解雇され、企業のメンバーである正社員については、不採算部門から採算部門への配置転換、会社のなかでみつからなければ、子会社や関連会社への出向や転籍[4]など、職務の定めのないメンバーシップ型の特徴を活かして可能な限り雇用を維持する方策がとられた。日本で失業率の上昇が低く抑えられたのはこのためであった。メンバーシップ型雇用契約がショックアブソーバーとして機能したといってよいだろう。

家族と企業の共犯関係

　メンバーシップ型で働く夫にも家族がいる。職務の定めのないメンバーシップ型のもとでは、安定的な雇用は、時間と空間の無限定性にともなう長時間労働、配置転換や転勤とひきかえであった。専業主婦の妻は会社人間化した夫とどのように折り合いをつけていたのだろうか。

　一九八〇年代にトヨタ自動車で調査を行なった木本喜美子は、相対的高賃金とひきかえに高密度・長時間労働に縛りつけられる夫と、夫＝父親の不在の常態化を諦めとともに受け容れている家族の姿をとらえている。「仕事は忙しい。本当に忙しい。忙しいの一言につきる。雑談はできない。仕事の話程度だ。長話していたらランプがポカポカつく。ランプにうなされる」（木本喜美子『家族・ジェンダー・企業社会』一七七頁）。「あっちのクレーン、こっちのクレーン、と走りまわっている。間にあわない。間にあわないが間にあわせなければならない」（同）。他方、妻のほうは、「［夫は］夜勤はないが、朝六時ごろ家を出て、帰宅は早くて八時半か九時半。食事をして、一一時ごろ急いで寝る。帰宅時に子どもが起きていれば子どもと話す。私とは食事をしながら会社のことを話す程度。私はいろいろ悩みがあっても自分で解決する。夫に期待するのはやめにした。しかし、ときに落ち込むことがある」（同一八四頁）と言う。この状態で家庭崩壊にならないのは、長時間労働とひきかえに夫が得てくる相対的高賃金によって家族の経済基盤が支えられていることについて、夫と妻の間で暗黙の利害の一致があるためである。「こうしたかたちで家族と〈企業社会〉とは一種の均衡状態を保っている」（同一九七頁）。「亭主元気で留守がいい」（一九八六年新語・流行語大賞）は「うるさい亭主がいなくて、かえって喜んでいるんじゃないの」（同一九四頁）という夫のつぶやきと「共犯関係」（同五頁）である。

転勤族

この共犯関係に亀裂が入りやすいのは空間の無限定性にもとづく転勤命令のときである。メンバーシップ型では定期人事異動にともなう正社員の配置転換は避けられない。配置転換には、職務の変更とい

4　このとき押し出されたのは主に年功賃金のためコスト・パフォーマンスが悪くなっている中高年者であった。

う意味と、勤務地の変更という意味がある。後者が転勤である。多くの支店や事業所を持つ大企業ほど転勤はひんぱんである。「転勤とは正社員として会社に貢献する気があるのかどうかを試す踏み絵」（濱口桂一郎『ジョブ型雇用社会とは何か』二〇九頁）だった。同じ勤務地での配置転換であれば、「亭主元気で留守がいい」でやりすごすことができても、転勤となれば紙切れ一枚の辞令が家族のなかにさまざまな波紋を呼び起こすことになる。

ノンフィクション作家沖藤典子は転勤族の妻たちにインタビューを行なっている。

[札幌在住、妻は英語家庭教師、長男五歳・長女〇歳のとき秋田へ転勤]

夫から電話が入った。

「おい、転勤の内示が出たぞ」

「えっ。転勤？　どうして？」

「どうしてって、仕事だよ。そのくらいのこと分かってるじゃないか」

「……」

「秋田だよ。一週間以内に赴任することになったから。じゃ」

「……」

夜、猛烈な夫婦喧嘩となった。「……」

「私はいやよ。行くならあなた一人で行って。親も居るし、友達もたくさん居るのよ。見ず知らずの所になんか行きたくないわ」

「単身赴任しろって言うのか」

「そんな人いっぱい居るじゃない。あなただって出来なくはないでしょ」

「俺はいやだ。そんなみじめな生活はしたくない」

「じゃ断って」

「お前本気でそんなこと言っているのか。転勤拒否をしてみろよ。一生うだつがあがらないんだぞ」

「いいじゃない。それだって」

「……」

「お前は俺の足を引っ張るつもりか？　家族が一緒に行ってこそ、会社でも認められるんだ」

「じゃ単身赴任している人はどうなの？　あの人たちは認められないことをやってるわけ？」

「単身赴任にはそれなりの理由が必要なんだ。子供の教育とか、親の病気とか」

「転勤拒否はしない、単身赴任はしたくない、あなたはそう言うけど、私はここを動きたくないのよ。それじゃ別れるしかないじゃない。別れましょうよ、離婚しましょうよ」（沖藤典子『転勤族の妻たち』七三―五頁）

結局、彼女は夫とともに秋田に向かった。彼女を苦しめているのは、それが自分で選んで自分で決めた人生ではないというくやしさだった。

一九八五（昭和六〇）年の「雇用動向調査」によれば、八五年一年間の「同一企業内の事業所間で転居を伴う転勤者」は約一五万五千人である[5]（企業規模一〇〇〇人以上の企業のみ、官公庁は含まない、労働大臣官房政策調査部編『転勤と単身赴任』八頁）。このうち有配偶転勤者約一〇万七千人に占める単身赴任率は一八・六％である[6]（同九頁）。企業の対応としては、「転居を伴う転勤は、家族帯同を原則としている企業がほとんどであり、単身赴任は好ましい形態ではないと考えられている」（同四六頁）。

妻だけではない。子どもにも言い分がある。

「僕は行かないよ。もう友達と別れるのはいやなんだ。僕一人でここに残る」

「……」

「あんた、ほんまにどうかならんのですか。これじゃあまりに子供がかわいそうですわ」

「うるさい。何遍言ったら分かるんだ。これが俺たちの宿命なんだ」（沖藤典子『転勤族の妻たち』一九二頁）

「僕は行かないよ」「僕一人でここに残る」、僕も高校二年生のとき、同じことを言った。僕の父も転勤族だった。僕は社宅生まれの社宅育ちである。父はきちょうめんに記録を残していて、それを見ると、四カ月の兵隊生活を終えたあと二〇歳で入社した会社を六二歳で退職するまで、出向を含めて一五回転勤している。およそ三年に一回である。海外勤務の二年を除けば家族帯同で、母によれば、だいたい一週間前に内示があり、それから荷造り、子どもの転校手続きなどは専業主婦である母の役目であった。送別会で機嫌よく帰ってくる父とそのたびに喧嘩になった。僕は小中高それぞれ二校ずつ通った。高校二年生のときは、僕も「僕は行かないよ」「僕一人でここに残る」と言った。しかし結局編入試験を受けて、転校した。

ジャパン・アズ・ナンバーワン

第一次オイルショックをなんとか乗り切ったと思ったら、一九七九（昭和五四）年、第二次オイルショックがふたたび襲った。この年イランで王制が倒されると、アラブ産油国はふたたび原油価格を引き上げ、一バレル一二ドルが三四ドルへと三倍近くに跳ね上がった。日本はこれも乗り越えて、安定成長を続けた。すでにみたように、第二次オイルショック後、アメリカとドイツの失業率は九％台に跳ね上がるが、日本はゆるやかに増加したものの二％台にとどまっていた。一九八〇年代の実質経済成長率の

---

5 沖藤によれば「年間八十万人」（出典不明）である（沖藤典子『転勤族の妻たち』二一一頁）。
6 労働政策研究・研修機構「企業転勤の実態に関する調査」（二〇一七年）によれば、直近の転勤において、国内転勤では家族帯同が四五・〇％、単身赴任が五一・五％、海外転勤では家族帯同が五二・五％、単身赴任が四四・二％、国内転勤、海外転勤ともほぼ半々の状態である。単身赴任が増えてきていることがわかる。共働き世帯が増えていることも理由の一つだろう。

図 5-2　一億総中流社会

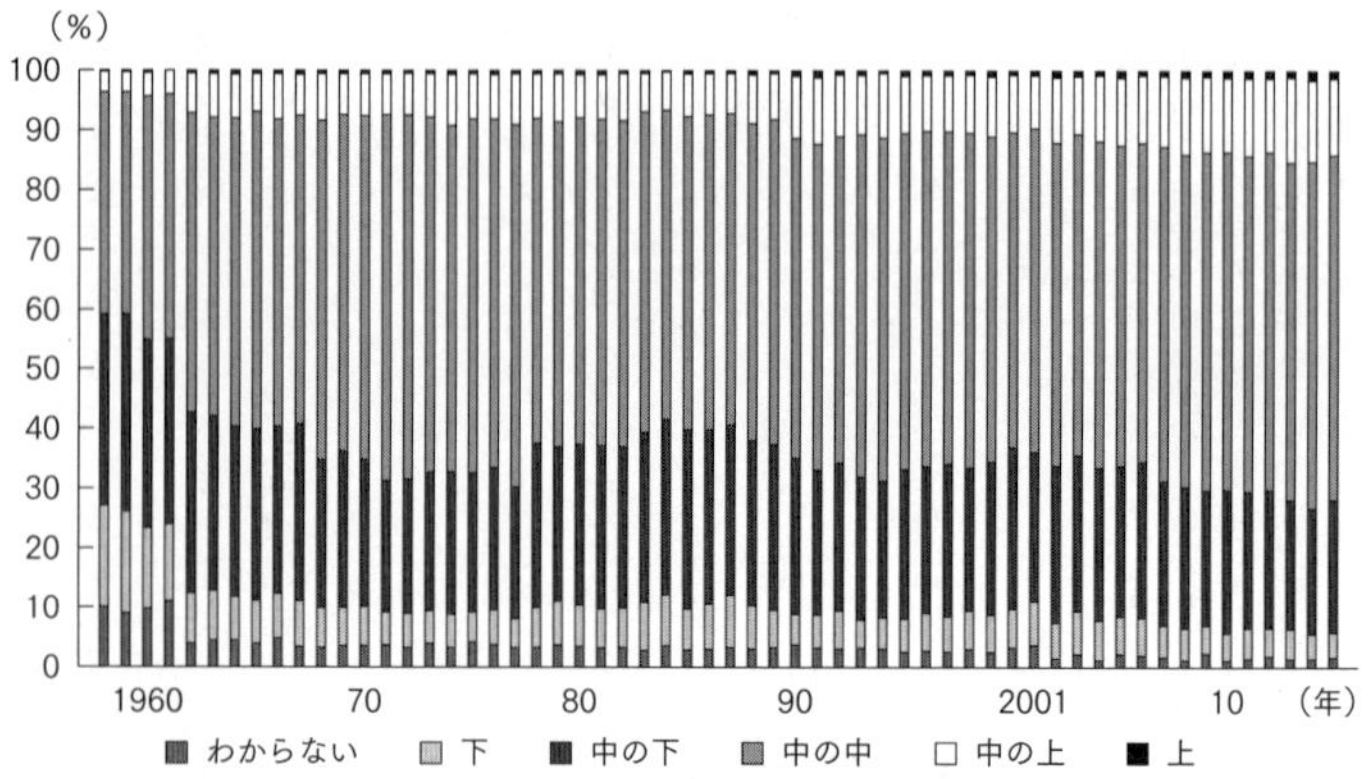

（注）1962 年，63 年，98 年，2000 年は同じ質問項目がない。
（出所）内閣府「国民生活に関する世論調査」より作成。

平均は、アメリカが三・〇%、ドイツが二・〇%であるのに対して、日本は三・七%であった（三和良一・原朗編『近現代日本経済史要覧〔補訂版〕』四一頁）[7]。オイルショック後の日本経済の好調さをみて、その秘密を解き明かそうと欧米でさかんに日本研究書が出版された。エズラ・ヴォーゲルの『ジャパン・アズ・ナンバーワン』が出版されたのも七九年であった。まさしくこの時代はジャパン・アズ・ナンバーワンの時代であった。

一億総中流社会

安定成長期の日本を特徴づけるのは「一億総中流社会」という言葉である。

総理府（現・内閣府）は、六子が東京へやってきた一九五八（昭和三三）年からほぼ毎年「国民生活に関する世論調査」を行なっている。その質問項目のなかに「お宅の生活程度は、世間一般からみて、この中のどれにはいると思いますか」という質問があり、「上」

「中の上」「中の中」「中の下」「下」の五つのうちから一つを選択することを求めている。図5-2は五八年から二〇一九（令和元）年までのこの質問に対する回答の分布を表したものである。

一九五八年には、「上」〇・二%、「中の上」三・四%、「中（この年の選択肢は「中」だった）」三七%、「中の下」三二%、「下」一七%で、「中」全体で七割強であった。六五（昭和四〇）年には「中」全体で八六・五%となり、そして七三（昭和四八）年にはついに九〇%を超えた。その間、「下」が一七%から五・五%へと減少し、また「中」のなかでも「中の下」が三二%から二二・一%に減少し、その分「中の中」が三七%から六一・三%に増加している。六七（昭和四二）年に総人口が一億人を超えたことから「一億総中流社会」と呼ばれるようになった。その後も、多少の増減はあるものの、「中」と答える人の割合はほぼ九割前後で一定している。[8]

これはあくまで自分で自分の生活程度を中だと思っている人が九割いるという主観的な階層帰属意識を示しているだけであり、じっさいに中程度の生活をしている人が九割いるということを意味しているわけではない。じっさいの所得格差を示す指標の一つがジニ係数である。[9] 図5-3は一九六二（昭和三七）年以降のジニ係数の推移を表したものである。

橋本健二によれば、

---

7 図はじめに-1（七頁）とは一致しない。

8 バブル経済を経た一九九二（平成四）年以降、それまで一割に満たなかった「中の上」と「上」の合計が一割を超えるようになり、二〇一七（平成二九）年には一五%を超えた。格差社会への変化を反映するものだろう。

図 5-3　当初所得と再分配所得のジニ係数の推移

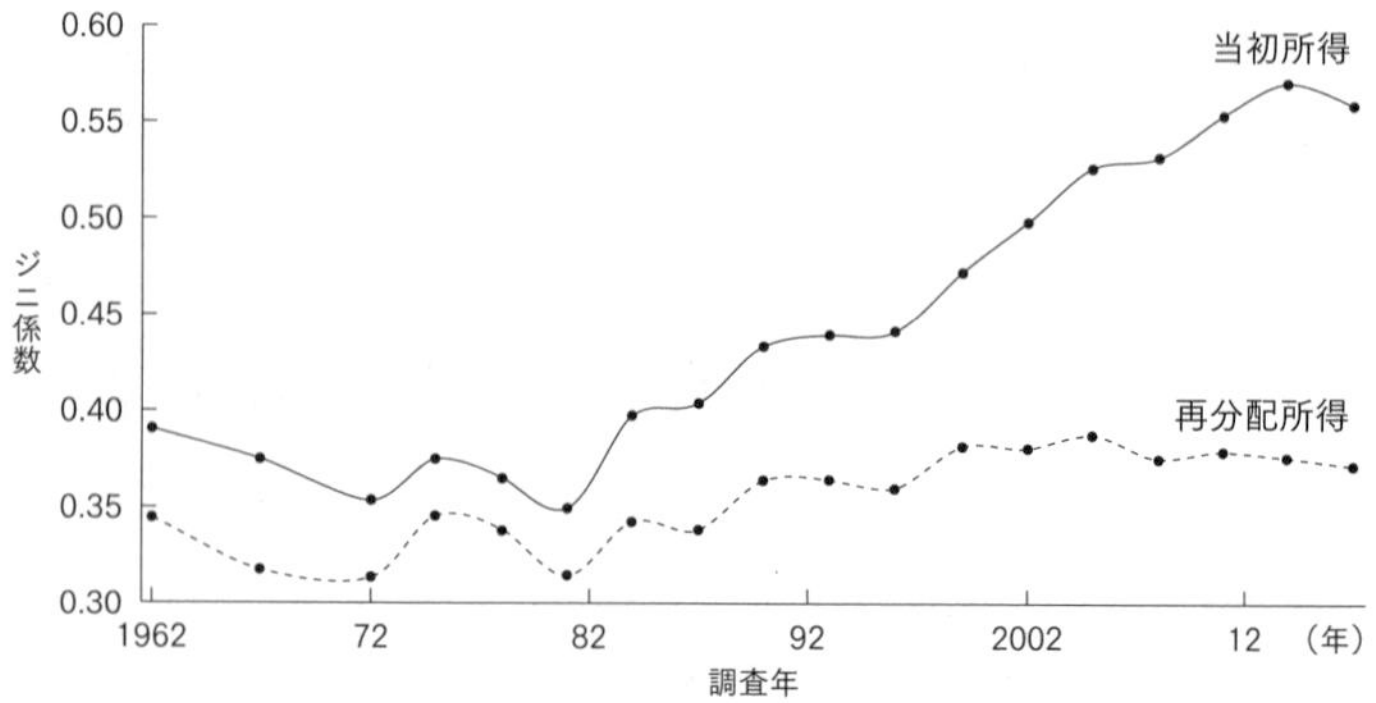

（注）　元データは厚生労働省「〔平成 29 年〕所得再分配調査報告書」。
（出所）　Wikimedia Commons（1962 年以降の再分配前〔当初所得〕と再分配後〔再分配所得〕のジニ係数推移；Fnweirkmnwperojvnu；CC BY-SA 4.0）

敗戦直後の一九五〇年から六〇年にかけては、生活保護率を除く〔所得格差を示す〕多くの指標が上昇している。戦後復興によって、極貧状態にある人は減少したものの、復興は大企業と都市部から始まり、中小企業と地方は取り残されたから、格差が拡大したのである。しかし高度成長が始まると、格差は縮小に転じる。経済成長の成果が中小企業に、そして地方にまで波及するようになったからである。高度成長が終わっても、格差の縮小はしばらく続き、多くの指標は一九七五年から八〇年ごろ底に達する。日本は、国民のほとんどが豊かな暮らしを送る格差の小さい社会だとして、「一億総中流」がいわれた時代である（橋本健二『新・日本の階級社会』五一－七頁）。

その後ジニ係数は一九八〇（昭和五五）年を底にして反転上昇していくことになる。

地位の非一貫性

実態はともかく、九割以上の人が自分を中流であると考えているという現象を説明する社会学の用語に「地位の非一貫性」がある。

地位の非一貫性とは「同一個人のもつ複数の地位諸変数が相互にくいちがって一致しない状態」（富永健一『社会学原理』二五三頁）のことである。個人の地位は、単一の変数によって決定されるのではなく、所得や学歴や職業威信（個人が従事している職業に対して与えられる評価）など複数の変数によって測定される。そして、これら複数の変数によって測定された複数の地位の間の関係として、それらが一致している場合と一致していない場合とがある。それらが一致しているのが「地位の一貫性」である。所得も高く、学歴も高く、職業威信も高い場合は「上層一貫」、いずれも低ければ「下層一貫」である。それらが一致しないとき、たとえば学歴は低いけれども所得は高い場合や、職業威信は高いけれども所得は低い場合などが「地位の非一貫性」である。地位が非一貫である場合、地位ごとの不平等はなくなるわけではないが、それぞれの地位における不平等が打ち消しあい、不平等の相殺効果をもたらす[10]。

それでは高度経済成長は地位の一貫性・非一貫性にどのような影響を与えただろうか。貧富の差が大

9　「ジニ係数は、格差がまったくないとき〇、ひとりの独裁者がすべての富を独占しているなどして、格差が極大になったときに一の値をとる指標で、計算のベースを当初所得（最初の段階での総所得）としたものと、再分配所得（最初の所得から税金や社会保険料を引き、年金や生活保護費などの社会保障給付を加えたあとの手取り収入）にしたものの二種類がある」（橋本健二『新・日本の階級社会』五頁）。

きかった戦前の日本社会では上層一貫や下層一貫が占める割合が大きかっただろう。富永健一と友枝敏雄は、一九五五（昭和三〇）年、六五（昭和四〇）年、七五（昭和五〇）年のSSM調査にもとづいて、高度経済成長がこの地位の一貫性に与えた影響について考察している。それによれば、地位一貫パターンは、五五年の五一・八％から、六五年の四〇・五％、七五年の三四・八％へと一七ポイント減少し、逆に非一貫パターンが五五年の四八・二％から七五年の六五・二％へと一七ポイント増加している。これはおもに下層一貫が四〇％から二二・二％に減少したことによるものである。「一九五五年以後二〇年間の高度経済成長を通じて、日本社会の階層構造は、地位非一貫パターンの優位する方向に動いたのである。［……］この二〇年間における階層構造の非一貫化は、高度経済成長が下層一貫の人びとの地位を部分的に改善したことによっておこった」（富永健一・友枝敏雄「日本社会における地位非一貫性の趨勢1955-1975とその意味」『社会学評論』三七巻二号、一六二頁）。そして、高度経済成長によってもたらされた地位の非一貫化によって、それぞれの地位では不平等があっても、それらが打ち消しあうことによって、みんなが自分を中流であると考える一億総中流化をもたらしたと考えることができる。

一九八五（昭和六〇）年のSSM調査まで分析の射程を伸ばした今田高俊は、中層の一貫化という傾向が現れはじめていることに気づいた。

戦後の高度成長は下層一貫を顕著に減少させ、これに代わって非一貫的な地位パターンをつくりだした。けれども、成長神話の終焉とともにその効果にもかげりが生じ、中層の一貫化が進みつつある。一九八〇年代の特徴は、成長効果の終焉にともなう《中層一貫化》の進行にある。格差の時代とか中流の分解だとかいわれる現象も、この中層一貫化に原因している可能性がある（今田高俊『社会階層と政治』一八三頁）。

ここでは一億総中流社会の足元で次の時代への変化の予兆が現れていることが鋭くとらえられている。

ドラえもん

応用問題として「ドラえもん」の世界の階層構造について考えてみよう。

「ドラえもん」の主な登場人物は、スネ夫、ジャイアン、しずかちゃん、出木杉くん、そしてのび太である。スネ夫はいちばん金持ちで、所得階層・財産階層の上層に位置している。ジャイアンはいちばん喧嘩が強く、勢力階層の上層に位置している。しずかちゃんはみんなに人気があり、威信階層の上層である。出木杉くんはいちばん成績がよく、学歴階層の上層である。のび太はそれほど金持ちというわけでもなく、喧嘩も弱く、みんなにバカにされ、成績も悪い、一見下層一貫である。しかし、のび太に

---

10 ただし、社会全体が豊かになっているという条件の下においてである。社会全体が停滞もしくは下降している場合は、地位の非一貫性は政治的対立を引き起こす可能性がある（友枝敏雄「地位の一貫性・非一貫性と政治的態度」友枝敏雄・浜日出夫・山田真茂留編『社会学の力〔改訂版〕』二二五頁）。近年における社会の分断・対立の背景にもこの社会的状況の変化があるかもしれない。

はドラえもんがついている。秘密兵器階層では上層に位置することになる。これによって地位の非一貫性の構図が完成する。もしドラえもんがスネ夫の味方だったり、ジャイアンの子分だったりすれば、「ドラえもん」は物語として成立しない。ただのスクールカースト（学校いじめ）の話になってしまう。みんなが地位非一貫であることによって、お互いの違いが相殺され、五人は喧嘩はしても友だちでいることができる。

「ドラえもん」の連載開始が一九六九（昭和四四）年、テレビアニメとしての放送開始が七三（昭和四八）年である。「ドラえもん」は高度経済成長によって作りだされた一億総中流社会の階層構造を正確に映し出している。

そして時代はバブルへと進んでいく。

第6章 失われた三〇年

流行語

流行語は新しく現れた現象に名前を与えたものである。それは社会の体調の変化をいち早く知らせる体温計のようなものである。社会科学はデータがなければ何も言うことができないので、社会科学者がデータを集めて、体調の変化の原因を特定して、診断を下すためにはどうしても時間がかかる。しかし、社会はせっかちなので、そんなにゆっくり待ってくれない。とりあえず名前を付けて、新しく現れた現象を理解しようとする。それが流行語である。名前さえわかれば、よく理解できなくてもとりあえず安心することができる。「あそこの息子さんは学校を卒業した後もちゃんと就職していないみたい」とか、「あそこの娘さんは三〇歳過ぎてもまだ家にいるみたい」というような現象が現れたとき、「フリーター」とか「パラサイト・シングル」という言葉があれば、「ああフリーターね」とか「ああパラサイト

表 6-1　新語・流行語大賞にみる「失われた 30 年」（その 1）

年	主な出来事／六子一家の出来事	新語・流行語大賞	著者選
1984		㊎(ビ)	
1985	プラザ合意，電電公社民営化，男女雇用機会均等法，国民年金法改正，労働者派遣法	NTT 100 ドルショッピング	
1986		亭主元気で留守がいい 地上げ	
1987	国鉄分割民営化	JR	フリーター※
1988	**直美短大進学**	アグネス論争	
1989	昭和天皇死去，ベルリンの壁崩壊	セクシャル・ハラスメント 24 時間戦えますか 「壁」解放 平成	
1990	東西ドイツ統一 **直美短大卒業，誠大学進学**	バブル経済	
1991	バブル崩壊，ソ連解体，育児休業法		
1992			

（出所）　自由国民社ウェブサイトより著者作成。

ね」とか、とりあえずわかったような気がする。流行語は社会の変化を映し出す鏡のようなものだといってもよい。ここでは流行語を手がかりにして一九八〇年代以降の社会の変化をみてみよう。

『現代用語の基礎知識』を出版している自由国民社は一九八四（昭和五九）年から毎年「新語・流行語大賞」を発表している。**表6-1**から**表6-3**は、「新語・流行語大賞」を受賞した流行語のなかから筆者が選んだものを一覧表にしたものである。[1]

バブル経済へ

まずバブル経済からバブル崩壊

までをみておこう（表6－1）。

一九八〇年代後半はバブル経済の時代であった。その発端となったのは八五（昭和六〇）年のプラザ合意である。

徹底した減量経営によってオイルショックを乗り切った日本は一人勝ち状態となり、一九八〇年代前半からアメリカとの間に深刻な貿易摩擦を引き起こした。燃費のよい日本の小型車は、オイルショック後ガソリン価格が上がり大型車が売れ行き不振となったアメリカ市場を席巻した。テレビで日本車をハンマーで叩き壊すアメリカの労働者の姿が映し出されたのはこのころである。八五年四月、当時の中曾根康弘首相は輸入促進のため「国民一人あたり一〇〇ドルの外国製品を買いましょう」とテレビで呼びかけた（一〇〇ドルショッピング）。この年の九月、ニューヨークのプラザホテルで、日米独仏英の蔵相・中央銀行総裁会議が開かれ、ドル高を是正するために為替レートを調整することに合意した。これがプラザ合意である。円は戦後長らく一ドル＝三六〇円の固定相場であったが、七一（昭和四六）年に変動相場制に移行すると（ニクソン・ショック）、七三（昭和四八）年には一ドル＝二六四円まで上昇した。プラザ合意直前一ドル＝二四二円であった為替相場は、八六（昭和六一）年七月には一六〇円となり、一年足らずで円は八〇円も上昇した。

1　二〇〇五（平成一七）年からはノミネートされた言葉も掲載されており、いちばん右の列はそのなかから筆者が選んだものである。※が付いているものは筆者が独自に加えたものである。これにその年に起こった主な出来事、六子一家に起こった出来事を付け加えている。なお、特筆すべき出来事や流行語のない年は空欄とした。

国内的にはオイルショック後、国債発行を繰り返したため、財政再建が課題となり、一九八二（昭和五七）年に成立した中曾根内閣は「大きな政府」路線を転換して、規制緩和や民間活力の活用によって「小さな政府」をめざす新自由主義路線に舵を切った。八五年には日本電電公社、日本専売公社を民営化し、日本電信電話株式会社（NTT）、日本たばこ産業株式会社（JT）を発足させ、八七年には国鉄を分割民営化し、JRグループに再編した。さらにこれを引き継いだ小泉政権のもとで、二〇〇五（平成一七）年には、郵政三事業も民営化された。

政府はプラザ合意による円高不況対策のために公定歩合を引き下げ内需拡大を図った。低金利政策でだぶついた資金が株式市場や不動産市場に流れ込みバブル経済を生んだ。一九八五年末に一万三一一三円だった日経平均株価は八九（平成元）年末には史上最高値の三万八九一五円へと約三倍に値上がりし、地価も八五年と九〇年を比較すると、六大都市（東京都区部、横浜、名古屋、京都、大阪、神戸）の商業地では約四倍、住宅地では三倍近くまで上昇した（三和良一・原朗編『近現代日本経済史要覧〔補訂版〕』一八五頁）。これが**地上げ**や土地ころがしを引き起こした。この当時、八七（昭和六二）年に安田火災海上保険（現・損保ジャパン）がゴッホの「ひまわり」を絵画史上最高値の五八億円で落札したり（新宿のSOMPO美術館で見ることができる）、八八年にはふるさと創生事業で全国の自治体に一律一億円が交付されたり、八九年には三菱地所がニューヨークのロックフェラー・センター・ビルを買収するなど、社会全体がバブルで踊った。

第一回新語・流行語大賞の流行語部門金賞は㊎㊫（まるきん・まるび）であった。イラストレーターの渡辺和博が三一の職業を取りあげて、それぞれの金持ち（㊎）と貧乏人（ビ）のライフスタイルの違いを描いた『金魂巻《きんこんかん》』（一九八四年）に与えられたものである。一九八〇年代から始まっていたジニ係数の上昇が示す格差の拡大をいち早くとらえたものであった。

この時期の新語・流行語大賞には、**亭主元気で留守がいい**や**二四時間戦えますか**のように高度経済成長期のなごりを残すものがある一方、**アグネス論争**や**セクシャル・ハラスメント**のように女性の社会進出を背景とするものも登場している。

「アグネス論争」とは、タレントのアグネス・チャンが子どもを連れてテレビ番組の収録にやってきたことがマスコミで取りあげられ、賛否入り乱れての論争となったものである。第3章でみたように、一九八〇年代は共働き世帯が増加していたにもかかわらず、保育施設や育児休業制度の整備が立ち遅れていた状況を「アグネス論争」は浮き彫りにした。

セクシャル・ハラスメント（セクハラ）は、一九八五年に制定された男女雇用機会均等法以降、男性中心の職場に女性が進出したことによって顕在化した問題である。その後、パワー・ハラスメント（パワハラ）、マタニティ・ハラスメント（**マタハラ**）、アカデミック・ハラスメント（アカハラ）、カスタマー・ハラスメント（カスハラ）などさまざまな言葉を生みだし、二〇一八（平成三〇）年に選ばれた**#MeToo**（セクハラや性暴力の被害を告白・告発する運動）へとつながっていく。

フリーターという言葉が登場したのもこのころであった。「フリーター」は一九八七（昭和六二）年リクルート社のアルバイト情報誌が「フリー・アルバイター」を略して使い始めた言葉である。フリーターは現在では非正規雇用者を指す言葉として使われているが、使われ始めた当初は現在とは異なるニュアンスで使われていた。高度経済成長期には、学校卒業後すぐに企業に就職し、同一企業に継続勤務するという働き方が標準的であった。しかし、フリーターという言葉が登場した当時は、バブル経済の真っただ中で、人手不足のためアルバイトの求人が増え、時給も高騰したため、企業に就職しなくてもアルバイトで生計を立てられるようになっていた。そのため無限定的に働かなければならない正社員になることを選ばないで、アルバイトで生活しながら、自分の夢を追求する若者が現れ、そのような新しいライフスタイルを指す言葉としてフリーターは登場した。したがって、それははじめは自発的にアルバイトを選択する人という意味であったが、その後バブルが崩壊すると、意味変化が起きて、正社員になりたくてもなれないため、やむをえずアルバイトなどの非正規雇用で働かざるをえない人という意味で使われるようになった。

一九八九（平成元）年にはベルリンの壁が崩壊し（「壁」解放）、翌年には東西ドイツが統一、さらに九一（平成三）年にはソ連も解体するなど、東西両陣営を隔てていた壁が消滅し本格的にグローバリゼーションが始まった。そして、日本でも八九年、昭和天皇が亡くなり、**平成**へと時代は移っていく。

バブル崩壊

バブルは株価や地価が上がるだろうという予測によって成り立っている。みんなが株や土地、ゴルフ会員権や絵画が将来値上がりするだろうと予測すれば、上がるならいまのうちに買っておこうと考えて、それらを買う。みんなが買えば、結果としてそれらは値上がりする。こうしてみるみるバブルは膨らんでいく。しかし、バブルはみんなの予測の上に成り立っているので、この予測がなくなればたちまちはじけてしまう。

日本銀行が一九八九（平成元）年五月から段階的に公定歩合を引き上げ、大蔵省（現・財務省）も九〇年四月に不動産融資総量規制を実施して、金融引き締めが始まると、こんどは株や土地が値下がりするだろうという予測が形成され、値下がりするならその前に売ってしまおうと考えてみんなが売り始め、あっというまにバブルははじけた。

一九八九年末に史上最高値の三万八九一五円をつけた日経平均株価は、九〇年一〇月一日には一時二万円を割り込んだ。九カ月でほぼ半分になったことになる。その後も株価の下落は止まらず、九二（平成四）年末には一万六九二四円となった。地価も九一（平成三）年をピークに下がりはじめ、九〇年を一〇〇とした場合、六大都市の商業地は二〇〇〇（平成一二）年には一九・九、住宅地は四五・七となった（三和良一・原朗編『近現代日本経済史要覧〔補訂版〕』一八五頁）。

失業者数も、一九九〇年代前半までは一〇〇万人台だったが、九五年に二〇〇万人台、九九年には三〇〇万人台に達し、失業率も九五年に三・二%、九九年には四・七%となり、アメリカを上回る。九〇年に四・九%だった実質経済成長率も、九一年に三・四%、九二年に〇・八%、九三年にはマイナス〇・五%へと急落し、アメリカ、ドイツを下回ってしまう（同四一頁）。これ以降、二〇二〇年までの実質経済成長率の平均は〇・七五%である。これによって安定成長期は終わりを迎え、オイルショック後一足早く低成長期に入っていた欧米諸国の仲間入りをする。それ以降、賃金もほとんど上がっていない。「失われた三〇年」である。

一九九〇年代

一九九〇年代の新語・流行語大賞をみてみよう（表6-2）。

一九九四（平成六）年には**価格破壊**が選ばれている。バブル期には、海外高級ブランド店やデザイナーズ・ブランドのブティックに行列ができたが、バブル崩壊後は一転してマクドナルドのバリューセット（九四年）や吉野家の牛丼並盛二八〇円（二〇〇一年）などのファストフード、洋服の青山の**二五〇〇円スーツ**やユニクロのフリースなどの**ファストファッション**が人気を集めるようになった。一〇〇円ショップが全国に増えるのも一九九〇年代以降である。

このような価格破壊はグローバリゼーションと表裏一体であった。マクドナルドの牛肉はオーストラリアから、吉野家の牛肉はアメリカから輸入され、洋服の青山のスーツやユニクロの商品は中国の縫製工場で生産されたものである。一九九〇年代には生産拠点のアジア、とくに中国への移転が急速に進行した。八〇年代には日米貿易摩擦の緩和のために自動車産業などがアメリカに工場を建設したが、九〇年代になると、低賃金労働を求めてさまざまな企業が中国、ＡＳＥＡＮに進出するようになった。多くの企業が中国などに生産拠点を移した結果、製造業の海外生産比率は、九〇（平成二）年に四・六％だったものが、二〇〇〇（平成一二）年には一一・一％、一〇（平成二二）年には一七・九％、一九（令和

表 6-2　新語・流行語大賞にみる「失われた 30 年」（その 2）

年	主な出来事／六子一家の出来事	新語・流行語大賞	著者選
1993		2500 円スーツ	
1994	**誠大学卒業**	価格破壊 就職氷河期	
1995	阪神・淡路大震災，地下鉄サリン事件，『新時代の「日本的経営」』 **直美・健一結婚**	インターネット	
1996			
1997	北海道拓殖銀行・山一證券破綻 **明日香誕生**		
1998	日本長期信用銀行・日本債権信用銀行破綻	日本列島総不況	
1999		i モード	パラサイト・シングル※

（出所）　自由国民社ウェブサイトより著者作成。

元）年には二一・四％まで上昇している（内閣府経済社会総合研究所「〔令和三年度〕企業行動に関するアンケート調査」）。海外で低賃金で生産された製品が日本に輸入されることによっていっそう価格破壊が進んだ。また生産拠点の海外移転は国内の生産拠点の縮小をともない、国内産業の空洞化をもたらした。国内に残った企業も厳しい国際競争にさらされ、人件費削減のために非正規雇用を増やしていった。

価格破壊と同じ年には**就職氷河期**も選ばれている。「就職氷河期」は一九九二（平成四）年、リクルート社の就職情報誌が使い始めた言葉である。バブル崩壊とともに、企業は新卒採用を絞り込み、学校卒業後正社員になることができず、非正規雇用で働かなければならない新卒者が増加した。

一九九五（平成七）年は、一月に阪神・淡路大震災、三月にオウム真理教による地下鉄サリン事件と大きな災害や事件が続いた。そして九七年には北海道拓殖銀行、山一證券、九八年には日本長期信用銀行、日本債権信用銀行が破綻し、いまや誰の目にも**日本列島総不況**は明らかとなった。

翌一九九九年には**パラサイト・シングル**という言葉が登場した。それは「学卒後もなお、親と同居し、基礎的生活条件を親に依存している未婚者」（山田昌弘『パラサイト・シングルの時代』一一頁）のことである。この言葉も「フリーター」と同様、意味変化をこうむった。登場した時点では、「何の気兼ねもせずに親の家の一部屋を占拠し、親が食事を用意したりすることを当然と思い、自分の稼いだお金で、デートしたり、車を買ったり、海外旅行に行ったり、ブランドものを身につけ、彼氏や彼女にプレゼントを買う」（同）ような、自立しようと思えば自立できるのに自分の意思で親と同居している独身貴族のことであった。しかし、しだいに自立したくてもできずに親に依存して暮らす未婚者というニュアンスに変化していった。

家族の変貌

二〇〇〇年代に入ると、家族や雇用の変化が誰の目にも明らかになっていった。二〇〇〇（平成一二）年以降の流行語をみてみよう（表6-3）。

まず家族の変貌からみていこう。

二〇〇一（平成一三）年には、ＤＶ防止法が施行されたことにともなって**ドメスティック・バイオレ**

表 6-3　新語・流行語大賞にみる「失われた 30 年」（その 3）

年	主な出来事／六子一家の出来事	新語・流行語大賞	著者選
2000	翔誕生		
2001	勇定年退職	ドメスティック・バイオレンス（DV）	
2002			
2003			
2004		自己責任 負け犬	ニート※
2005	郵政民営化 「ALWAYS 三丁目の夕日」公開	ブログ	昭和レトロ※
2006		格差社会 mixi	
2007		ネットカフェ難民	ワーキングプア おひとりさま※
2008	リーマン・ショック	蟹工船	婚活 ロスジェネ
2009		派遣切り ファストファッション	年越し派遣村
2010	「無縁社会」放送	イクメン 無縁社会	
2011	東日本大震災，東京電力福島第一原子力発電所事故	絆 スマホ 帰宅難民 風評被害	
2012		終活	
2013		お・も・て・な・し ブラック企業	
2014	増田レポート	マタハラ	

（次頁へ続く）

2015		一億総活躍社会 エンブレム	
2016		保育園落ちた日本死ね	
2017			ワンオペ育児
2018	六子・勇金婚式	＃ Me Too	
2019		令和	
2020	新型コロナウイルス感染症	オンライン〇〇 ソロキャンプ	
2021	東京オリンピック 2020		
2022	ウクライナ戦争		

（出所） 自由国民社ウェブサイトより著者作成。

ンス（DV）が選ばれている。その後も相談件数は増え続け、児童虐待の増加とともに、家族が安全な場所とは限らないことを浮き彫りにした。

二〇〇四（平成一六）年には**負け犬**が選ばれ、また〇七（平成一九）年には**おひとりさま**が登場した。どちらも少子高齢化に関連する言葉である。「負け犬」はエッセイスト酒井順子の『負け犬の遠吠え』（二〇〇三年）に対して与えられたものである。負け犬とは、酒井によれば「未婚、子ナシ、三十代以上の女性」（酒井順子『負け犬の遠吠え』八頁）のことである。

「おひとりさま」は上野千鶴子の『おひとりさまの老後』（二〇〇七年）からとった。二〇二〇（令和二）年の国勢調査によれば、六五歳以上の高齢単独世帯は約六七二万世帯、六七〇万人以上の高齢者が一人暮らしをしている（総務省統計局「〔令和二年〕国勢調査　人口等基本集計結果　結果の概要」）。「ひとり焼肉」「ひとりカラオケ」**ソロキャンプ**を楽しんだあとは、老後もひとりで迎える時代となった。

二〇〇八（平成二〇）年には**婚活**が登場している。就職活動を

「就活」と言うのになぞらえて、結婚活動を略した言葉である。図3-1（六三頁）でみたように、現在、見合い結婚の割合は約五％である。[2] いまや「結婚活動をしないと結婚できない時代」（山田昌弘・白河桃子『「婚活」時代』一九二頁）である。「婚活」以降、**終活**（人生の終わりのための活動）、「妊活」（妊娠するための活動）、「保活」（子どもを保育園に入れるための活動）など、さまざまな言葉が生まれた。

二〇一〇（平成二二）年には**イクメン**が選ばれている。イクメンとは育児に積極的に参加する男性のことである。一九九二（平成四）年に施行された育児休業法[3]は形式上は男女を問わず対象としているが、男性の育児休業取得率は二〇〇九（平成二一）年でも一・七二％と低いままだった。厚生労働省は二〇（令和二）年度までに男性の育休取得率を一三％にすることを目標として、一〇年に「イクメンプロジェクト」をスタートさせた。二一年度には、女性の育休取得率が八五・一％、男性が一三・九七％となった。一見、目標をクリアしたようにみえるが、男性の育休取得期間は、五日未満が二五・〇％、五日から二週間未満が二六・五％にとどまっている（厚生労働省「〔令和三年度〕雇用均等基本調査」）。男性の家

2　国立社会保障・人口問題研究所は「第一六回出生動向基本調査」（二〇二一年）ではじめて、配偶者と知り合ったきっかけとして、従来の「見合い結婚」「恋愛結婚」に加えて「ネット（インターネット）で」という選択肢を加えた。それは「SNSやマッチングアプリなど個人間の交流の場をオンラインで提供するサービスを用いて知り合ったケース」である。第一六回調査は二〇一五年から一八年と一九年から二一年の二度調査を行なっており、それぞれ「ネットで」と回答したのは六・一％、一五・二％であった。直近では六組から七組に一組はネットで知り合ったケースである。配偶者選択行動は多様化している（国立社会保障・人口問題研究所「第一六回出生動向基本調査　結果の概要」四一頁）。

3　育児休業法は一九九五（平成七）年に育児・介護休業法に改正された。

事・育児参加もまだ十分とはいえず、いぜんとしてワンオペ育児[4]が続いている。

雇用の変貌

仕事の領域に目を転じても、雇用の変調を告げるアラートのような言葉が次々に登場した。非正規雇用や失業にかかわる言葉が目立つ。

二〇〇四（平成一六）年には**ニート**という言葉が登場した。「ニート」は英語の“Not in Education, Employment or Training（就学も就労もせず職業訓練も受けていない若者）”の頭文字をとった“NEET”を日本語に置き換えた言葉で、厚生労働省の定義によれば、「一五〜三四歳の非労働力人口のうち家事も通学もしていない若年無業者」のことである。〇四年には六四万人であった[5]。

二〇〇七（平成一九）年には**ネットカフェ難民**、**ワーキングプア**、〇八年には**蟹工船**、その翌年には**派遣切り**、**年越し派遣村**が登場した。「ネットカフェ難民」は定まった住所がなくインターネットカフェを泊まり歩いて、主に日雇い派遣労働で生計を立てている若者を指す言葉である。「ワーキングプア」はＮＨＫスペシャル「ワーキングプア――働いても働いても豊かになれない」（〇六年）が取りあげたもので、この番組では「働いているのに生活保護水準以下の暮らししかできない人たち」をワーキングプアとし、日本の全世帯のおよそ一割、四〇〇万世帯あるいはそれ以上と試算している。リーマン・ショックが起きた〇八年には、小林多喜二が蟹工船の過酷な労働環境を描いたプロレタリア文学『蟹工船』（一九二九年）が突然売れ始め『蟹工船』ブームとなった。同じ年には、派遣労働者の「派遣切り」が相次ぎ、この年の年末から翌年の正月にかけて、派遣切りなどで職を失った労働者のために日比谷公園に「年越し派遣村」が開設された。

二〇一三（平成二五）年には**ブラック企業**がトップテンの一つに選ばれた。ブラック企業とは、新規学卒者を大量に採用しては、次々に使い捨てにしていく企業のことである。若者の使い捨てが非正規雇用にとどまらず、正社員にも及んでいることを浮かびあがらせた。しかも、ブラック企業は一部の特殊な企業の問題ではなく、「職務が限定されておらず、原則としてどんな仕事でも命じられれば従事する義務がある」（濱口桂一郎）メンバーシップ型雇用契約を特徴とする日本的経営のもとでは、「すべての企業がブラック企業であるというわけではないが、すべての日本企業はブラック企業になり得る」（今野晴貴『ブラック企業』一九〇頁）。

二〇一五（平成二七）年には**一億総活躍社会**が選ばれた。これは安倍内閣がかかげた政策で、その柱の一つが女性活躍推進であった。女性活躍推進のためには保育施設の整備が不可欠であるが、それが追いつかず待機児童問題が浮上した。翌年には「**保育園落ちた日本死ね**」が選ばれる。「一億総活躍社会じゃねーのかよ。昨日見事に保育園落ちたわ。どうすんだよ私活躍出来ねーじゃねーか」という投稿が

4　「ワンオペ」とは「ワンオペレーション」の略。コンビニや飲食店で従業員が一人で店舗を切り盛りすることを指す。そこから転じて夫婦どちらか、多くの場合母親が家事や育児を一人でこなすことを「ワンオペ育児」と呼ぶ。

5　二〇二一（令和三）年では若年無業者は五七万人である。これに加えて三五～四四歳の無業者が三六万人いる（総務省統計局「労働力調査〔基本集計〕二〇二一年〔令和三年〕平均」）。

ブログに掲載され、国会でも取りあげられた。一億総活躍社会に対する痛烈な批判であった。

格差社会

二〇〇六（平成一八）年には**格差社会**が選ばれている。山田昌弘の『希望格差社会』（〇四年）に対して与えられたものである。山田は「日本社会は、将来に希望がもてる人と将来に絶望している人に分裂していくプロセスに入っている」（山田昌弘『希望格差社会』一四頁）と論じ、これを「希望格差社会」と呼んだ。この時期、山田以外にも、橘木俊詔『日本の経済格差』（一九九八年）、同『格差社会』（二〇〇六年）や佐藤俊樹『不平等社会日本』（二〇〇〇年）などが、格差が拡大していることをデータにもとづいて示し、多くの雑誌が格差社会についての特集を組んだ。安定成長期の「一億総中流社会」という日本社会の自画像はバブル崩壊を経て「格差社会」へと塗り替えられた。

二〇〇八（平成二〇）年には**ロスジェネ**という言葉が登場する。ロスジェネは「ロストジェネレーション」を略したものである。「ロストジェネレーション」は「朝日新聞」が〇七（平成一九）年一月一日の紙面で用いた言葉である。それはもともとヘミングウェイら第一次世界大戦後のパリで生活したアメリカ人の作家たちを指す言葉であったが、「朝日新聞」は一九九四（平成六）年から始まった就職氷河期世代を指す言葉として使った。就職氷河期は九四年だけで終わったわけではない。九四年以降も新規学卒者の就職率は悪化を続け、それから一〇年以上続いた。

この就職氷河期世代には**自己責任**という心ない言葉が投げつけられた。「自己責任」という言葉はもとからあるが、これが流行語になったのは、二〇〇四（平成一六）年、日本人三人がイラクで武装グループの人質になったのがきっかけで、自業自得という悪意をこめた意味で使われるようになった。これがさまざまな場面に転用されて、就職氷河期世代に対しても正社員になれなかったのは自業自得という意味で使われた。

IT社会化

「失われた三〇年」はまたIT社会化が進行した時代でもあった。IT化にかかわる言葉もみておこう。一九九五（平成七）年にはインターネット接続機能を標準装備したWindows95が発売され**インターネット**が選ばれた。九九（平成一一）年には**iモード**が選ばれている。iモードは、この年にNTTドコモがサービスを開始した、携帯電話をインターネットに接続するサービスである。これによって、携帯電話の多機能化が進み、通話だけではなく、電子メールや音楽配信サービスや動画配信サービスも利用できるようになり、爆発的に普及した。しかし、このあといろいろな機能を盛り込みすぎて日本の携帯電話はガラパゴス化していった。それに代わって登場したのが**スマホ**（スマートフォン）である。二〇〇八（平成二〇）年に日本でもiPhoneが発売され、スマホ時代が幕を開けた。SNS（ソーシャル・ネットワーキング・サービス）としては、mixiが先行していたが（〇四年サービス開始）、〇八年にFacebookとTwitter（現・X）、一一年にLINE、一四年にInstagramがサービスを開始し、本格的なSNS時代が始まった。こうして振り返ってみると、僕たちが電車でスマホの画面とにらめっこするようになってからたった一五年ほどしか経っていない。二〇（令和二）年から始まったコロナ禍では、リモートワークやオンライン会議やオンライン講義、オンライン飲み会など、**オンライン〇〇**のインフラとしてインターネットは不可欠となった。

うち続く災害・事故・病気・戦争

二〇一〇年代は災害・事故・病気・戦争が続いた。

二〇一一（平成二三）年三月一一日、東日本大震災が発生、巨大な津波が東北地方太平洋沿岸部を襲い、約二万二千人が死亡・行方不明となった。この津波は東京電力福島第一原子力発電所のメルトダウンを引き起こし、一一年八月時点で約一五万一千人が避難生活を余儀なくされた。その後帰還困難区域を除いて徐々に避難指示区域は解除されつつあるが、現在も元の生活は戻っていない。一九七〇（昭和四五）年八月八日、関西電力美浜発電所一号機が大阪万国博覧会会場に送電して始まった日本の商業用原子力発電の歴史は大きな転換点を迎えた。この年の流行語には絆、**帰宅難民**、**風評被害**など震災に関係する言葉が並んだ。

二〇二〇（令和二）年には新型コロナウイルス感染症によるパンデミックがはじまった。二〇年に予定されていた東京オリンピック2020もその影響で一年延期された。一三（平成二五）年「**お・も・て・な・し**」で開催が決定した東京オリンピック2020は不祥事続きであった。新国立競技場のデザインが白紙になり、公式**エンブレム**も盗作疑惑から撤回され、大会組織委員会会長が女性蔑視発言から辞任し、一年延期された大会も無観客開催となり、終了後もスポンサー契約をめぐる汚職問題で揺れ続けている。前回の東京オリンピックの高揚感からほど遠い不完全燃焼のオリンピックであった。

そして、二〇二二（令和四）年二月ロシアによるウクライナ侵攻によって始まったウクライナ戦争は、第二次世界大戦後の国際秩序を揺るがすと同時に、戦後日本の平和憲法体制も揺さぶっている。

その後の六子一家

その後の六子一家もみておこう。

一九八八（昭和六三）年には六子の長女・直美が高校を卒業して短大に進学した。九〇（平成二）年直美は短大を卒業、誠が大学に進学する。直美はバブルまっただ中の売り手市場のなかでの就職活動だっただろう。誠は高校を卒業して就職していれば、容易に就職できたかもしれないが、大学を卒業した九四（平成六）年にはバブル崩壊後の就職氷河期が始まっていた。誠はロスジェネ世代の一人であった。誠は直美が出ていった社会とはまるで違う社会に出ていかなければならなかった。

一九九五（平成七）年、阪神・淡路大震災の年に直美は健一と結婚する。九七（平成九）年に長女・明日香が生まれ、二〇〇〇（平成一二）年には長男・翔が生まれる。子どもの手が離れると直美はパートで働き始めたかもしれない。

二〇〇一（平成八）年、勇が六〇歳で定年退職する。勇はモーレツ社員として残業、休日出勤はあたりまえ、もしかしたら転勤もあったかもしれない。オイルショックのあとは出向や転籍もあったかもしれないが、無事定年まで勤めあげただろう。日本の企業の定年は戦前から長らく五五歳だった。一九八六（昭和六一）年に成立した高齢者雇用安定法によって、六〇歳定年が努力義務とされ、さらに九四（平成六）年の改正によって六〇歳定年が義務化され、九八（平成一〇）年から全面施行された。勇はこの改正によって、二〇〇一年六〇歳になったときに定年を迎えただろう。もしかしたらそのあとも嘱託として働いたかもしれない。高齢者雇用安定法はその後一二（平成二四）年にさらに改正されて、現在では六五歳までの継続雇用が義務化されている。さらに二一（令和三）年の改正によって七〇歳までの雇用機会確保が努力義務とされた。近い将来七〇歳まで働くことがあたりまえの時代になるだろう。[6]

二〇〇五（平成一七）年には映画「ALWAYS 三丁目の夕日」が公開された。六子は六二歳。六子も若かりし日の自分の活躍を見て懐かしんだことだろう。このころ**昭和レトロ**という言葉も流行った。昭和レトロといっても、主に戦後の高度経済成長期が対象である。「ALWAYS 三丁目の夕日」もその一部であるが、テレビでも、高度経済成長期における無名の技術者たちの奮闘を描いたNHKの「プロジェクトX——挑戦者たち」（二〇〇〇年—〇五年）が放送され、朝の連続テレビ小説でも「とと姉ちゃん」（一六年）、「ひよっこ」（一七年）、「まんぷく」（一八年）、「カムカムエヴリバディ」（二一年）など、高度経済成長期を舞台とするドラマが続いている。低成長期に入り、夢や希望にあふれていた高度経済成長期を懐かしむ昭和レトロ現象もまた「失われた三〇年」の風景の一つである。

二〇一〇（平成二二）年にはNHKで「無縁社会」が放送された。**無縁社会**はこの年のトップテンの一つに選ばれた。放送当時、直美は四〇歳、誠は三七歳。「無縁社会」を見て「他人事ではない」とつぶやいたのは直美や誠たちの世代であった。

「失われた三〇年」とは何か

流行語の変遷を追いながら、バブル崩壊後の「失われた三〇年」を駆け足でみてきた。はじめは「失われた一〇年」といわれ、続いて「失われた二〇年」となり、やがて「失われた三〇年」となった。「失われた」には「いつかは戻るはず」という淡い期待が付着している（たとえば失恋のように）。しかし、そろそろ失ったものはもう戻ってこないと覚悟を決めたほうがよいのではないだろうか。

吉川洋は一九九七（平成九）年に次のように書いた。

一九五〇年代の中ごろから二十年足らず、一九七〇年代初頭の日本は以前とは全く異なる社会へと形態変化をとげた。それからすでに四十年ほどの時が流れた。しかし現在の日本の社会は七〇年代初頭とそれほど大きく異なるわけではない。一九七〇年代の初め、街に出ればマクドナルドがあり、人々はハンバーガーを食べていた。その光景は今と大して変わりがない。一九五五年から七〇年までの十五年間、わずか六千日足らずの間に生じた変化に比べれば、その後四十年間に生じた変

6　総務省「統計からみた我が国の高齢者――「敬老の日」にちなんで」（二〇二二年九月一九日発表）によれば、二〇二一（令和三）年の六五歳から六九歳の就業率ははじめて五〇％を超え、五〇・三％（男性六〇・四％、女性四〇・九％）となった。

図 6-1　従業上の地位別就業者の比率の推移

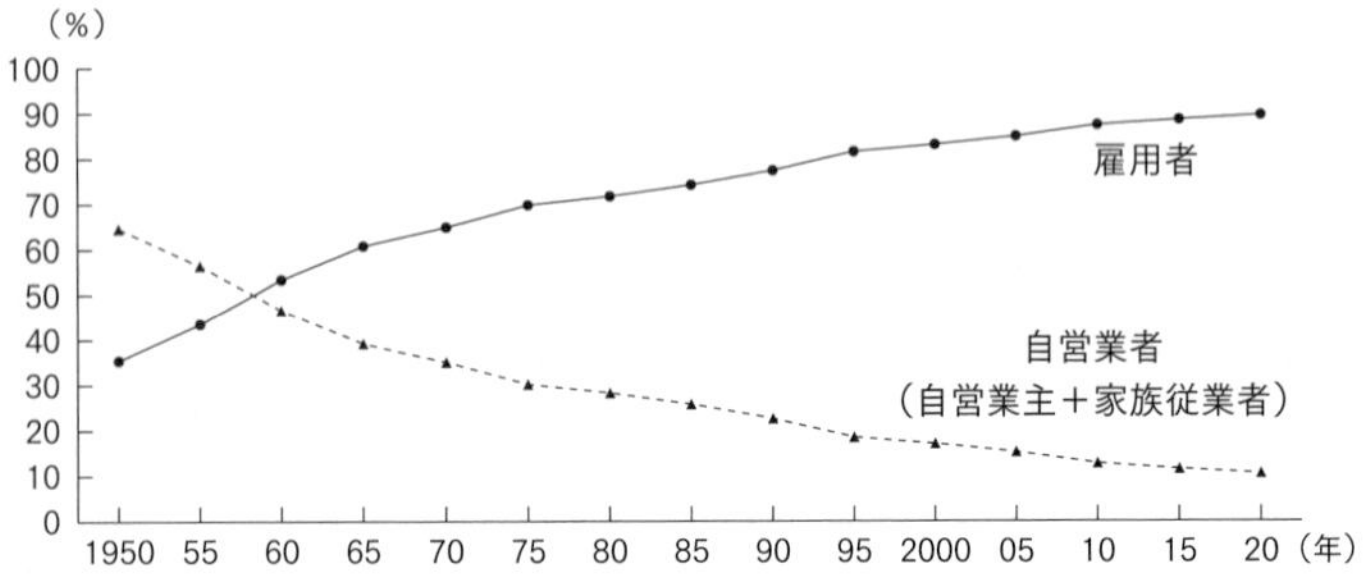

(出所)　労働政策研究・研修機構「早わかり　グラフでみる長期労働統計」より作成。

化は小さい(吉川洋『高度成長』七〇頁)。

バブル崩壊からまだ日も浅い一九九七年の診断であるので無理はないが、現在から振り返ると、半分は正しく、半分は間違っていたと言わなければならない。

二つのグラフをみてみよう。図6-1は、従業上の地位別就業者の実数の推移を表した図1-4(三一頁)を、自営業者(自営業主とそのもとで働く家族従業者を合わせたもの)と雇用者の比率の推移で示したものである。

右肩下がりのグラフは、農家や商店などを営む自営業主とそのもとで働く家族従業者を合わせた自営業者の比率を示している。右肩上がりのグラフは、企業や団体、政府や地方自治体などに雇われ給料を支払われて働く雇用者、つまりサラリーマンの比率を示している。これをみると、戦後一貫して自営業者の比率が低下して、雇用者の比率が増加していることがわかる。

戦争が終わってまもない一九五〇(昭和二五)年には、自営業者が六五%、雇用者が三五%、日本で働いている人の約三分の

図6-2　正規雇用者と非正規雇用者の比率の推移

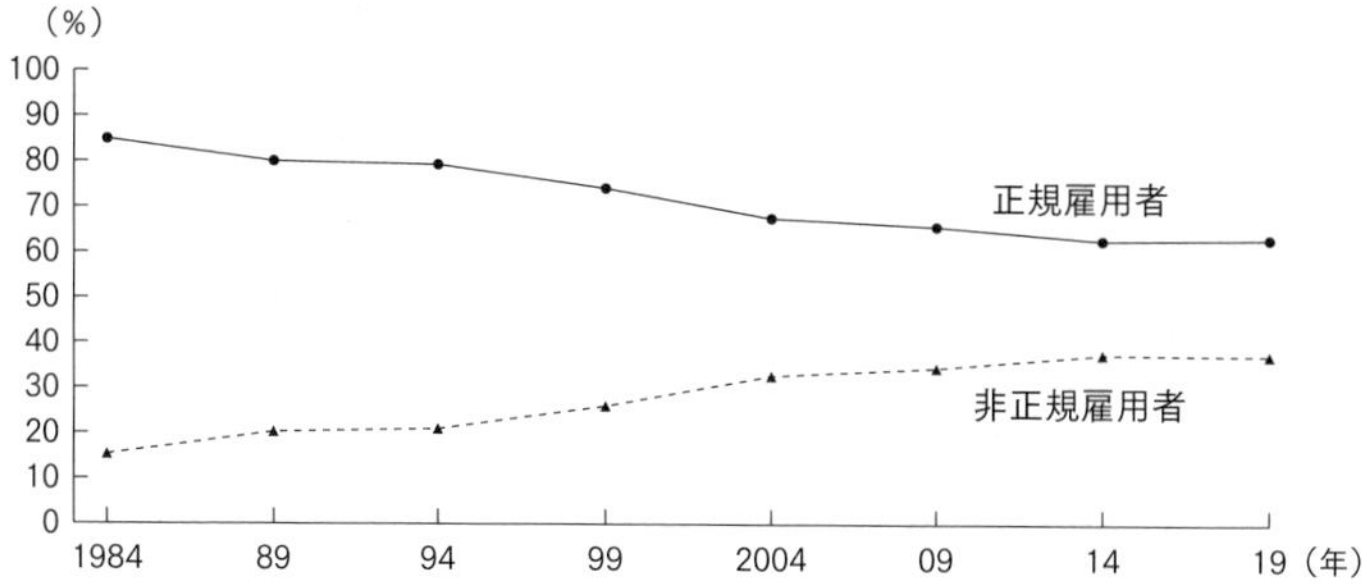

(出所)　労働政策研究・研修機構「早わかり　グラフでみる長期労働統計」より作成。

二が自営業者だった。高度経済成長が始まった五五（昭和三〇）年でも自営業者が五七％、雇用者が四三％、それが高度経済成長期の間に逆転して、高度経済成長が終わったあとの七五（昭和五〇）年にはそれぞれ三〇％、七〇％となった。高度経済成長期に農家出身の新規学卒者が雇用者化したことによって、日本は伝統的社会から近代社会への離陸を果たした。高度経済成長が終わっても、この趨勢は変わらず、二〇二〇（令和二）年には自営業者が約一割、雇用者が約九割となっている。この意味では、現在が高度経済成長期の延長上にあるという吉川の観察は正しい。

雇用者はさらに雇用形態にしたがって役員と従業員に分かれ、このうち従業員がさらに正社員である正規の従業員と、パートタイマーやアルバイト、派遣社員や契約社員や嘱託などの非正規の従業員に分けられる。図6-2は、現在の調査方法となった一九八四（昭和五九）年以降の正規の従業員（正規雇用者）と非正規の従業員（非正規雇用者）の比率の推移を示したものである。

右肩下がりのグラフは正規雇用者の比率を示し、右肩上がりのグラフは非正規雇用者の比率を示している。これをみると、一九八四年以降ほぼ一貫して、正規雇用者の比率が低下し、非正規雇用者の比率が上昇していることがわかる。八四年には正規雇用者が八五%、非正規雇用者が一五%だった。その後、正規雇用者の比率は、八〇年代後半(プラザ合意後)、九五(平成七)年から二〇〇五(平成一七)年にかけて(就職氷河期)の二度にわたって低下し、二〇(令和二)年には六三%となっている。現在は働いている人の四割近くが非正規雇用者である。

マクドナルドの一号店は一九七一(昭和四六)年に銀座三越に開店した。それから約五〇年経った現在、約三〇〇〇店が全国で営業している。「一九七〇年代の初め、街に出ればマクドナルドがあり、人々はハンバーガーを食べていた。その光景は今と大して変わりがない」。たしかにそのとおりである。異なるのは、現在マクドナルドで働いている人の多くがアルバイトなどの非正規雇用者であることである。「マックジョブ」はいまでは非正規雇用の代名詞である。[7]

二つのグラフは僕たちが現在立っている位置を雄弁に物語っている。図6-1は、僕たちがいぜんとして、誰もが雇われて働く近代社会の仕組みのなかで暮らしていることを示している。この意味では、僕たちは現在も近代社会と地続きの社会で暮らしている。しかし、現在四割近くの人が非正規雇用で働いていることを示す図6-2は、その近代社会の内部で地殻変動が生じようとしていることを示唆している。近代の延長上にあるけれども近代社会とは異なる社会、このような社会をどのように呼べばよいだろうか。ここではドイツの社会学者ウルリッヒ・ベックの言葉を借りて「第二の近代社会」と呼んでおこう。

次章からは、「第二の近代社会」で生きる直美と誠の世代についてみていこう。どうして直美や誠の世代が「無縁社会」を見て「他人事ではない」とつぶやかなければならなかったのだろうか。

7　二〇二〇年において、日本マクドナルドの正社員は二一九四人、「クルー」（アルバイト従業員）が約一七万人である（日本マクドナルドウェブサイト）。

第7章

家族のポスト戦後体制——第二の近代社会へ（その一）

六子は青森の伝統的社会で生まれ育ち、集団就職で東京にやってきて、勇とともに近代家族を形成した。そして、六子はいま、自分たちが作った近代家族で生まれ育った子どもたちが、バブル崩壊後の「第二の近代社会」で、自分たちが歩んだ人生とは異なる人生を歩んでいるのを心配そうに見守っている。ここからは、六子の子どもたち、直美と誠が生きている「第二の近代社会」の特徴についてみていこう。

直　美

まず直美のプロフィールをもう一度振り返っておこう。直美は一九六九（昭和四四）年八月、高度経済成長末期のいざなぎ景気のなかで生まれた。大阪万博の前年である。そして八八（昭和六三）年、バブルのまっただ中、高校を卒業して、短大に進学した。「文部科学統計要覧〔令和三年版〕」によると、八八年の大学・短期大学進学率（浪人を含む）は全国平均で男子三七・二％、女子三六・二％だった。女子では、四年制大学が一四・四％、短期大学が二一・八％で、短大進学者のほうが多かった。進学率からいえば、就職した可能性も考えられるが、ここでは短大に進学したとしておこう。

かつての日本企業は、幹部候補として大卒女子は採らないのが原則でした。女子事務員として採用するのは高卒・短大卒の女子であり、彼女らは結婚退職を前提として男性社員の補助業務に就く「女の子」でした。それゆえ当時は、「就職したいのなら短大へ進学しなさい。四年制大学なんかに行ったら就職できないぞ」と教え諭すのが真っ当な大人の知恵でした（濱口桂一郎『ジョブ型雇用社会とは何か』一七頁）。

そして、一九九〇（平成二）年、直美は短大を卒業して、バブル下の売り手市場のなか就職し、九五（平成七）年、二六歳のとき健一と結婚した。もしかしたら会社の同僚だったかもしれない。

この章ではまず直美が健一と形成した家族をみていこう。

直美の家族

ここでも直美が「平均的な」ライフコースをたどったと仮定しておこう。

表7-1は一九九〇年代の平均初婚年齢を示した表である。これによれば、直美は九五（平成七）年一

二月に二六・三歳で結婚しただろう。お相手の健一は二八・五歳、六七（昭和四二）年生まれである。もう「クリスマスケーキ」は遠い過去の話である。六八（昭和四三）年に二四・四歳と二七・二歳で結婚した六子と勇と比べると（六〇頁表3-1）、それぞれ一・九歳、一・三歳遅くなっており、晩婚化の進行をみることができる。

表7-2は、一九九〇年代後半における出生順位別の母親の平均出生年齢の推移を示したものである。これによれば、直美は九七（平成九）年七月、二七・九四歳のときに長女・明日香を、二〇〇〇（平成一二）年二月、三〇・五二歳のときに長男・翔をもうけた。六九（昭和四四）年二五・八六歳で長女・直美を、七二（昭和四七）年二八・三六歳で長男・誠をもうけた六子と比べると（六五頁表3-2）、約三〇年間でそれぞれ二・〇八歳、二・一六歳遅くなっており、晩産化が進んだことがわかる。

表7-1　1990年代の平均初婚年齢

年	夫	妻
1990	28.4	25.9
1991	28.4	25.9
1992	28.4	26.0
1993	28.4	26.1
1994	28.5	26.2
1995（直美・健一結婚）	28.5	26.3
1996	28.5	26.4
1997	28.5	26.6
1998	28.6	26.7
1999	28.7	26.8
2000	28.8	27.0

（出所）国立社会保障・人口問題研究所「人口統計資料集〔2022年版〕」より作成。

図7-1は完結出生児数の推移を示したグラフである。

完結出生児数とは、結婚期間が一五年から一九年までの初婚同士の夫婦の間にじっさいに産まれた子どもの数である。したがって、完結出生児数は夫婦がじっさいに授かった最終的な子どもの数ということになる。このグラフをみると、一九四〇（昭和一五）年に四・二七人だったのが、五〇

表 7-2　出生順位別の母親の平均出生年齢の推移（1996 年〜2000 年）

年	第一子	第二子	第三子	第四子
1996	27.88	30.15	32.24	34.02
1997（明日香誕生）	27.94	30.26	32.33	34.06
1998	27.98	30.39	32.40	34.13
1999	27.99	30.49	32.47	34.18
2000（翔誕生）	28.00	30.52	32.54	34.29

（出所）　国立社会保障・人口問題研究所「人口統計資料集（2022 年版）」より作成。

図 7-1　完結出生児数の推移

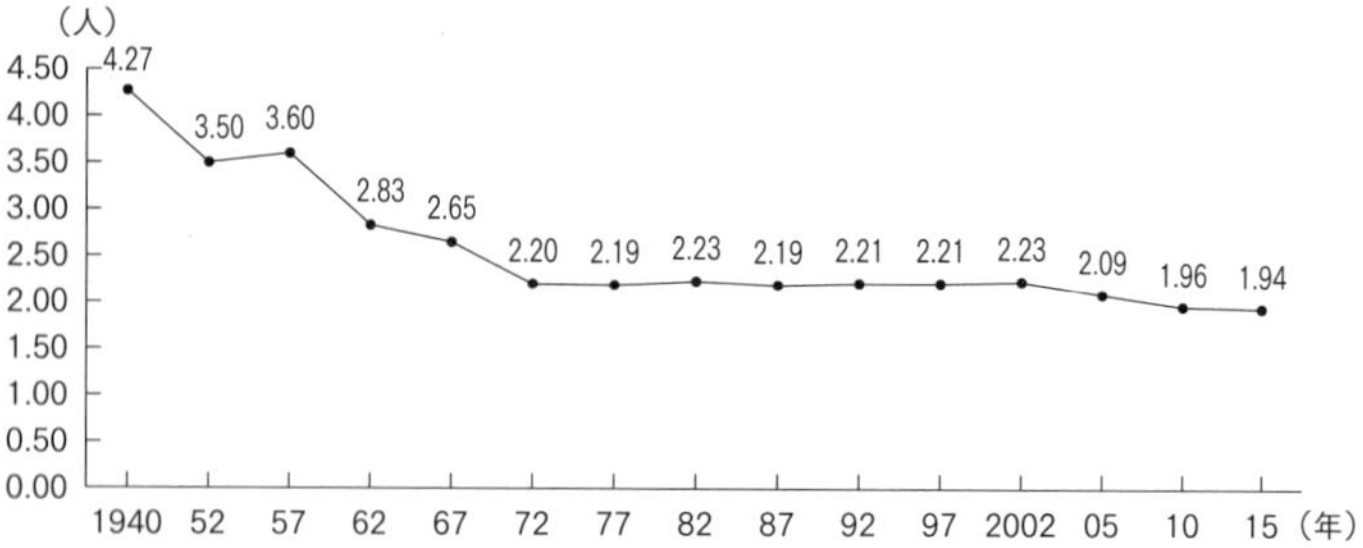

（出所）　内閣府『〔令和 4 年版〕少子化社会対策白書』より作成。

年代、六〇年代に急降下して、七二（昭和四七）年に二・二〇人になると、それ以降は二・二人前後で推移していることがわかる。六子が結婚して一九年経った八七（昭和六二）年の完結出生児数は二・一九人である。二〇〇五（平成一七）年からはふたたび完結出生児数も減少し始めるが、直美が結婚した九五（平成七）年から一五年経った二〇一〇（平成二二）年の完結出生児数は一・九六人なので、直美もおそらく二人の子どもをもうけただろう。

　他方、二〇一〇年の合計特殊出生率は一・三九である（七五頁図4-3）。完結出生児数と合計特殊出生率が違うのはどうしてだろう。それは、完結出生児数が、結婚した女性がじっさいに産んだ子どもの数であるのに対して、合計特殊出生率のほうは、既婚・未婚を含めて、一人の女性が一五歳から四九歳までの間に産むとみなされる子どもの数を計算上求めたものだからである。合計特殊出生率が一・三九になったといっても、世の中一人っ子だらけになったというわけではなく、いまでも結婚した夫婦は平均して二人程度の子どもをもっている。

少子化の進行

直美と健一が二人の子育てをしている間も少子化はじわじわと進行していった。少子化の原因としては三つ挙げられる。

①晩婚化・晩産化
②出生児数の減少
③未婚化

それぞれについてみていこう。

晩婚化・晩産化　第一の要因は晩婚化・晩産化である。すでに六子と直美の結婚年齢・出産年齢を比べて晩婚化・晩産化が進んでいることをみた。この傾向はその後も続いている。図7-2は平均初婚年齢と平均出生年齢の推移を示したグラフである。棒グラフが平均初婚年齢の推移（薄い棒が妻、濃い棒が夫）を示しており、折れ線グラフが出生順位別の母親の平均出生年齢の推移（□が第一子、◆が第二子、▲が第三子）を示している。

図 7-2　平均初婚年齢と平均出生年齢の推移

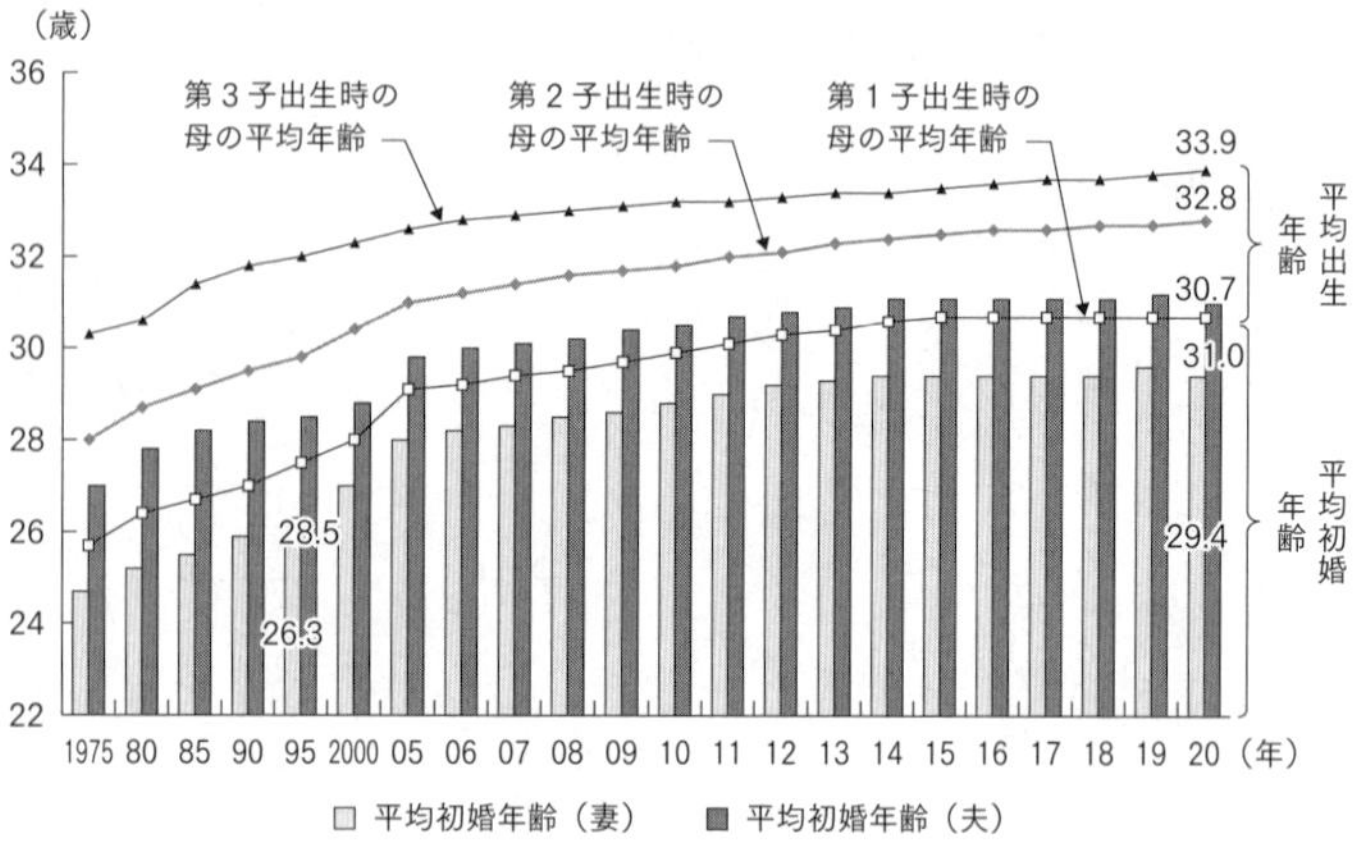

（出所） 内閣府『〔令和４年版〕少子化社会対策白書』より作成。

表 7-3　完結出生児数の内訳の推移（%）

調査年次	0人	1人	2人	3人	4人以上	完結出生児数（人）
1977	3.0	11.0	57.0	23.8	5.1	2.19
1982	3.1	9.1	55.4	27.4	5.0	2.23
1987	2.7	9.6	57.8	25.9	3.9	2.19
1992	3.1	9.3	56.4	26.5	4.8	2.21
1997	3.7	9.8	53.6	27.9	5.0	2.21
2002	3.4	8.9	53.2	30.2	4.2	2.23
2005	5.6	11.7	56.0	22.4	4.3	2.09
2010	6.4	15.9	56.2	19.4	2.2	1.96
2015	6.2	18.6	54.0	17.9	3.3	1.94

（出所） 国立社会保障・人口問題研究所「現代日本の結婚と出産――第15回出生動向基本調査（独身者調査ならびに夫婦調査）報告書」より作成。

まず晩婚化からみていこう。一九九五（平成七）年、直美が健一と結婚したとき、直美は二六・三歳、健一は二八・五歳だったが、それから二五年経った二〇二〇（令和二）年にはそれぞれ二九・四歳、三一・〇歳となり、さらに晩婚化が進んでいる。最近では横ばいになりつつある。

直美は一九九七（平成九）年、二七・九歳のときに第一子・明日香を、二〇〇〇（平成一二）年、三〇・五歳のときに第二子・翔をもうけたが、二〇（令和二）年にはそれぞれ三〇・七歳、三二・八歳となり、さらに晩産化が進行している。現在では出産年齢の中心は三〇歳代前半である。

出生児数の減少　もう一度、**図7-1**をみると、横ばいだった完結出生児数が二〇〇五（平成一七）年からふたたび減少し始め、一〇（平成二二）年以降は二人を下回っていることがわかる。[1]

表7-3は完結出生児数の内訳をさらにくわしくみたものである。

半分以上の夫婦が子どもを二人もっている点は変わらないが、徐々に三人が減り、代わって一人が増えている。また子どもをもたない夫婦も増加している。これが結果として完結出生児数の減少につながっている。

未婚化　三つの要因のなかで、合計特殊出生率の低下にもっとも大きな影響を与えているのは未婚化である。岩澤美帆・金子隆一・佐藤龍三郎によれば、「日本では婚外出生[2]が依然少ない

1　直近の第一六回出生動向基本調査（二〇二一年）によれば、二〇二一（令和三）年にはさらに減少して一・九〇になっている（国立社会保障・人口問題研究所「第一六回出生動向基本調査　結果の概要」四三頁）。

図 7-3　年齢階級別の未婚率の推移

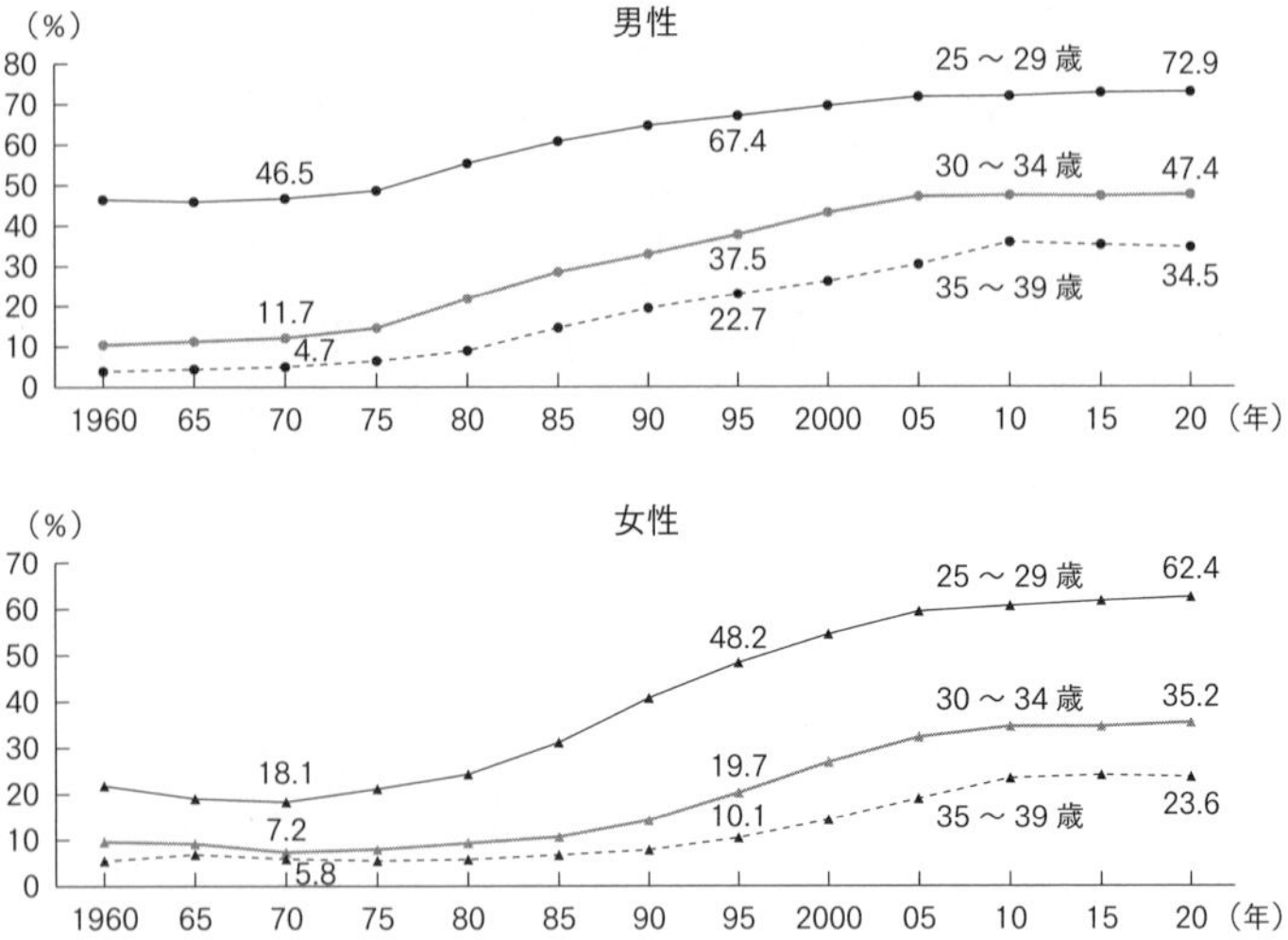

（出所）内閣府『〔令和 4 年版〕少子化社会対策白書』より作成。

ため、出産行動の変化（少子化）は結婚行動の変化（未婚化）と夫婦の出産行動の変化（有配偶出生率の低下）にほぼ分解される」（岩澤美帆・金子隆一・佐藤龍三郎「ポスト人口転換期の出生動向」、佐藤龍三郎・金子隆一編『ポスト人口転換期の日本』六四頁）。一九五〇年代後半から七〇年代前半にかけての、したがって「家族の戦後体制」（第4章参照）における合計特殊出生率二・〇一から二〇一二年の一・三八までの変化は「約九〇%が初婚行動の変化「未婚化」、約一〇%が夫婦の出生行動の変化「有配偶出生率の低下」で説明できる」（同）。

図7-3は、男女別に年齢階級別の未婚率の推移を示したグラフである。

六子（二四・四歳）と勇（二七・二歳）が結婚した一九六八（昭和四三）年に近い七〇

（昭和四五）年でみると、二〇歳代後半の女性の五人に四人、男性の半分がすでに結婚していた。直美（二六・三歳）と健一（二八・五歳）が結婚した九五（平成七）年では、二〇歳代後半で結婚している女性は半分、男性は三人に一人である。三〇歳代前半で女性の八割、男性の六割が結婚している。二〇二〇（令和二）年になると、二〇歳代後半では六割、三〇歳代前半では三分の一、三〇歳代後半でも四分の一の女性が未婚である。男性ではそれぞれさらに一〇ポイントほど未婚率が高い。女性も男性も結婚を先送りにする傾向が明らかである。

---

2 「婚外出生」とは、結婚していない女性、いわゆる「未婚の母」から産まれる婚外子（非嫡出子）のことである。日本の非嫡出子率、すなわち全出生数に占める非嫡出子の割合は、戦前の一九二〇（大正9）年には八％台だったこともあるが、戦後急速に低下し、一九六五（昭和四〇）年には一％を切る。その後は徐々に上昇し、二〇二〇（令和二）年には二・三八％となっている（国立社会保障・人口問題研究所「人口統計資料集（二〇二二年版）」）。国際比較でみると、〇六（平成一八）年における婚外子の割合は、イギリス四三・六六％、フランス四九・五一％、ドイツ二九・九六％、スウェーデン五五・四七％、アメリカ三八・五〇％である。この年の日本の婚外子の割合は二・一一％である（厚生労働省『平成二七年版』厚生労働白書』）。同棲が一般的である欧米諸国と比べると、日本の割合は圧倒的に少ない。逆に、欧米諸国にはなく日本にあるのが、いわゆる「できちゃった婚」「授かり婚」である。行政でいう「結婚期間が妊娠期間より短い出生」である。まわりくどい表現であるが、要するに、結婚した時点ですでに妊娠していたケースである。これは妊娠が判明したあと、子どもを非嫡出子にしないために婚姻届を出したことによるものである。嫡出第一子出生に占める「結婚期間が妊娠期間より短い出生」の割合は、もっとも高かった〇二（平成一四）年には二七・九％だったが、その後徐々に低下し、一九（令和元）年には一八・四％となっている（厚生労働省「［令和三年度］『出生に関する統計』の概況」）。〇二年には第一子出生に占める「できちゃった婚」の割合は四人に一人、一九年でも六人に一人である。日本において嫡出規範がいかに強固であるかを示している。

図7-4　生涯未婚率の推移[3]

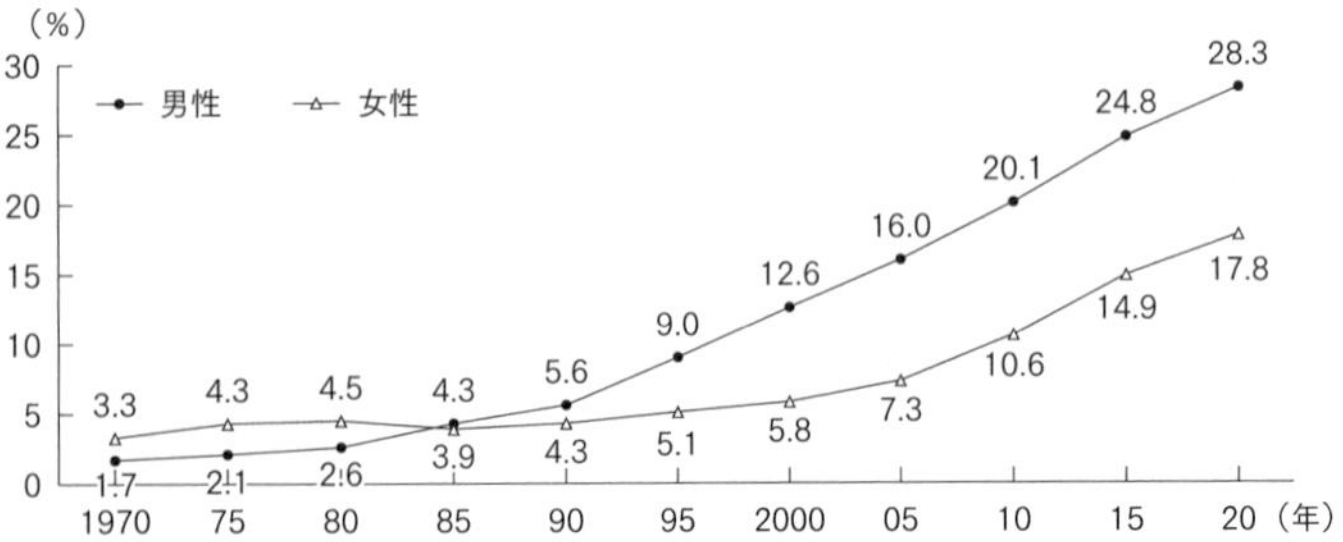

（出所）　内閣府『〔令和4年版〕少子化社会対策白書』より作成。

そして、結婚を先送りしている間に、結果的に結婚しない人もでてくる。図7-4は五〇歳時の未婚率（生涯未婚率）の推移を示したグラフである。六子の世代の生涯未婚率は、女性で四・三%、男性で五・六%であった。ほぼ皆婚といってよい状態だった。一九六九（昭和四四）年生まれの直美が五〇歳になるのが二〇一九（令和元）年、一番近い二〇（令和二）年の生涯未婚率をみると、女性で一七・八%、男性で二八・三%である。女性の六人に一人、男性の四人に一人は一度も結婚していない。もはやみんながみんな結婚するわけではない。

シングル化

この結果、単身で暮らす単独世帯の数が増えている。図4-2（七一頁）でみたように、二〇二〇年国勢調査によれば、総世帯数約五六〇〇万世帯のうち単独世帯は約二一〇〇万世帯である。一〇世帯のうち四世帯が単独世帯ということになる。いまでは総人口一億二六一五万人のうち六分の一が一人暮らしをしている。シングル化の時代である。かつて一人暮らしといえば、進学や就職で親元を離れた若者たちと相場が決まっていた。しかし現在では、若者だけでなく、未婚の中高年、離婚した中高年、配偶者と死別した高齢者など、どの年齢層にも広く散らばっている。

人口減少

長く続く少子化は人口減少をもたらした。図7-5は戦後における日本の人口の推移を示したものである。棒グラフは総人口を示している。下から、七五歳以上の後期老年人口、六五歳から七四歳の前期老年人口、一五歳から六四歳の生産年齢人口、〇歳から一四歳までの年少人口を表している。●の折れ

3　なぜ女性と男性の生涯未婚率に差があるのか、不思議に思う人もあるかもしれない。初婚の女性と初婚の男性が結婚すれば、生涯未婚率は同じように下がっていくはずである。内閣府『令和四年版』男女共同参画白書』によれば、二〇二〇(令和二)年の婚姻件数五二万六千件のうち、再婚件数は一三万九千件、四組に一組が再婚である。うち「夫妻とも再婚」が五万二千件(三七・三%)、「夫再婚―妻初婚」が五万件(三六・三%)、「夫初婚―妻再婚」が三万七千件(二六・四%)である(八頁)。初婚同士、再婚同士の結婚であれば、生涯未婚率には影響を与えない。初婚同士であれば、男女とも等しく生涯未婚率が下がるし、再婚同士であれば、すでに一度結婚しているので、生涯未婚率にはカウントされない。また、夫再婚―妻初婚と夫初婚―妻再婚が同じ件数であれば、初婚同士と同じで、男女ともに等しく生涯未婚率が下がるはずである。しかし、データのわかる一九七五(昭和五〇)年以降ずっと夫再婚―妻初婚の数が夫初婚―妻再婚の数を上回っている。そうすると常に妻初婚の数が夫初婚の数を上回り、結果として女性の生涯未婚率が男性の生涯未婚率より低くなることになる。要するに、再婚男性が初婚女性を選好するために、初婚男性があぶれてしまう状態である。八五(昭和六〇)年まで、女性の生涯未婚率が男性の生涯未婚率を上回っていたのは、戦争で多くの若い男性が戦死した影響と考えられる。塩沢美代子・島田とみ子によれば、一五年戦争での戦死者は二〇〇万人にのぼり、戦争未亡人を除いて、約一〇〇万人の女性が戦後結婚相手に恵まれなかった(塩沢美代子・島田とみ子『ひとり暮しの戦後史』一二頁)。

図 7-5　戦後における日本の人口の推移

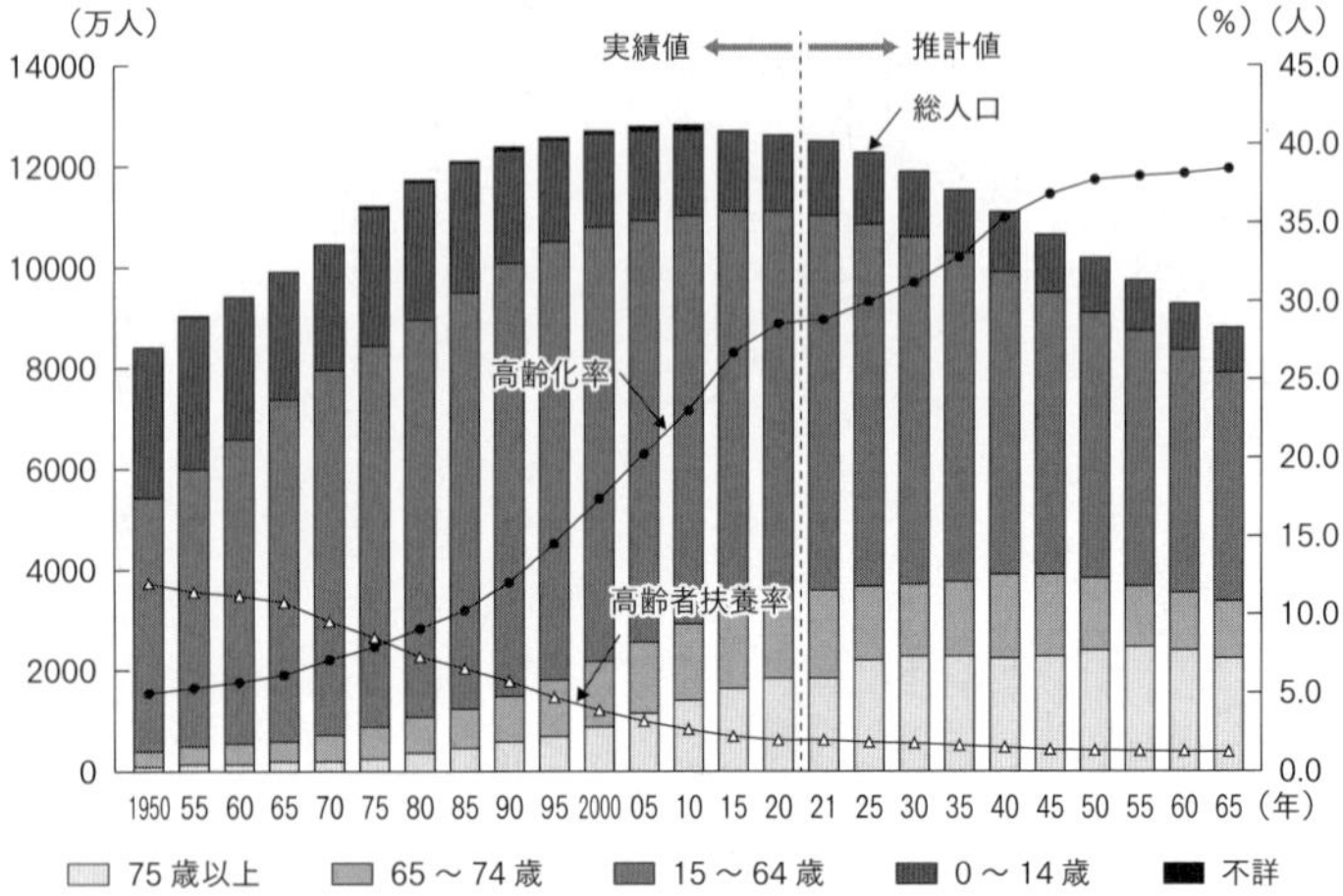

（出所）　内閣府「〔令和 4 年版〕高齢社会白書（全体版）」より作成。

線グラフは後期老年人口と前期老年人口を合わせた老年人口が総人口に占める割合（高齢化率、単位・%）、△の折れ線グラフは一五歳から六四歳の生産年齢人口が、何人で六五歳以上の老年人口を支えているか（高齢者扶養率、単位・人）を示している。

戦後の日本の人口は、戦争が終わった一九四五（昭和二〇）年一一月の約七二〇〇万人から始まり、六七（昭和四二）年にはじめて一億人を超え、二〇〇八（平成二〇）年の一億二八〇八万人をピークに減少に転じ、二一（令和三）年には一億二五五〇万人となっている。二〇年の一億二六一五万人から一年間で約六五万人減少している、一年で島根県一県分（約六六万人）に相当する人口が減少したことになる（総務省統計局「人口推計（二〇二一年〔令和三年〕一〇月一日現在）結果の概要」）。

二〇一七（平成二九）年の推計によれば、二九年に一億二〇〇〇万人を下回り、五三年には一億人を切り、六五年には約八八〇〇万人になると推計されている。[4] 一一〇年を経て高度経済成長期が始まった一九五五（昭和三〇）年の人口約九〇〇〇万人に戻ることになる。しかし、同じ人口といっても、人口構成はまるで違っている。

高齢化

図7-6は一九五五年と二〇二〇年と二〇六五年（二〇一七年推計）の人口構成を人口ピラミッドで表したものである。

一九五五年には、年少人口が三〇〇〇万人、生産年齢人口が五五〇〇万人、老年人口が五〇〇万人、高齢化率が五・三％というたいへん若い国だった。その後、年少人口は減少を続け、生産年齢人口も一九九五（平成七）年にピークとなったあと減少に転じた。他方、老年人口は増加し続けていく。

4　二〇二三（令和五）年四月、六年ぶりに国立社会保障・人口問題研究所は二〇年国勢調査にもとづく将来推計人口を公表した（国立社会保障・人口問題研究所「日本の将来推計人口（令和五年推計）結果の概要」）。これによれば、人口が一億人を切るのは五六年、六五年の人口は約九二〇〇万人、七〇年に約八七〇〇万人になると推計されている。一七年推計と比べると、人口減少のスピードが緩和する見込みである。これは出生率は回復しないものの、平均寿命が延びることと、日本で暮らす外国人が増加することによるものである。「観光客など短期滞在を除く外国人は、二〇年時点で総人口の二・二％。七〇年には一〇・八％になると推計」（二〇二三年四月二七日「朝日新聞」）されている。実質的な移民社会となることが予想されている。

図 7-6　人口ピラミッド（1955 年・2020 年・2065 年）

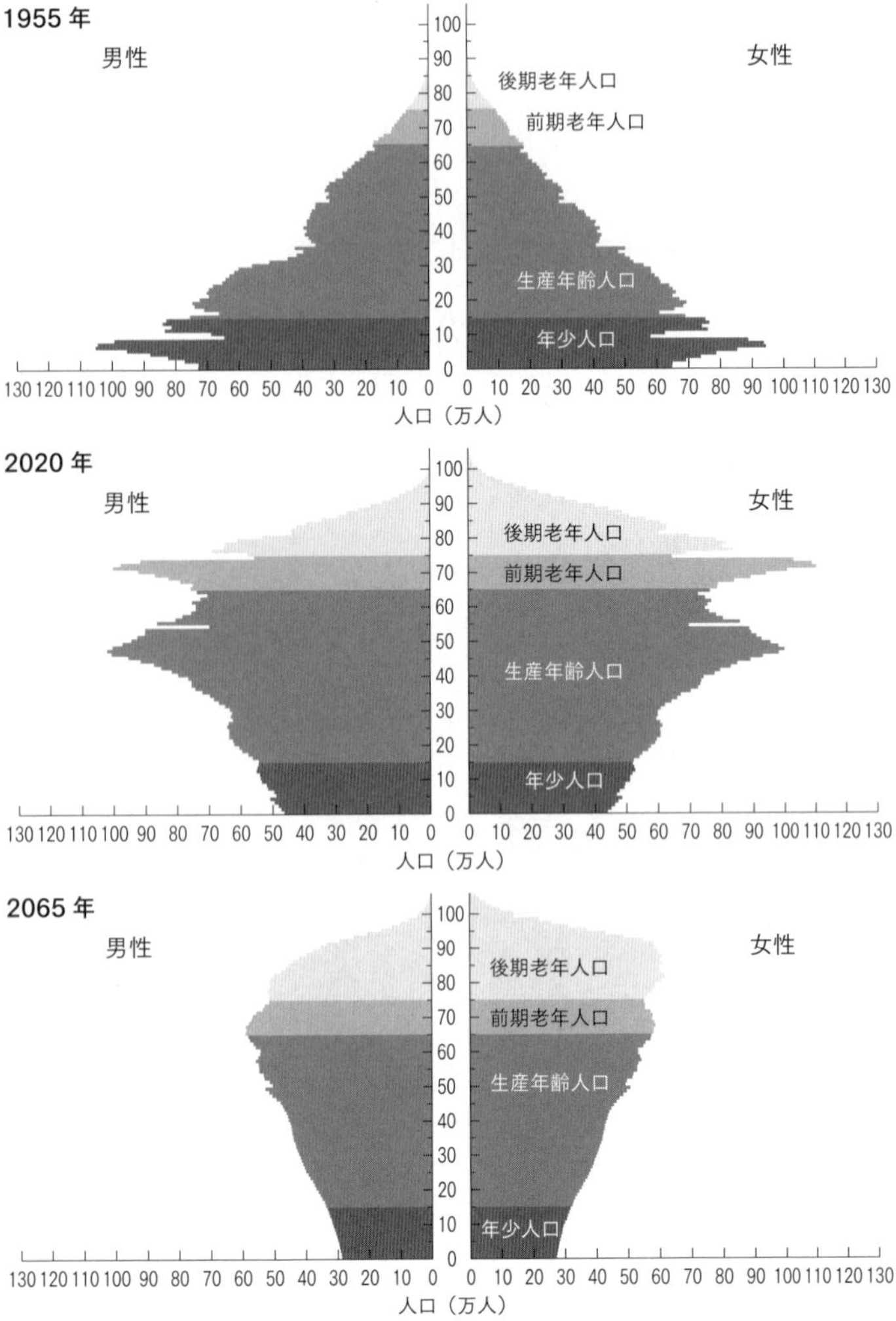

（出所）　1955 年は国勢調査より作成。2020 年と 2065 年は国立社会保障・人口問題研究所ウェブサイトより作成。

二〇二〇年には、年少人口は一五〇〇万人、生産年齢人口は七五〇〇万人、老年人口は三六〇〇万人である。一九五五年と比べると、年少人口は半分、老年人口は七倍以上となり、高齢化率は二八・六％となった。これは世界第一位である。いまや子どもの姿よりも高齢者の姿のほうが目立つ、すっかり年老いた国になった。

その後も年少人口、生産年齢人口は減少を続け、二〇六五年には、年少人口は九〇〇万人、生産年齢人口は四五〇〇万人、老年人口は三四〇〇万人、高齢化率は三八・四％になると推計されている。

高齢者扶養率をみると、一九五五年には、現役人口一一・五人で高齢者一人を支えていた。高度経済成長期には軽い荷物を背負って力強く上り坂を上っていった。二〇二〇年には現役世代二・一人で高齢者一人を支え、六〇年には一・三人で支えることになる。これから重い荷を背負って長い下り坂を下っていかなければならない。[5]

家族のポスト戦後体制

高度経済成長期の家族の特徴は、みんなが結婚し、二、三人の子どもをもったことであった。落合恵美子は、そのような家族が全盛であった時代を「家族の戦後体制」と名づけた。それは、合計特殊出生

5　現役世代が年少人口と老年人口を扶養する負担が小さく、経済成長にとって有利な状態を「人口ボーナス」といい、逆に扶養負担が大きく、それが経済成長の重荷になる状態を「人口オーナス」という。高度経済成長期と安定成長期の日本は人口ボーナス状態だったが、バブル崩壊後の低成長期は人口オーナス状態となり、今後もそれが続くことになる。

表 7-4　六子の家族と直美の家族

	未婚無子（生涯未婚率）	既婚				
		0 人（既婚無子）	1 人	2 人	3 人	4 人以上
六子（1987 年）	4.3%*1	2.6%	9.2%	55.3%	24.8%	3.7%
直美（2010 年）	17.8%*2	5.3%	13.1%	46.2%	15.9%	1.8%

（注）完結出生児数の内訳を，未婚者も含めた 50 歳の女性全員を分母として再計算している。完結出生児数の調査年次と生涯未婚率の調査年次が異なるので正確ではないが，完結出生児数には大きな変化はないはずなので，おおよそのイメージはつかめるだろう。また生涯未婚率をそのまま未婚無子としているが，こちらも婚外子があるので正確ではない。生涯未婚率は＊1 が 1990 年，＊2 が 2020 年の数値。
（出所）著者作成。

率が、戦後急降下したあと、二前後で安定的に推移した一九五五（昭和三〇）年から七五（昭和五〇）年までである。

しかし、合計特殊出生率は七五年に二を切ると、その後は二を上回ることはなく、二〇二〇年の一・三三までずるずると低下を続けている。この時代を「家族のポスト戦後体制」と呼んでおこう。いまやみんながみんな結婚するわけではないし、結婚してもみんながみんな二、三人の子どもをもつわけではない。直美が健一とともに形成した家族を、六子が勇とともに作った家族と比較することによって、「家族のポスト戦後体制」における家族の特徴をみてみよう。

表7-4は、**表7-3**（一六四頁）から、六子が結婚して一九年経った一九八七（昭和六二）年と、直美が結婚して一五年経った二〇一〇（平成二二）年の完結出生児数の内訳をとり出し、これに、それぞれが五〇歳になる年に近い一九九〇年と二〇二〇年の生涯未婚率（女性）を加えて作成したものである。

図7-7はこれを棒グラフで表したものである。

これが、高度経済成長期に家族を形成した六子の時代と、「失

図 7-7　家族の戦後体制と家族のポスト戦後体制

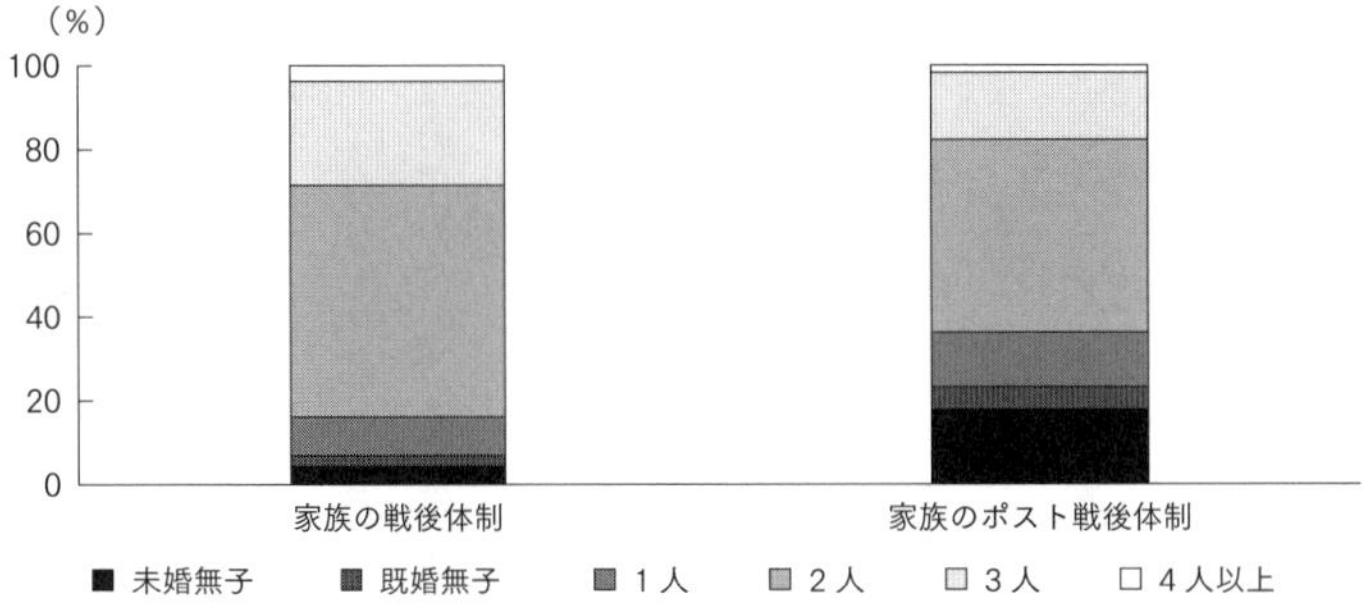

（出所）著者作成。

われた三〇年」に家族を形成した直美の時代の家族の形である。下から未婚無子（生涯未婚率）、既婚無子、子ども一人、二人、三人、四人以上である。

六子の時代、家族の戦後体制では未婚無子（生涯未婚率）は四・三％、既婚無子は二・六％、子ども一人が九・二％、二人が五五・三％、三人が二四・八％、四人以上が三・七％であった。九五％以上の女性が結婚し、八〇％の女性が二、三人の子どもをもった。みんなが結婚し、子どもが二、三人いた時代であった。

直美の時代、家族のポスト戦後体制では未婚無子（生涯未婚率）は一七・八％、既婚無子は五・三％、子ども一人が一三・一％、二人が四六・二％、三人が一五・九％、四人以上が一・八％である。結婚して子どもを二、三人もつ女性が約六二％と、まだ多数派を占めるが、二〇％近くは結婚していないし、結婚しても子どもをもたない女性も約五％いる。

これまで六子と直美の「平均的な」ライフコースをたどってきた。くりかえしになるが、「平均的な」人生や「平均的な」

家族などというものは虚構にすぎない。しかし、六子の世代では、「平均的な」初婚年齢や、「平均的な」出産年齢や、「平均的な」完結出生児数などの平均値の近くに「平均的な」家族が大きな塊で存在していた。これに対して、直美の世代には、たしかに統計的な意味での平均値は存在しているが、それは非常に散らばって分散している多様な家族の形の平均値であり、「平均的な」家族が平均値の周りにかたまって存在しているわけではない。たとえていえば、六子の時代の平均値「5」が4と6の平均値であったのに対して、直美の時代の平均値「5」は4と6だけでなく、3と7、2と8の平均値でもある。直美も結婚して二人の子どもをもったかもしれないが、結婚を選択しなければ、二割のうちの一人であったかもしれないし、結婚しても子どもをもたなかったかもしれない。もしかしたら離婚して一人で暮らしているかもしれないし、シングル・マザーとして子どもと暮らしているかもしれない。あるいは再婚して新しい家族を作っているかもしれない。

一九七五年から始まる日本の少子化は、単に各夫婦の子ども数が一様に減っているわけではない。若者の中で結婚する人としない人に分かれ、更に、結婚して子どもをもつ人ともたない人に分かれている結果生じている現象なのである（山田昌弘『少子社会日本』二九頁）。

「家族の戦後体制」は、近代家族が規範とされ、それに向かって家族が画一化した時代であった。みんなが結婚し子どもを二、三人もった。これに対して、「家族のポスト戦後体制」では家族はさまざまに分岐して多様化しつつある。もはやみんながみんな結婚するわけではないし、結婚してもみんながみんな二、三人の子どもをもっているわけではない。

近代家族にはもう一つ特徴があった。それは「夫が雇用者、妻が専業主婦」という性別分業である。こちらはどうなっただろうか。六子と勇が作った家族では、勇がモーレツ社員として一家四人の生活を支え、六子は専業主婦として家事と育児を担った。直美は形からいえば、夫婦と子ども二人の核家族という、六子と同じ形の家族を作った。直美も専業主婦になっただろうか。次章では、第二の近代社会における雇用の変容についてみていこう。

第8章

雇用のポスト戦後体制――第二の近代社会へ（その二）

1　雇用の変容

雇用のポスト戦後体制

第二の近代社会における雇用のあり方をよく表しているのは、すでに述べたように、従業上の地位別就業者の比率の推移を示した図6-1（一五四頁）と、正規雇用者と非正規雇用者の比率の推移を示した図6-2（一五五頁）である。この二つの図は、一方で戦後、近代化が進行し、自営業者の比率が低下し雇用者（サラリーマン）の比率が増加してきたこと（雇用者化）、他方で「失われた三〇年」において、雇用者のうち、正規雇用者（正社員）の比率が低下し、パートタイマー・アルバイト・派遣社員など非正

図8-1　雇用形態別雇用者数の推移（男女計）

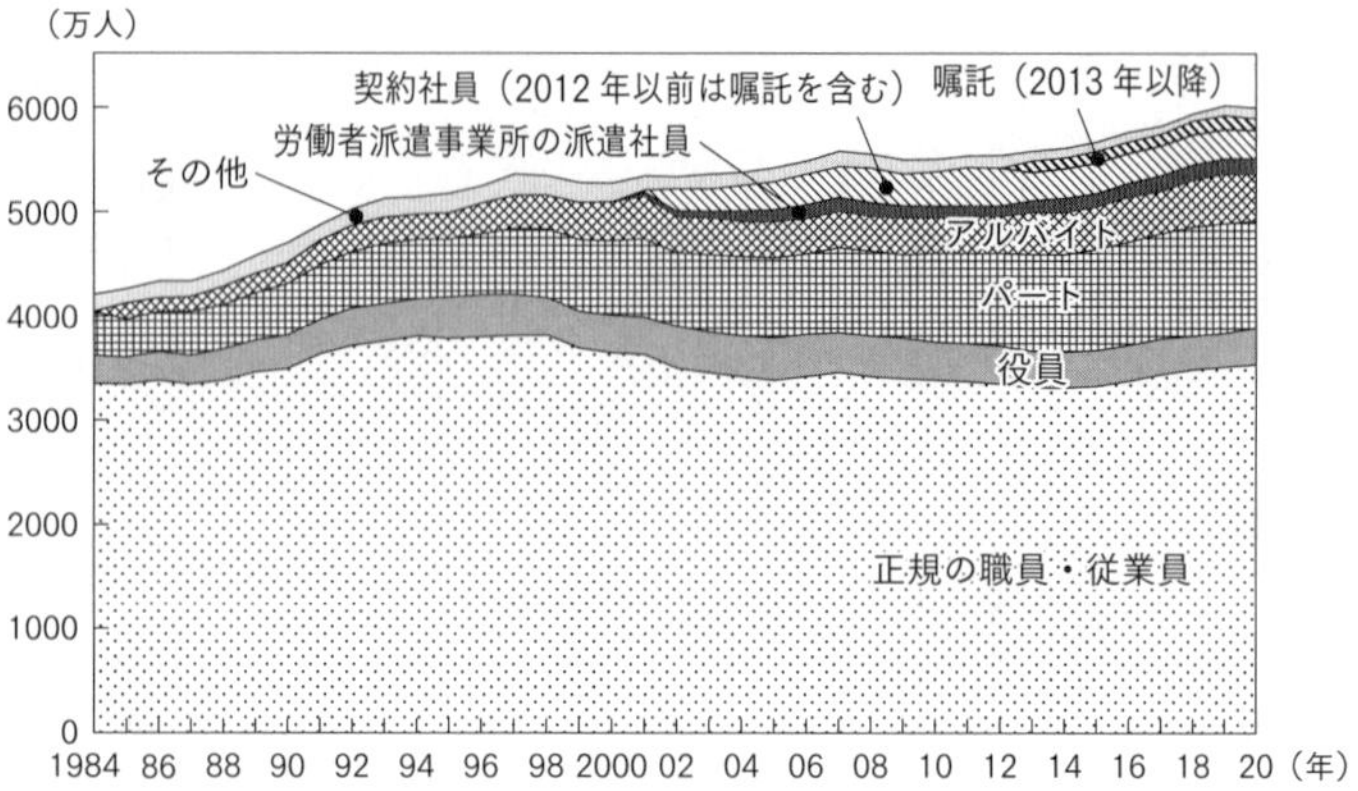

（出所）労働政策研究・研修機構「早わかり　グラフでみる長期労働統計」より作成。

規雇用者の比率が増加していること（非正規化）を示している。

図6-2を実数で示したのが図8-1である。下から正規の職員・従業員（正規雇用者）、役員をはさんで、その上がさまざまな形態の非正規雇用者である。

一九八四（昭和五九）年の正規雇用者の数は三三三三万人、二〇二〇（令和二）年は三五三九万人、この間若干増減しているものの、微増にとどまっている。実数が変わっていないのに、比率が八五％から六三％に低下しているのは、この間に非正規雇用者の数が六〇四万人から二〇九〇万人へと約一五〇〇万人増加したためである。一九八四年から二〇二〇年の間の雇用者の増加分のほとんどが非正規雇用だったことになる。

これを、役員を除いて、正規雇用者と非正規雇用者の比率で示したのが図8-2である。

下が正規雇用者、上が非正規雇用者である。正規

図8-2　雇用の戦後体制と雇用のポスト戦後体制（男女計）

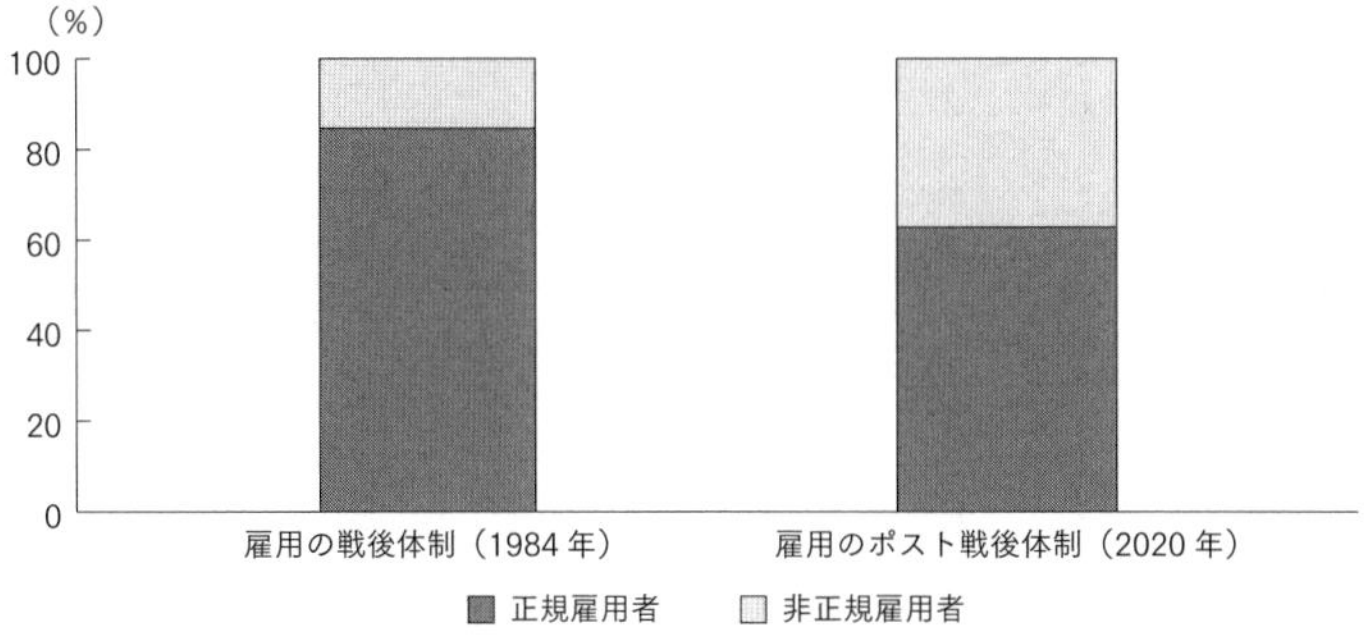

（出所）著者作成。

雇用者（正社員）は企業のメンバーである。新卒採用から定年退職まで長期雇用され、その間賃金も職位も上がっていく。これに対して、非正規雇用者は企業のメンバーではない。左が一九八四年、右が二〇二〇年である。一九八四年には八五%が正社員、一五%が非正規雇用者だったのが、二〇二〇年には六三%が正社員、三七%が非正規雇用者となっている。八五%の雇用者が日本的経営のもとで企業のメンバーとして働いた「雇用の戦後体制」に対して、雇用者として働く人の一〇人に四人がもはや企業のメンバーではなくなった現在の雇用のあり方を「雇用のポスト戦後体制」と呼んでおこう。

性別に分解する

非正規化は男性と女性で一律に進行したわけではなかった。**図8-3**は**図6-2**を男女別に分解したものである。

この図は、正規雇用が減少し、非正規雇用が増加している点は男女で共通しているが、非正規化が女性においてより顕著に生じたことを示している。二〇〇三（平成一五）年には、非正

図 8-3　正規雇用者と非正規雇用者の比率の推移（男女別）

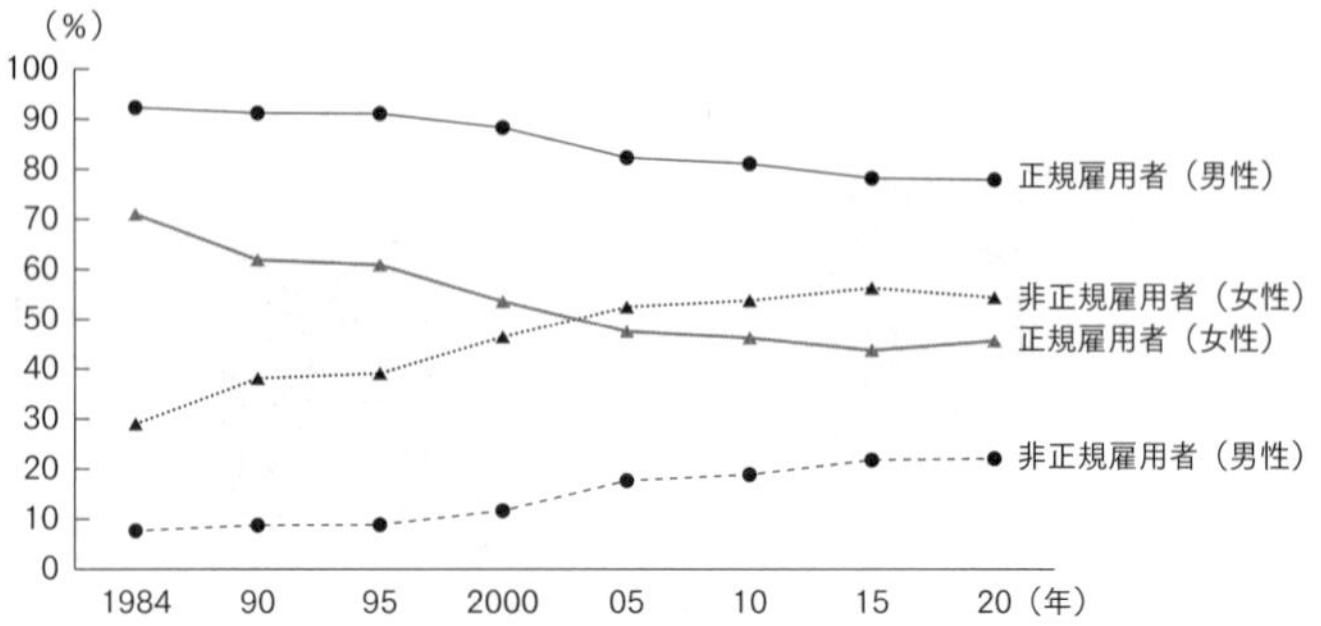

（出所）　労働政策研究・研修機構「早わかり　グラフでみる長期労働統計」より作成。

規雇用が正規雇用を上回り、二〇（令和二）年には、正規雇用四六％、非正規雇用五四％となっている。

これを実数でみてみよう。図8-4は図8-1を男女別に分解したものである。とくに女性の場合、正規雇用の上に分厚い非正規雇用の層がますます高く積み重なっていることがわかる。

図8-5はこれを役員を除いて棒グラフで表したものである。

これが男女別にみた「雇用のポスト戦後体制」の姿である。「雇用のポスト戦後体制」において男性の働き方と女性の働き方は異なっている。この図からわかるのは次の点である。

①まず女性の雇用者が急激に増加している。一九八四年に一四六〇万人だった女性雇用者は二〇二〇年には二七二一万人と二倍近くに増え、雇用者全体に占める割合も三五％から四五％になっている。いまや男性も女性もともに働く時代である。図3-2（六四頁）でみたように、一九九〇年代には専業主婦世帯と拮抗していた共働き世帯が、二〇〇〇年代に入

図 8-4　雇用形態別雇用者数の推移（男女別）

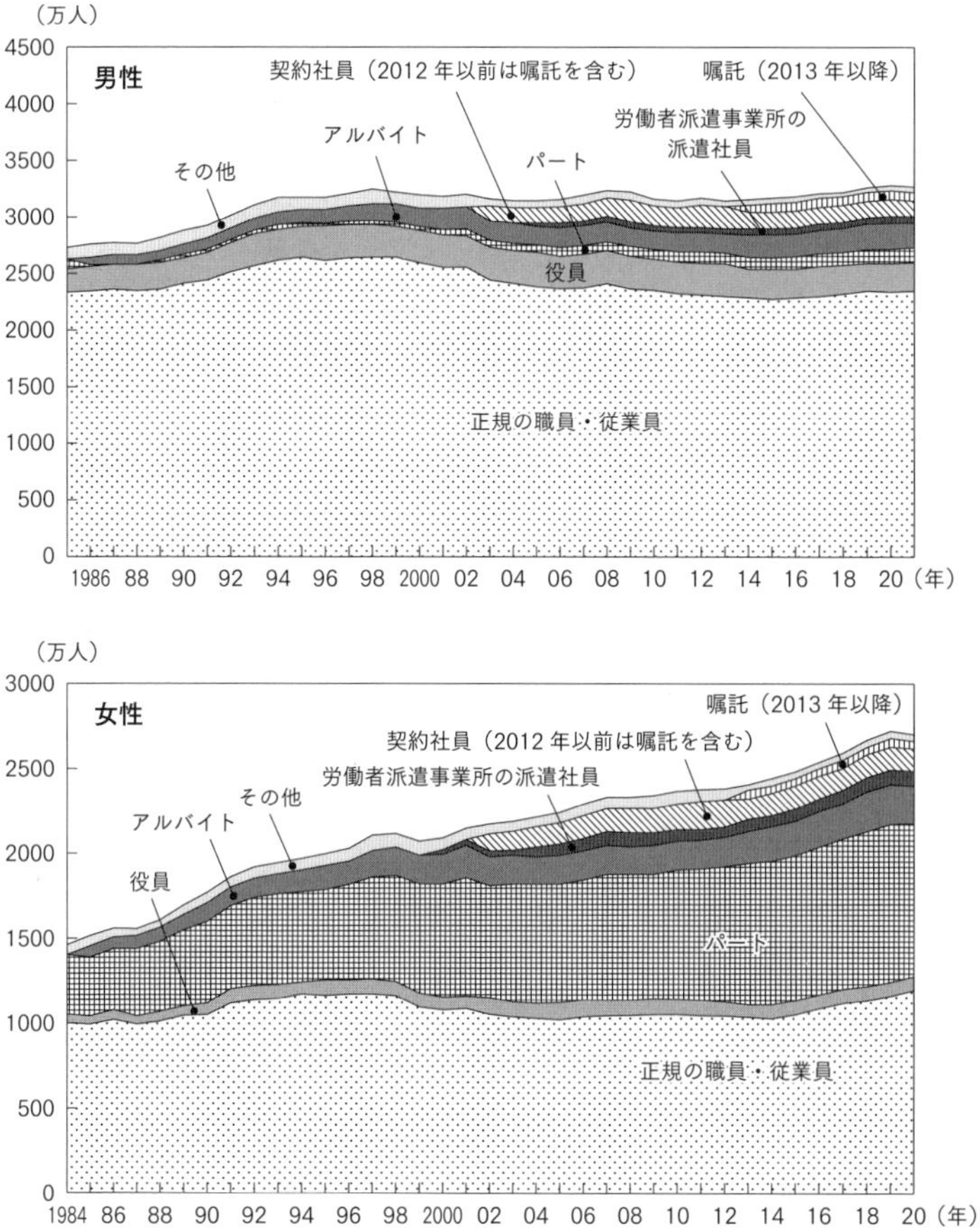

（出所）労働政策研究・研修機構「早わかり　グラフでみる長期労働統計」より作成。

図 8-5　雇用の戦後体制と雇用のポスト戦後体制（男女別）

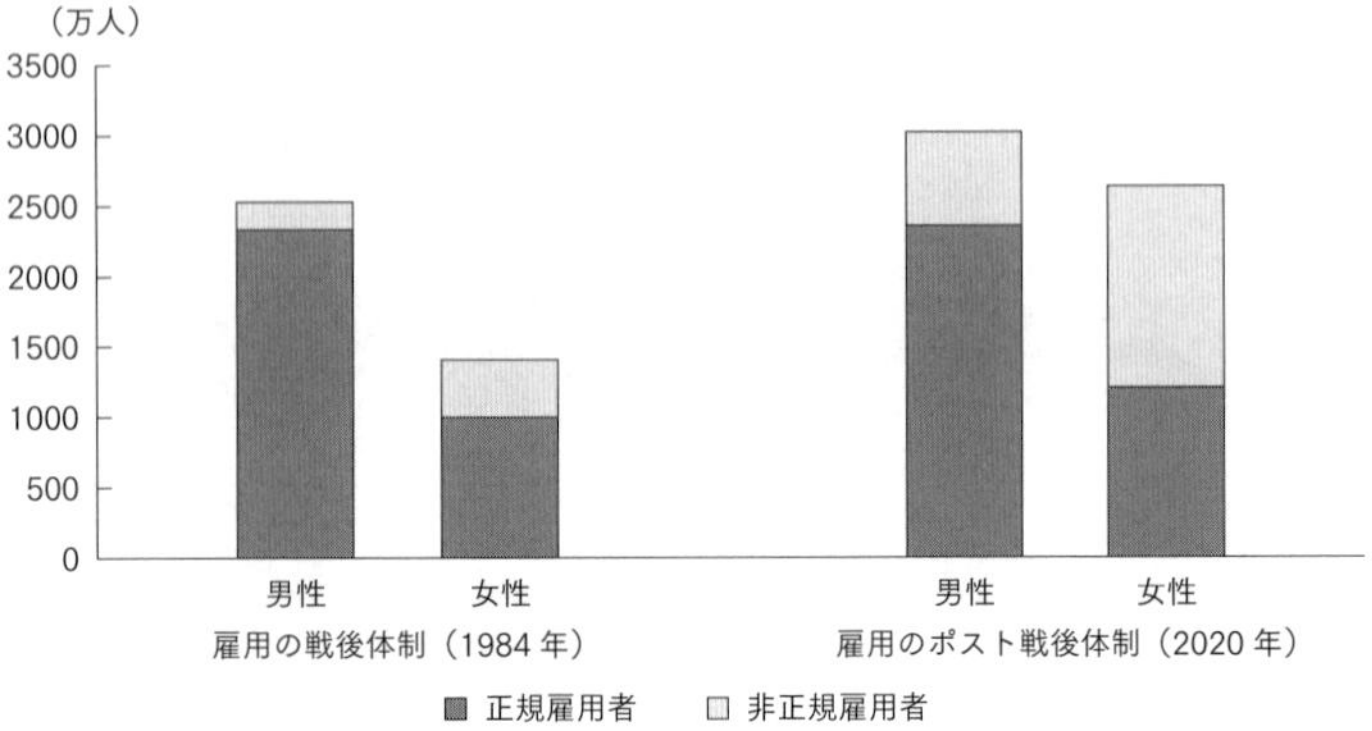

（出所）著者作成。

って急速に専業主婦世帯を引き離しているのはその結果である。

②女性の雇用者の増加分のほとんどが非正規雇用である。正規雇用もこの間九九八万人から一二〇三万人へと増加しているが、非正規雇用は四〇八万人から一四三三万人へと一〇〇〇万人以上増えている。いまでは正規雇用で働く女性より非正規雇用で働く女性のほうが多い。

③女性と比べると、男性の働き方はあまり変わっていないようにみえる。一九八四年と二〇二〇年を比べると、正規雇用は二三三五万人、二三五八万人でほとんど変化していない。非正規雇用も一九五万人から六六五万人へと増えているが、二〇二〇年でも七八％は企業のメンバーである。しかし、そこには深刻な帰結をともなう変化が潜んでいた。これはあとでみることにしよう（本章第3節）。

それでは雇用のポスト戦後体制における女性と男性の働き方をみていこう。

2 第二の近代家族——直美の場合

女性労働の歴史

まず女性の働き方のほうからみてみよう。直美も六子と同じように専業主婦になっただろうか。これをみるまえに、女性労働の歴史をかんたんに振り返っておこう。

戦前から高度経済成長期以前

戦前から高度経済成長期以前、働く女性の半分以上は、自営業主のもとで働く家族従業者であった。そのほとんどは農家で働く女性だった。家族従業者は就業者には数えられているが、給与が支払われていたわけではない。労働力調査の定義によれば、家族従業者とは「自営業主の家族で、その自営業主の営む事業に無給で従事している者」のことである。

伝統的社会における女性たちは働き者であった。日本の女性は家庭的であるというイメージとは異なり、戦前から高度経済成長期にかけて、日本の女性の労働力率はおおよそ五割前後で推移しており、欧米諸国を上回っていた。これは遅れて近代化が始まった日本が欧米諸国に比べて大量の家族従業者をかかえていたためである（三一頁）。日本の女性たちは家事・育児を担いながら無給できびしい農作業に従事していた。

戦前の女性雇用者には二つのタイプがあった。一つは、小学校を卒業したあと、女中・子守や製糸・

図8-6　戦後の大企業の階層秩序

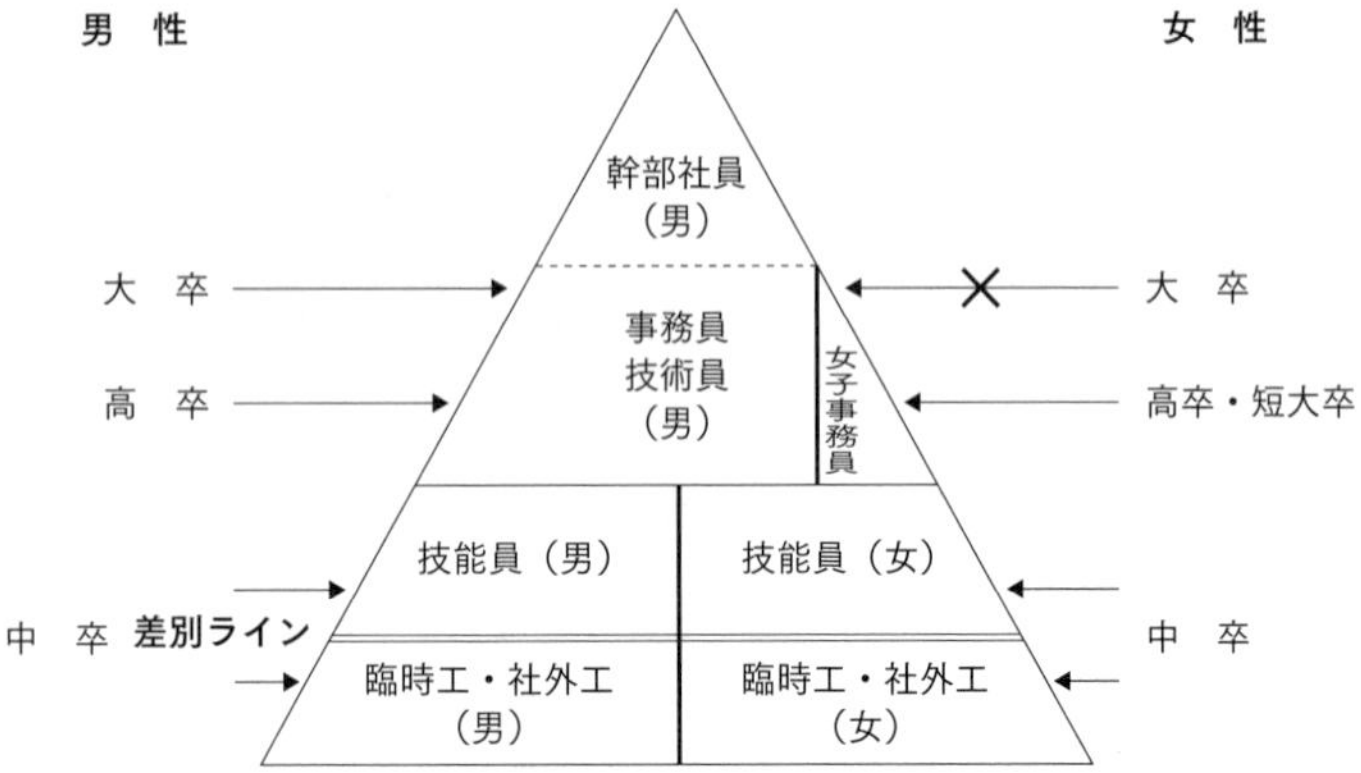

（出所）　野村正實『日本的雇用慣行』38頁。

紡績工場の女工となった者である。もう一つは、都市に住む中流家庭の子女で、高等女学校を卒業したあと教師やタイピストなどとして働く、当時「職業婦人」と呼ばれた女性たちであった。

高度経済成長期から安定成長期

高度経済成長期に入ると、農業の衰退とともに家族従業者は急速に減少していく。これに代わって雇用者が増加していく。集団就職で青森から東京にやってきた六子もその一人であった。

図8-6は、戦後の大企業における階層秩序と学歴との関係を表したものである。

「差別ライン」より上が企業のメンバーである。下は臨時工・社外工などの非正規雇用である。

女性をみておくと、高度経済成長期には、中卒女子は生産現場で働き、高卒女子は事務員として働いた。しかし一九六五（昭和四〇）年以降になると、高校進学率の上昇にともなって、中卒で就職する者が減少し、それに代わって高卒者が生産現場を担うようになっていった。そして、それを埋めるように事務員として働くようになったのが、戦後数多くつくられた短大の卒業生である。彼女たちははじめ「BG（ビジネス・ガール）」、のちに「OL（オフィス・レディ）」と呼ばれ、お茶汲み、掃除、コピー取り、文書の清書、郵便物の仕分け、電話の取り次ぎ、出張の手配など、男性正社員の補助的業務に従事した。

OL　濱口桂一郎は、企業におけるOLの位置づけを「短期的メンバーシップ」（濱口桂一郎『ジョブ型雇用社会とは何か』二三〇頁）と特徴づけている。OLもまた企業のメンバーである。しかし、男性正社員が新卒採用から定年退職まで長期雇用されるのに対して、OLは結婚退職（「寿退社」といわれた）までの短期雇用であった。結婚退職制が就業規則に明文化されていなくても、結婚退職は慣行として定着していた。そして、OLはまた男性正社員の花嫁候補でもあった。直美も短大を卒業した後、OLとして勤め、会社の同僚であった健一と結婚したかもしれない。

この図で大卒女子からの矢印に×印が付けられているように、大卒女子は大企業ではほとんど採用されず、[1]多くは教員や公務員となった。女性の幹部社員への道を閉ざしていた「ガラスの天井」を破る（はずであった）のが、あとで述べる男女雇用機会均等法（一九八五年）であった。

1　「大会社に就職した大卒女性はきわめて少ない。［……］大会社を、企業規模一〇〇〇人以上としよう。一九八五年において大会社の大卒男性は、約一三九万人であったが、大卒女性は八万七千人にすぎなかった」（野村正實『日本的雇用慣行』四一頁）。

図 8-7　高度経済成長期・安定成長期の女性の代表的なライフコース

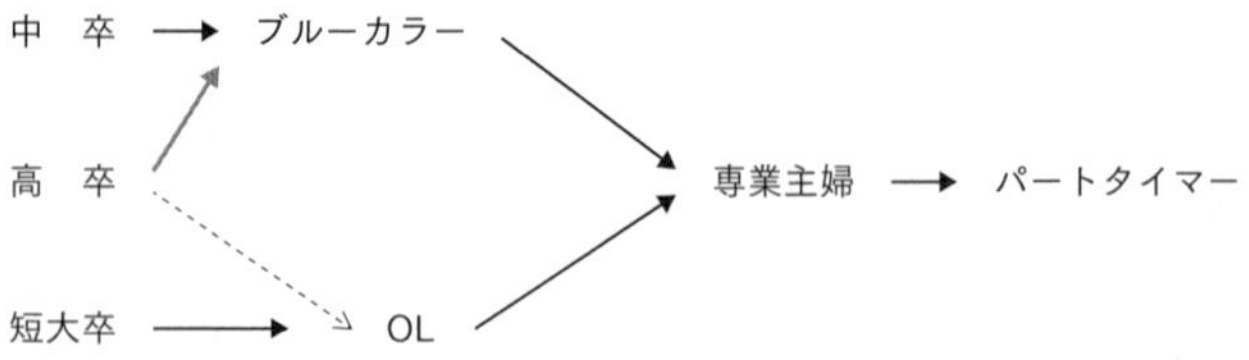

（出所）　著者作成。

女性パートタイマー

この時代に比重を増していくのが女性パートタイマーである。

高度経済成長期は専業主婦の時代であった。サラリーマンと結婚した女性の六割以上が専業主婦であった。一九七五（昭和五〇）年の女性の年齢階級別労働力率（八〇頁図4-5）をみると、きれいなM字型を描いている。左側のピークは、女性が学校卒業後、新卒として企業で働いていることを示している。そして、結婚退職によって女性はいったん企業を退職し専業主婦として家事・育児に専念する。これがM字の底である。しかし、子どもの手が離れる三五歳を過ぎるとグラフはまた上昇をはじめ、右側のピークを作る。これは女性がふたたび働きはじめていることを示している。しかし、こんどはパートタイマーとしてである。

図8-7は高度経済成長期・安定成長期における女性の代表的なライフコースを表したものである。M字カーブが示しているのはこのライフコースである。

女性パートタイマーは一九六五（昭和四〇）年ころから増えはじめるが、本格的に増えるのはサービス経済化が進行したオイルショック後の安定成長期である。オイルショック後の減量経営では日本的なメンバーシップ型雇用システムが正社員の雇用を守ったと述べたが（一二〇頁）、正確にいえば、守ったのは男性正社員の雇用である。男性正社員の雇用を守るために、女性のパートタイマーはすでに雇止めされていた。そして、オイルショック後の不況を乗り切ると、景気の変動や仕事の繁閑に合わせた雇用調整が容易であることと人件費の削減のために女性パートタイマーの雇用が本格的に始まる。図8-4（一八三頁）でみたように、それ以降女性の非正規雇用はどんどん厚みを増していく。

男女雇用機会均等法

女性の働き方を大きく変えるはずだったのが、「雇用の分野における男女の均等な機会及び待遇の確保を図る」（第一条）ことを目的として一九八五（昭和六〇）年に制定された男女雇用機会均等法（八六年施行）である。この法律は、同じ企業のメンバーであっても男性と女性の待遇に大きな差を設けていた日本の企業を根本から変える画期的な法律であるように思えた。しかし、図8-4をみるかぎり、この法律が女性の雇用を画期的に変化させたようにはみえない。なぜだろうか。

コース別雇用管理

男女雇用機会均等法の施行によって、それまで男女別の雇用管理を行なってきた企業は、これに代えてコース別雇用管理を導入した。コース別雇用管理で代表的なのは、「企画立案、営業、研究開発等を行なう業務に関するコース」（いわゆる「総合職」）と「主に定型的業務に従事するコース」（いわゆる「一

図 8-8　2014 年 4 月採用者の男女比率

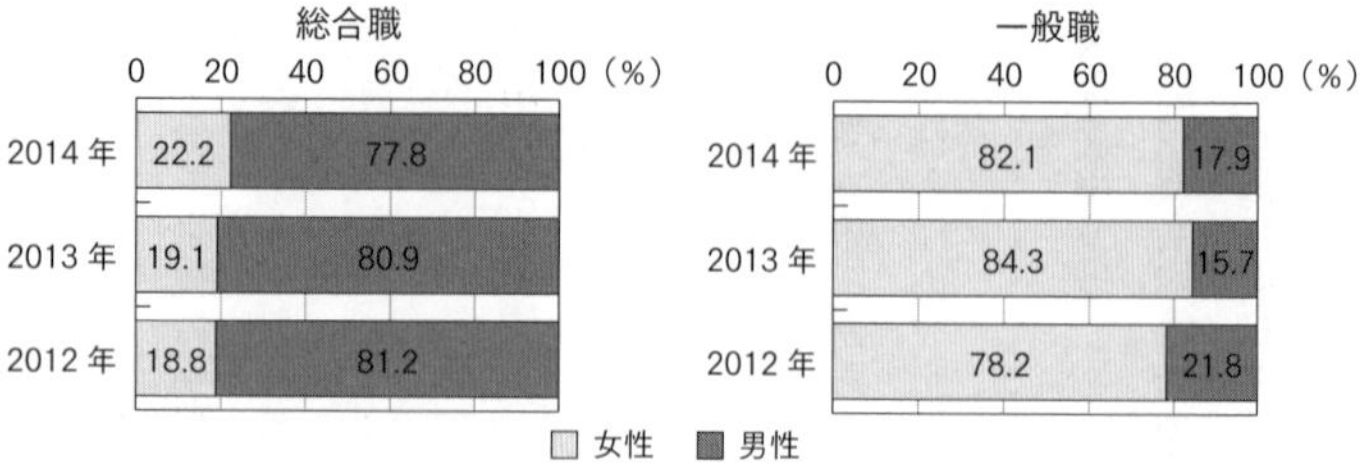

（出所） 厚生労働省「〔平成 26 年度〕コース別雇用管理制度の実施・指導状況（確報版）」より作成。

図 8-9　総合職採用者の 10 年後，20 年後の状況

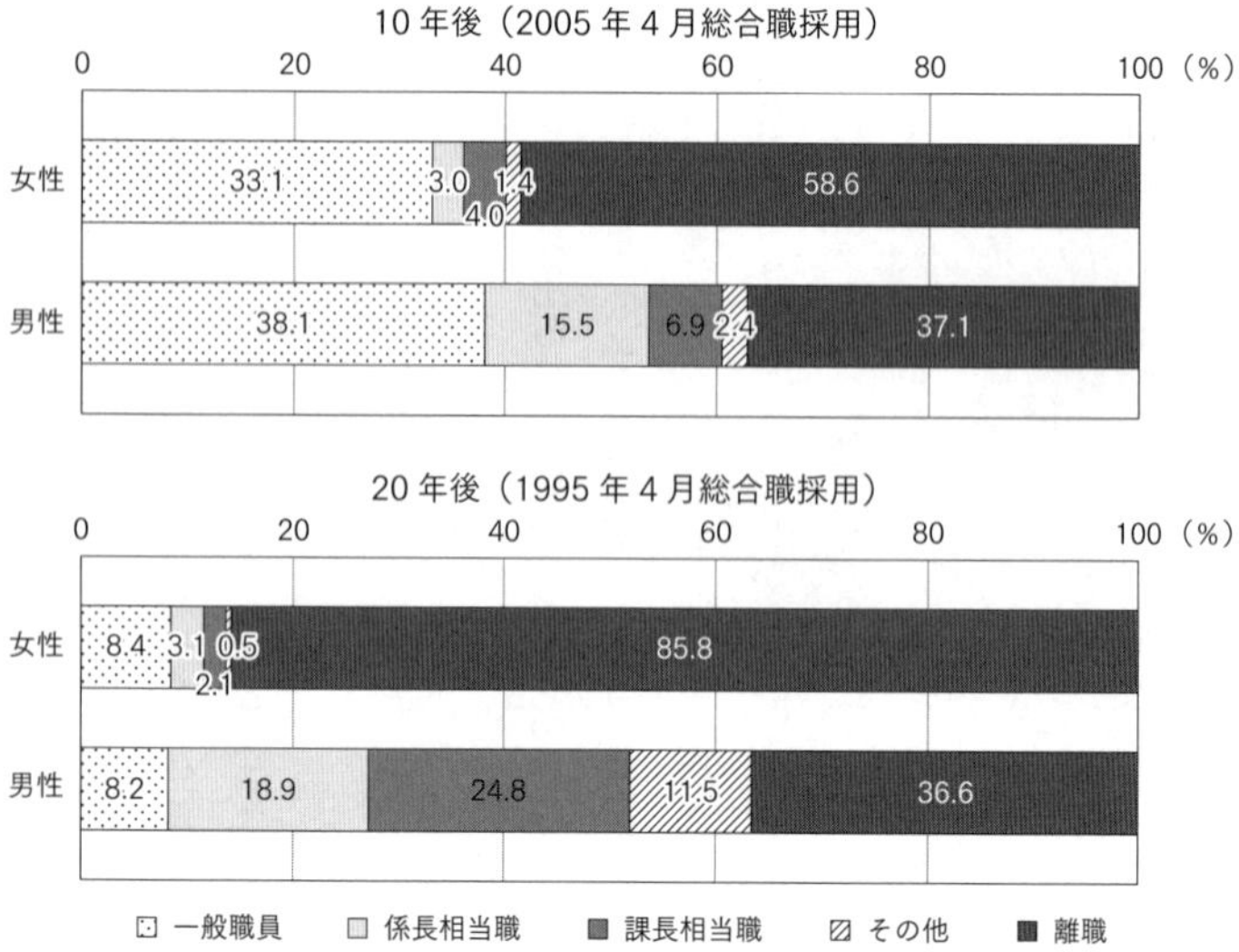

（出所） 厚生労働省「〔平成 26 年度〕コース別雇用管理制度の実施・指導状況（確報版）」より作成。

般職」）などのコースを設定して雇用管理を行なうものである。コースごとに待遇が異なっても、性別で分けているのではないので、男女雇用機会均等法には違反しない。

その結果、女性の働き方はどのように変わっただろうか。厚生労働省がまとめている「〔平成二六年度〕コース別雇用管理制度の実施・指導状況」（二〇一五年）をみてみよう。

図8-8は二〇一四（平成二六）年における総合職・一般職それぞれの男女別の採用状況を示している。一四年四月採用者でも、総合職は女性二二・二％、男性七七・八％、一般職は女性八二・一％、男性一七・九％である。総合職として採用された女性は総合職全体の約二割にとどまっている。

またこの調査は、この調査の一〇年前（二〇〇五年）、二〇年前（一九九五年）に総合職として採用された労働者の一〇年後、二〇年後の状況も調査している（図8-9）。一〇年、二〇年と経過するにつれ、男性と女性の間で管理職の比率に大きな差がついていることがわかる。それよりも驚くべきは女性の離職率の高さである。一〇年後では女性の約六割、二〇年後では八割以上が離職しているのである。

どうしてこんなことになるのだろう。その理由の一つは転勤である。総合職は「転居を伴う配置転換をしながらキャリアを積むコース」とされ、一般職は「転居を伴わない範囲での配置転換があるコー

2　総合職、一般職のほかに、地域限定総合職、エリア総合職といった両者の中間のコースを設けている企業もある。これは転勤がないか、あっても地域が限定されている総合職である。

ス」とされた。[2] 高度経済成長期・安定成長期には、転勤はサラリーマンの踏み絵となり、また家族帯同を求められた専業主婦の妻たちの踏み絵ともなったが、男女雇用機会均等法のあと、こんどは働く女性自身の踏み絵となった。この転勤要件は、まず応募の時点で女性に総合職に応募するかどうかの踏み絵となり、総合職に採用されたのちも、仕事を継続するかどうかの踏み絵となった。

均等法第一世代

大内章子は、一九八五（昭和六〇）年の男女雇用機会均等法制定の前後に入社した均等法第一世代の総合職女性を対象に、九三年、九八年、二〇〇三年〜〇五年に継続して追跡調査を行なっている。二〇〇三年〜〇五年調査の対象者五八名のうち、初職継続者が二九名、初職退職者が二九名、約二〇年で半数が退職していることになる。退職者二九名のうち、独身者が三名、結婚経験者（子どもなし）が五名、結婚経験者（子どもあり）が二一名である（大内章子「均等法世代の総合職女性の離転職行動」『組織科学』第四一巻第二号、三三頁）。

一九九八（平成一〇）年調査時点での退職者一九名に対するインタビュー調査からその声をいくつか拾ってみよう。

《結婚退職型》きっかけは社内結婚だったこと。結婚してすぐに自分が転勤になった。［……］また自分が東京に戻っても次は夫が転勤になるだろう。自分の私生活をこれ以上会社のために犠牲にできないと思った。別居もある程度はやむを得なくとも、そうそう離れるわけにはいかない。［……］社内結婚禁止の明文化したものはないが、転勤が多いため結局は女性は働き続けられない（大内章子「女性総合職・基幹職の実態調査」『三田商学研究』第四二巻第一号、一三六頁）。［二〇〇三年～〇五年調査時、フルタイム契約社員、第二子育児休業中］

《結婚退職型》仕事そのものは男女関係なくやれて、気に入っていた。しかし、毎晩一一時過ぎに退社する日々が増え［……］、仕事が忙しく、今は健康でもこの調子ではいつか身体を壊すかもしれないと思っていた。また、育児をしながら続けている友人が夫婦両方の親の助けを借りても大変なのを見て、将来子供が産まれた時に、自分たちには面倒を見てくれる親もいないので、育児と仕事の両立は難しいとも思っていた。そのため、夫（社内）の海外赴任が決まった時を機に退職することにした（同一三八頁）。［二〇〇三年～〇五年調査時、無職子どもあり］

《育児退職型》入社当時は、家事育児を両立させながら働く女性を夢見ていたが、結婚後（入社五年目）、「子供ができたら育児に専念したい」と思い始め、妊娠がわかってすぐ退職を願い出た。退職の理由は、（一）現在の仕事、家事量に育児が加われば、体力的・精神的にきついと思ったこと、（二）無理をして続けてもどれも中途半端になりそうで、それが嫌だったこと、（三）「三つ子の魂百まで」というので、まず育児に専念し、子育てが一段落したら社会復帰すればよいと考えたことであった（同一四五頁）。［二〇〇三年〜〇五年調査時、ボランティア活動］「結婚退職型」では、本人または夫の転勤が就業継続の障害になることが多く、「育児退職型」では仕事と家事・育児のワーク・ライフ・バランスが問題となっている。

当事者である女性総合職の眼からみた男女雇用機会均等法の問題はどこにあったのだろうか。出産後も初職を継続している「育児継続型」の女性は次のように述べている。

専業主婦という銃後の守りとのセットで男性企業戦士を雇用しているのが未だ雇用慣行の主流だと思うが、経済の発展＝国民の幸せという図式が崩れた今、銃後に徹するのも前線に出て行くのも陳腐化した選択だと思う。もちろん、専業主婦（主夫）やワーカホリックが個性に適っている人を否定するつもりはない。問題なのは現在の雇用慣行が個人の選択の幅を極端に狭めていることだ（同一四一頁）。

戦後に作られた企業の階層秩序（図8-6）では、企業の正式メンバーは男性正社員であった。女性は結婚退職までの短期的メンバーであるOLか、非正規雇用の中高年パートタイマーであった。女性の幹部社員への昇進には「ガラスの天井」があった。男女雇用機会均等法はこの「ガラスの天井」を打ち砕くものであるようにみえた。そのやり方には二通りあったはずである。一つは旧来の男性正社員の働き方を変えて、男性も女性もともに企業の正式メンバーとして働ける職場にすることであり、もう一つは旧来の男性正社員の働き方はそのままにしておいて、女性をそこにはめこむことである。

男女雇用機会均等法のあと企業が導入したコース別雇用管理は、従来の男性正社員の働き方を「総合職」、短期的メンバーシップのOLの働き方を「一般職」と言い換えたものである。第5章でみたように、日本特有のメンバーシップ型雇用の特徴は職務・時間・空間の無限定性であった。企業の正式メンバーであった男性正社員は、命じられればどんな職務でも、残業・休日出勤・転勤もいとわず、無限定的に働く「モーレツ社員」であった。それまでは男性にしか開かれていなかった正規メンバーシップを、もし男性と同じように「モーレツ社員」として働くのであれば、女性にも門戸を開きましょう、というのが「雇用の分野における男女の均等な機会及び待遇の確保を図る」ということの意味であった。

しかし、男性が無限定的に働くことができたのは、専業主婦の妻が家事・育児いっさいを引き受けていたからであった。総合職で採用された女性にはもちろん専業主婦の妻はいない。そうすると「前線」に出て「負け犬」になるか、退職して「銃後に徹する」か、どちらかの選択肢しかなかった（「負け犬」が新語・流行語大賞に選ばれたのは二〇〇四年のことである）。[3] 二〇年後の離職率八五・八％がそれを物語っている。

3　大内の追跡調査によれば、初職継続者二九名のうち、独身者が八名、結婚経験者（子どもなし）が八名、結婚経験者（子どもあり）が一三名である（大内章子「均等法世代の総合職女性の離転職行動」『組織科学』第四一巻第二号、三三頁）。

男女がともに働ける社会を意図して策定されたはずの均等法は、意図せざる結果として性別分業を維持している（筒井淳也『仕事と家族』九九頁）。その理由は従来の「男性的働き方」における無限定性を緩和したうえで女性をそこに呼びこむのではなく、従来どおりの男性的働き方のなかに女性を組み入れようとしてきたことにある（同一一三頁）。

男女雇用機会均等法は、その意図に反して「ガラスの天井」を破ることには成功しなかった。問題は女性の能力や意欲にあったのではなく、男性の働き方のほうにあった。男性の働き方については次節でみることにしよう[4]。

ジェンダーの八五年体制

一九八五年は男女雇用機会均等法以外にも、女性の働き方に影響を与える法律の制定や改正が行なわれた。

一つは労働者派遣法の制定である。この法律はそれまで認められていなかった、他の事業者に労働者を派遣する事業を認めるものである。八五年には対象業務は専門性の高い一三の事業に限定されていたが、徐々に広げられ、九九（平成一一）年には特定業務以外、原則どの業種にも派遣が認められるようになった。これによって派遣労働者という新しいタイプの非正規雇用が増えていった。とくに、一般職のＯＬが派遣労働者に置き換えられていった。

もう一つは国民年金法の改正である。この改正によって、年金は国民全員が加入する基礎年金と、これに上乗せされる厚生年金や共済年金の二階建てに再編成され、自営業者など基礎年金だけに加入する第一号被保険者、会社員や公務員など厚生年金や共済年金に加入する第二号被保険者のほかに、保険料を負担することなく基礎年金を受給できる第三号被保険者が設けられた。第三号被保険者は、第二号被保険者に扶養される配偶者（ほとんどは妻）で、年収が一三〇万円未満であることが条件である。これを超えると、扶養から外れ、自分で厚生年金保険料（第二号被保険者）または国民年金保険料（第一号被保険者）を負担しなければならなくなる。これに加えて健康保険料も負担することになる。このため年収が一三〇万円を超えないように就業調整を行なう、[5] これが「一三〇万円の壁」である。[6]

4　そもそも男女雇用機会均等法が「男女がともに働ける社会を意図」していたかどうかは疑わしいところがある。もともと一九七九（昭和五四）年に国連総会で女子差別撤廃条約が採択されて、翌年日本もこの条約に署名した。この条約を批准するための国内法整備の一環として制定されたのが男女雇用機会均等法であった。それはいわば外圧の産物であった。当時「ジャパン・アズ・ナンバーワン」の栄華に酔い、バブル経済に向かっていた日本に、その成功の秘密とされていた日本的経営を見直そうという内発的な動機は乏しかったであろう。

5　内閣府『令和四年版』男女共同参画白書』（二〇二二年）によれば、「有配偶の非正規雇用労働者の女性では、所得が五〇～九九万円の者の五七・五％、所得が一〇〇～一四九万円の者の五四・四％が、収入を一定の金額以下に抑えるために就業時間や日数を調整する『就業調整』をしていると回答している」。

6　パートタイマーの賃金は最低賃金にすこし上乗せした程度なので、東京都であれば一日五時間、週五日くらいが上限だろう。

落合恵美子は、国民年金法改正・男女雇用機会均等法制定・労働者派遣法制定によって作りだされたジェンダーのあり方を「ジェンダーの八五年体制」（落合恵美子『21世紀家族へ〔第四版〕』二七二頁）と呼んでいる。「これらの新制度により日本の女性は『主婦』『キャリアウーマン』『パート・派遣労働者』に三分割され」（同）た。八五年の改革は、「ガラスの天井」を突き破ったキャリアウーマンを生むと同時に、「ガラスの天井」に跳ね返された派遣労働者や、「一三〇万円の壁」の前で立ちすくむ多くの主婦パートタイマーを生んだ。

直美は専業主婦になったか?

それでは直美は専業主婦になっただろうか。

直美は一九六九（昭和四四）年に生まれ、九〇（平成二）年短大を卒業後、就職し、九五（平成七）年、健一と結婚した。そして、九七（平成九）年、長女・明日香を、二〇〇〇（平成一二）年、長男・翔をもうけた。

図8-10は第一子出産前後の妻の就業経歴の推移を示したものである。下から、就業継続（育休利用）、就業継続（育休なし）、出産退職である。ここまでが第一子出産前に就業していた者である。直美が第一子・明日香を出産した一九九七（平成九）年を含む九五年〜九九年をみると、第一子出産前に就業していた妻のうち、出産から一年後に就業を継続しているのが三八・一%であるのに対して、六一・九%が出産退職している。直美も出産を機に退職した可能性が高いだろう。二〇一〇年〜一四年になると就業

図 8-10　第 1 子出産前後の妻の就業経歴の推移

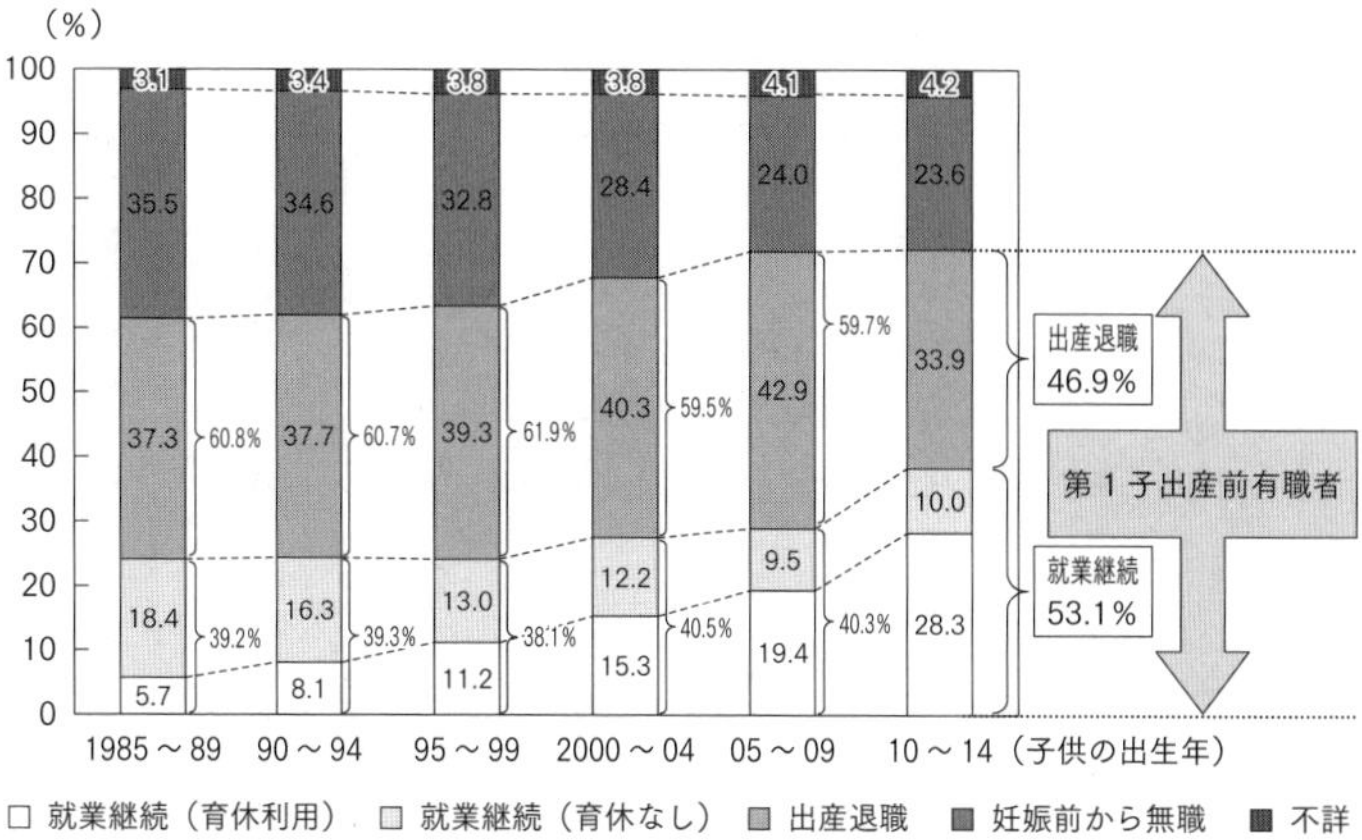

（注）「就業継続（育休利用）」は「妊娠判明時就業～育児休業取得～子ども 1 歳時就業」。「就業継続（育休なし）」は「妊娠判明時就業～育児休業取得なし～子ども 1 歳時就業」。「出産退職」は「妊娠判明時就業～子ども 1 歳時無職」。「妊娠前から無職」は「妊娠判明時無職」。

（出所）　内閣府男女共同参画局『〔令和 4 年版〕男女共同参画白書』137 頁より作成。

図 8-11　女性の年齢階級別労働力率の推移（1975 年，2003 年，2020 年）

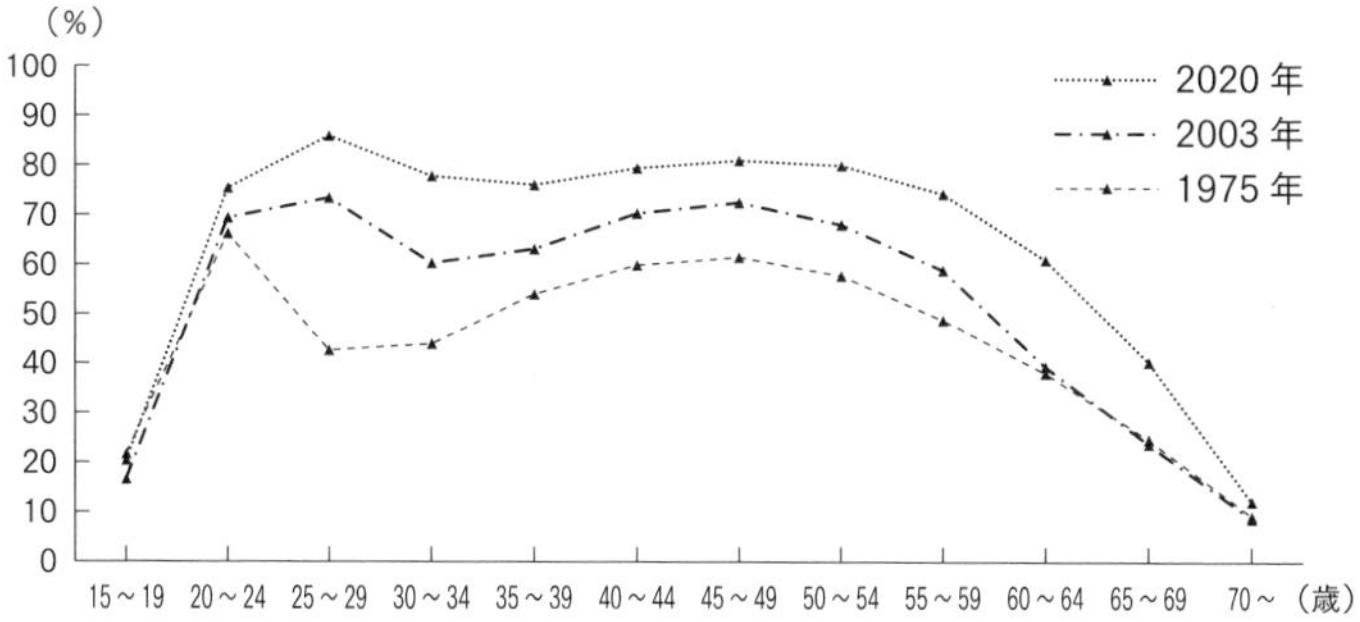

（出所）　労働政策研究・研修機構「早わかり　グラフでみる長期労働統計」より作成。

継続が五三・一％と逆転している。うち約四分の三が育児休業制度を利用している。育児休業制度が女性の就業継続に効果を上げていることがわかる。しかし次節でみるように、問題はむしろ育休明けである。

直美はいったん出産退職するが、子どもの手が離れるとまた働き始めただろう。こんどは女性の年齢階級別の労働力率をみてみよう。図8-11は、一九七五（昭和五〇）年の労働力率を表した図4-5（八〇頁）に、二〇〇三（平成一五）年、二〇（令和二）年のグラフを重ねたものである。一九七五年は女性の労働力率が四五・七％と戦後最低となった年である。誠は三歳、六子は三二歳、専業主婦として育児に追われていただろう。二〇〇三年、翔も同じく三歳、直美は三四歳である。二〇年は直近のグラフである。

三つのグラフを比べてみると、M字の底が浅くなり、だんだん男性と同じような台形に近づいていることがわかる。これは未婚化の進行にともなって働き続ける女性が増えていること、結婚・出産後も働く女性が増えていることを示している。またM字型の谷の部分が右に移動しているのは晩婚化・晩産化の影響である。二〇〇三年、三〇歳から三四歳の女性の労働力率は六〇・三％である。直美もパートタイマーか派遣社員として働いている可能性が高いだろう。

もう専業主婦にはなれない

図8-12は、二〇二一（令和三）年の夫婦と子どもからなる世帯（夫が雇用者）の年齢階級別にみた妻

図 8-12　夫婦と子どもからなる世帯の妻の就業状態別割合
（妻の年齢階級別）

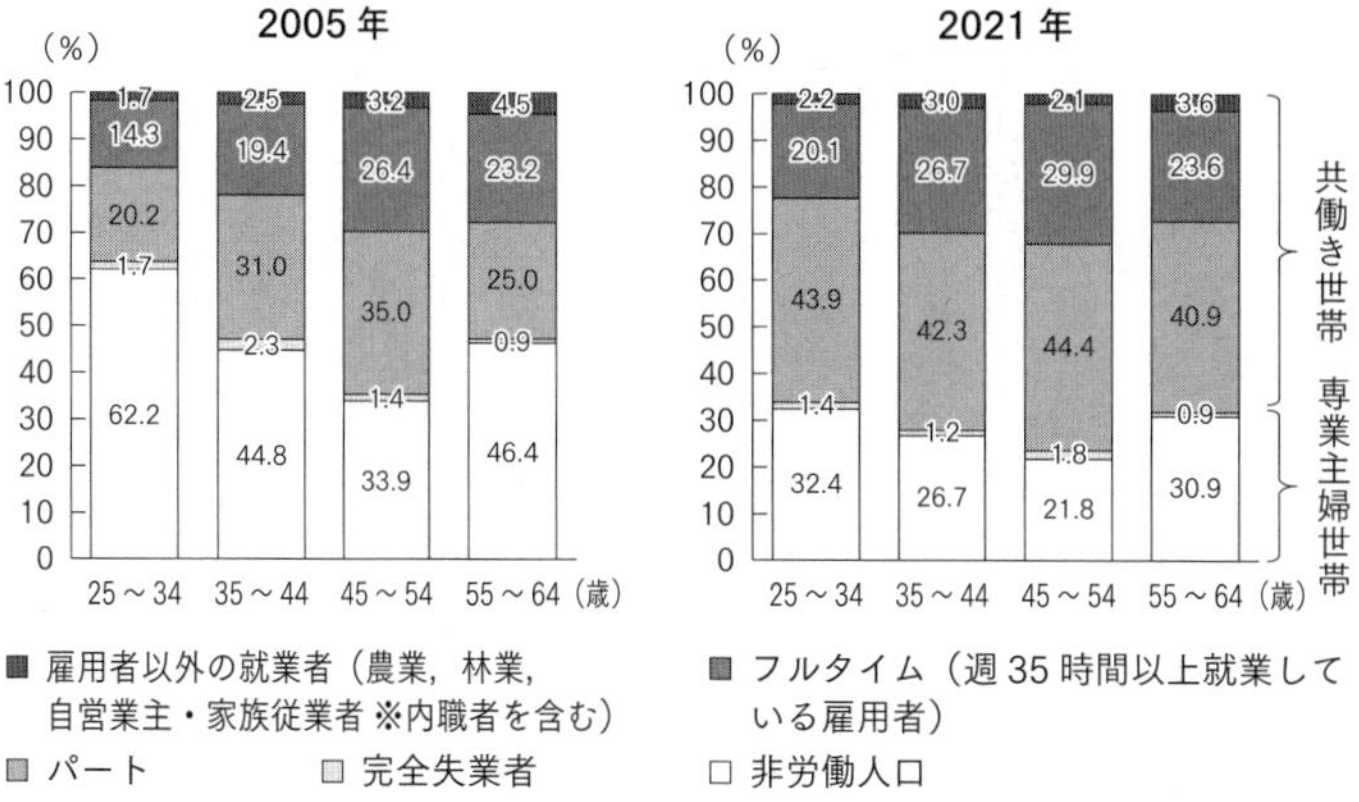

（注）　夫が非農林業雇用者でありかつ週 35 時間以上就業している世帯。
（出所）　内閣府男女共同参画局『〔令和 4 年版〕男女共同参画白書』20 頁より作成。

の就業状態別割合を示したものであり、子どものいる家族の現在の姿をよく表している。大きく、専業主婦世帯（非労働力人口に失業者を加えたもの）と共働き世帯に分かれ、共働き世帯がさらに、妻がパートタイム労働である世帯、フルタイム労働である世帯、雇用者以外の就業者である世帯に分かれている。二〇〇五（平成一七）年と比べると、いずれの年齢層でも専業主婦世帯が大きく減少していることがわかる。共働き世帯では、妻がパートタイム労働である世帯が大きく増え、どの年齢層でも四〇～四五％となっている。妻がフルタイム労働である世帯はどの年齢層でも二〇％台である。二五歳から三四歳、三五歳から四四歳の年齢層で増加しているのは育児休業制度の効果だろう。二一年、直美は五二歳、おそらくまだ現役で働いているだろう。

　これは結婚して子どもがいる世帯のみの話であ

る。図7-3（一六六頁）によれば、二〇二〇年、二五歳から二九歳の女性の六二・四％はまだ結婚していない。三〇歳から三四歳でも三五・二％は未婚である。二〇代後半と三〇代前半を合わせると、有配偶率は四五・二％（総務省統計局「〔令和二年〕国勢調査　人口等基本集計結果　結果の概要」）。結婚しているのは半分にも届かない。このうち一割は子どもをもっていないと仮定しておくと[7]、この年齢層で結婚していてかつ子どもがいる女性は全体の約四割である。そして、図8-12によれば、二一年、夫が雇用者である、二五歳から三四歳の子どもをもつ有配偶女性で、専業主婦であるのは三三・八％。したがって、乱暴な計算だが、二一年現在、子どもをもつ二五歳から三四歳の有配偶女性のうち専業主婦であるのは、同じ年齢層の女性全体の約一割四分である。これに子どもをもたない専業主婦、夫が雇用者以外の専業主婦を加えてもおそらく二割にもならないだろう。いまや専業主婦は「狭き門」である。

第二の近代家族

六子と勇が作った家族を「近代家族」と呼んだ。その主な特徴は三つあった。

①夫婦と未婚の子どもからなる核家族である。
②みんなが結婚して二、三人の子どもがいる。
③夫が雇用者であり妻が専業主婦である。

直美と健一が作った家族も①の条件には合致している。直美も夫婦と子ども二人の核家族という、六子と同じ形の家族を形成した。

②は、すでに前節でみたように、直美の世代では二〇%近くは結婚していないし、結婚しても子どもをもたない女性も約五%いる。結婚して子どもを二、三人もつ女性は約六割である。もはやみんながみんな結婚するわけではないし、みんながみんな二、三人の子どもをもつわけではない。

大きく変化したのは③である。第二子・誠が三歳になった一九七五(昭和五〇)年(六子三二歳)、三〇歳から三四歳の女性の労働力率は四三・九%だった(一九九頁図8-11)。半分以上は働く意思を持っていない。これに対し、同じく第二子・翔が三歳になった二〇〇三(平成一五)年(直美三四歳)、三〇歳から三四歳の女性の労働力率は六〇・三%、六割を超えている。六子が「夫が雇用者であり妻が専業主婦である」という性別分業を特徴とする家族を作ったのに対し、直美は夫婦共働きの家族を作っただろう。現在では専業主婦になることはたいへんむずかしい。

直美が作った家族の特徴は以下のとおりである。

①夫婦と未婚の子どもからなる核家族である。

②みんながみんな結婚するわけではないし、みんながみんな二、三人の子どもをもつわけではない。

③夫も妻も働く共働き世帯である。

7　正確な数字はわからないが、国立社会保障・人口問題研究所が行なった「第一六回出生動向基本調査」によれば、二〇二一年、結婚持続期間五年から九年の初婚同士の夫婦で、無子の夫婦の割合は一二・三%である。

このような特徴をもつ「第二の近代社会」における家族を「第二の近代家族」と呼ぶことにしよう。

前節で、「第二の近代社会」における家族の形が多様になっていることを述べたが、「第二の近代社会」においては働き方も多様になっている。直美はもしかしたら大学に進学したかもしれない。その場合、一九九二(平成四)年に卒業、ぎりぎりで「就職氷河期」の直前にすべりこみで就職しただろう。すでに男女雇用機会均等法が施行され、コース別雇用管理が始まっていた。直美は総合職を選択したかもしれないし、一般職を選択したかもしれない。総合職を選択した場合、ばりばりのキャリアウーマンとなっていたかもしれない。その場合、結婚しなかったかもしれないし、あるいは健一と結婚して、子どもをもたず二人とも無限定的に働いたかもしれない(そのような夫婦は「DINKs《ディンクス》(Double Income No Kids)」と呼ばれた)。あるいは九一(平成三)年に導入された育児休業制度を利用して子育てしながら仕事を継続したかもしれないし、出産を機に退職したかもしれない。どちらかの両親が近くにいて子どもの世話を手伝ってくれるかどうかもこれに大きな影響を与えただろう。あるいはいったん退職したあと、派遣社員かパートタイマーとして再就職したかもしれない。そして、これらの選択は健一の働き方と関連し、直美の働き方と健一の働き方の組み合わせに応じて、多様な「第二の近代家族」の形が作りだされた。

それでは次に「第二の近代社会」における男性の働き方についてみていこう。

図8-13　学校種類別の進学率の推移

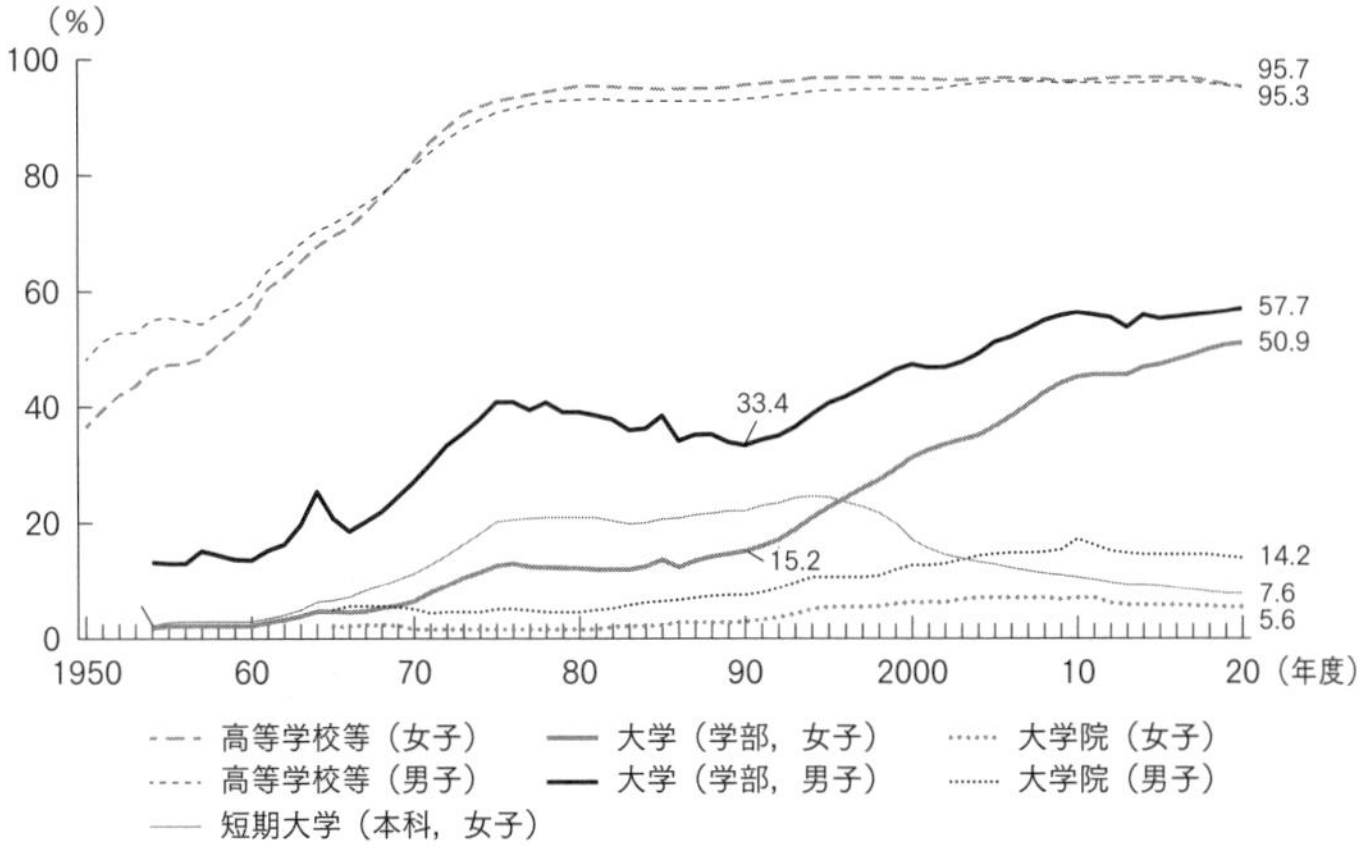

（出所）　内閣府男女共同参画局『〔令和3年版〕男女共同参画白書』125頁より作成。

3　ロストジェネレーション——誠の場合

誠

やっと誠の出番である。誠のプロフィールを振り返っておこう。誠は一九七二（昭和四七）年三月、高度経済成長期末期、第二次ベビーブーム世代（七一～七四年）の一人として、もしかしたら東京郊外の団地で生まれたかもしれない。「ジャパン・アズ・ナンバーワン」の安定成長期にファミコン（八三年発売）とともに育っただろう。日本が絶好調だった時代に生まれ育った世代である。

一九九〇（平成二）年、バブルの真っただ中、誠は高校を卒業して、大学に進学する。図8-13は戦後における学校種類別の進学率の推移を表したものである。誠が高校を卒業する九〇年の大学進学率（浪人を含む）は全国平均で男子三三・四

図8-14　高卒者・大卒者の就職率とフリーター・無業者数の推移

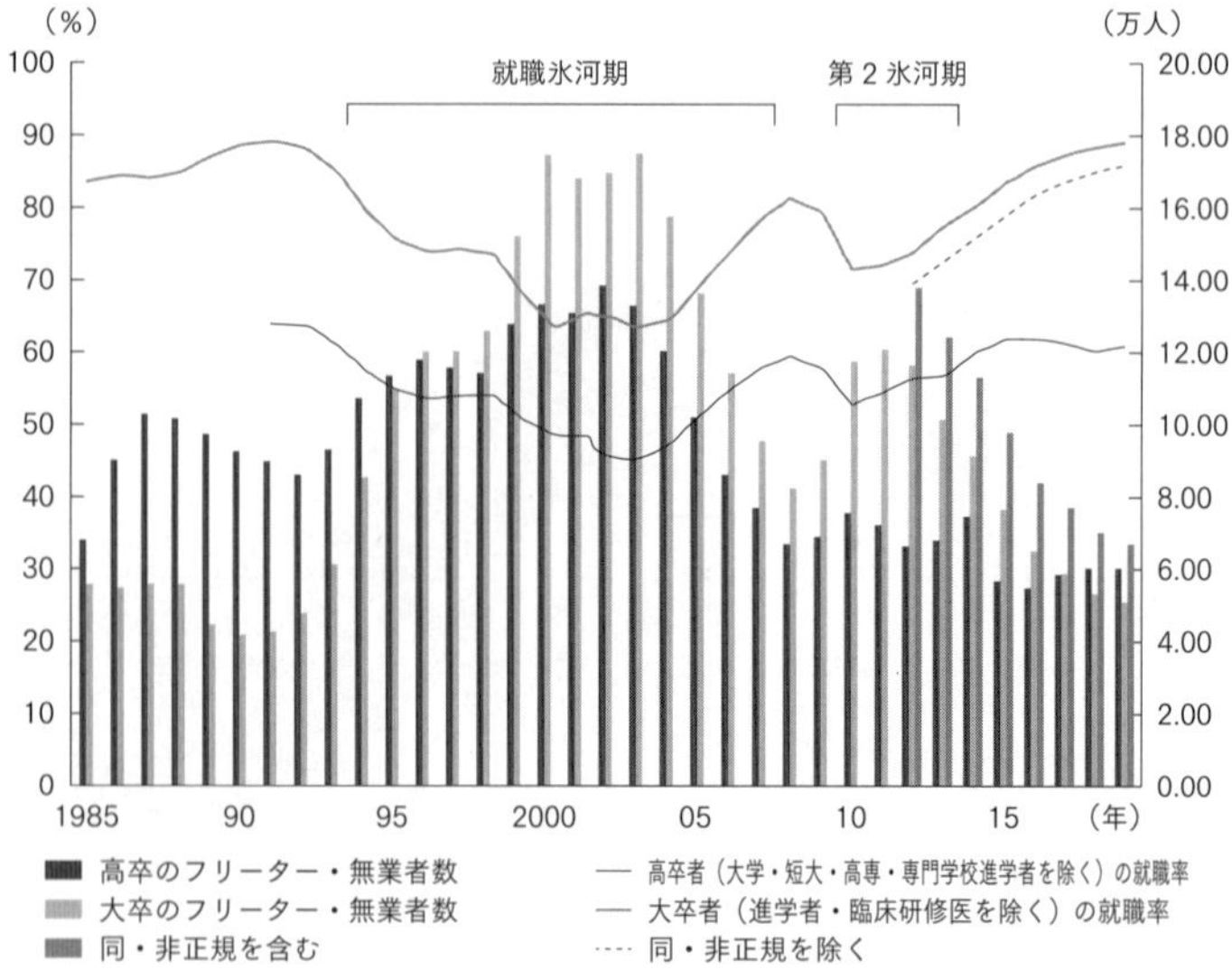

（出所）　橋本健二『アンダークラス 2030』60-1頁より作成。

%、女子一五・二%だった（文部科学省「文部科学統計要覧（令和三年版）」）。ここで就職するか、大学に進学するかは誠の人生にとって大きな分岐点であった。九〇年の新規高卒求人数は約一三〇万人、求人倍率は二・五倍を超えていた（厚生労働省「平成二二年度高校・中学新卒者の就職内定状況等（平成二二年一一月末現在）」）。誠も就職を希望していれば容易に就職できていただろう。あるいは（自発的にアルバイトを選択する人というもともとの意味での）フリーターになっていたかもしれない。ここでは大学に進学したとしておこう。誠の大学在学中にバブルが崩壊し、誠が卒業する九四（平成六）年には「就職氷河期」が流行語になっていた。

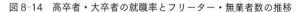

就職氷河期

一九九一（平成三）年のバブル崩壊後、企業は新卒採用の抑制を始め、卒業後正社員になれず、非正規雇用に就く新卒者が増えた。これが就職氷河期世代である。図8-14は橋本健二が作成した、新規高卒者と新規大卒者の就職率と、卒業後（やむをえずパートタイマー・アルバイトなどで働かざるをえない人という意味での）フリーター・無業者となった者の数の推移を示したグラフである。折れ線グラフは高卒者、大卒者それぞれの就職率、棒グラフはフリーター・無業者の実数を表している。[8]

橋本は、就職率が急低下する一九九四（平成六）年からいったん回復する二〇〇七（平成一九）年までを「就職氷河期」としている。そして、〇八（平成二〇）年のリーマン・ショック後、ふたたび就職率

8　図8-14は橋本が学校基本調査を独自に加工したものである。まず就職率は、高卒者の場合、卒業者から大学や専門学校等に進学した者を除いた数字を、大卒者の場合、卒業者から大学院進学者と臨床研修医になった者を除いた数字を分母として計算している。また学校基本調査が卒業者の進路を分類したもののうち、「一時的な仕事に就いた者（パート・アルバイトなど）」「死亡・不詳のもの」「左記以外の者（進学も就職もしていない者）」の合計を「フリーター・無業者」としている。二〇一二（平成二四）年以降は大卒者のうちそれまで「就職者」に含まれていた「正規の職員等」と「正規の職員等でない者」の内訳が示されるようになり、「フリーター・無業者」に「正規の職員等でない者」を加えたグラフが追加されている。「正規の職員等」と「正規の職員等でない者」の違いは雇用期間の定めがあるかないかであり、「正規の職員等でない者」と「一時的な仕事に就いた者」の違いは雇用期間の定めが一年以上であるか一年未満であるかによる。「正規の職員等でない者」とは具体的には「フルタイムの契約社員、フルタイムの派遣社員など」である（文部科学省「令和元年度学校基本調査〔確定値〕の公表について」）。「正規の職員等でない者」と「一時的な仕事に就いた者」の合計が非正規雇用者である。

が低下した一〇（平成二二）年から一三（平成二五）年までを「第二氷河期」と呼んでいる。
就職氷河期はまず新規高卒者から始まり、続いて大卒者にも広がっていった。はじめは高卒者からフリーター・無業者数が上昇するが、一九九六（平成八）年には大卒者が追いこす。

新規高卒求人数は、バブル絶頂期であり一八歳人口もピークであった一九九二年には一六五万人を超え、求人倍率は三・三倍に達していたが、九五年には六〇万人、二〇〇〇年には二三万人へと激減した。就職先を失った高卒者の中では非正規労働者や無業者が増加するとともに、大学や専修学校への進学者が急増した。九〇年には二五％にとどまっていた四年制大学への進学率は、二〇〇九年までに倍増して五〇％を超えた。特に女子の四年制大学進学率の上昇は顕著であり、九〇年の一三％から二〇一八年には四八％と男子の進学率に迫っている。[9]／しかし、大学の出口においても就職難は待ち構えていた。進学率の上昇とともに増加した大卒者の中で、増加した人数がほぼそのまま安定した就職先を得られない事態が二〇〇三年頃まで続き、同年には新規大卒者の中で「進学も就職もしていない者」と「一時的な仕事に就いた者」を合わせた比率が二七％に達した（本田由紀「若者の困難・教育の陥穽」吉見俊哉編『平成史講義』一三八頁）。

もう一度図8-13をみてみよう。男子の四年制大学への進学率（浪人を含む）は戦後順調に上昇を続けるが、一九七五（昭和五〇）年に四一・〇％に達した後、九〇（平成二）年の三三・四％までジグザグした動きを続け、そこからふたたび上昇を始め、九五（平成七）年には四〇％、二〇〇五（平成一七）年には五〇％を超えた。女子の短大・四年制大学への進学率（浪人も含む）も一九七六（昭和五一）年の三五・一％まで上昇した後、いったん伸び悩むが、九二（平成四）年に四〇％、二〇〇六（平成一八）年に五〇％を超える。この間、一九九六（平成八）年には短期大学進学率と四年制大学進学率が逆転し、四年制大学への進学率が二〇〇七（平成一九）年には四〇％、一八（平成三〇）年には五〇％を超えた。いまでは男女とも半分以上が四年制大学に通うようになっている（文部科学省「文部科学統計要覧（令和三年版）」）。

大学進学率が上昇し続けたのは、大学定員の拡大によるものである。第二次ベビーブーム世代が大学受験期を迎えるのを控えて、文部省（当時）は一九八六（昭和六一）年から大学の臨時的な定員増を始めた。それは第二次ベビーブーム世代が通り過ぎたら解消されるはずであったが、大学志願者数の大幅な増加を受けて、臨時的であったはずの定員増がその後も維持された。その結果、臨時的な定員増が始まる直前の八五（昭和六〇）年に約四一万人だった大学入学者は、誠が大学に入学した九〇（平成二）年には約四九万人、二〇〇〇（平成一二）年には約六〇万人となり、現在まで続いている。

この増加した大学卒業生を就職氷河期が待ち構えていた。もう一度図8-14をみてみよう。まずバブ

9　文部科学省「文部科学統計要覧（令和三年版）」によれば、一九九〇年の女子の四年制大学進学率（浪人を含む）は一五・二％、二〇一八年は五〇・一％である。

ル崩壊直前、一九九〇（平成二）年に大学を卒業した大卒者の卒業後の状況をみておこう。卒業者は約四〇万人、就職率は約八九％、フリーター・無業者になった者の数は約四万二千人だった。誠が大学を卒業し、就職氷河期が始まった九四（平成六）年には、卒業者が約四六万人、就職率は約七九％、フリーター・無業者になった者の数は約八万六千人になっていた。しかしこれはまだ氷河期のほんの入り口だった。就職率はその後急落し、就職率がもっとも落ちこんだ二〇〇〇（平成一二）年には、卒業者が約五四万人、就職率は約六三％、フリーター・無業者になった者の数は約一七万四千人となった。一〇人に四人はフリーター・無業者だった。一九九〇年から二〇〇〇年の間に増加した大卒者がそのままフリーター・無業者になったことになる。〇三（平成一五）年にもう一度ピークがあるが、その後は持ち直し、氷河期最後の〇七（平成一九）年には、卒業生は約五六万人、就職率は約七八％まで回復し、フリーター・無業者になった者の数は約九万五千人である。[10]

橋本と同じ方法で計算すると、就職氷河期の一四年間の通算で、高校を卒業してフリーター・無業者になった者の合計が約一六一万人、大学を卒業してフリーター・無業者になった者の合計が約一九〇万人、計三五一万人の若者をフリーター・無業者として社会に送り出してしまった。「学校基本調査」のいう就職者のなかには契約社員・派遣社員として働く「正規の職員等でない者」も含まれているので、じっさいには学校卒業後非正規雇用で働きはじめた若者はさらに多かった。

高度経済成長期には、三月に学校を卒業したばかりの新卒者が年度をまたいで四月一日に入社式に出席していっせいに社会人になっていった。六子も勇もそのようにして就職した。しかし、一世代を経て六子や勇の子どもたちの世代は、みんながみんな六子や勇と同じように就職できたわけではなかった。

戦後日本型循環モデル

就職氷河期は、高度経済成長期に定着した新規学卒一括採用、「卒業と同時に職業に就く『間断のない』学校から職業への移行メカニズム」（苅谷剛彦）を壊しただけではない。それは、新規学卒一括採用を一部として組み込む「戦後日本型循環モデル」（本田由紀『もじれる社会』六七頁、図8-15）全体を損なった。戦後日本型循環モデルとは、高度経済成長期に形成された教育・仕事・家族という三つの領域の間の循環構造のことである。

10　日本における代表的な奨学金は日本学生支援機構（旧日本育英会）によるものである。返済が不要な給付型も二〇一七（平成二九）年度から部分的に導入されているが、一般的なのは返済が必要な貸与型である。無利子の第一種と有利子の第二種がある。日本学生支援機構によれば、二〇（令和二）年において、日本学生支援機構またはそれ以外の奨学金を受給した大学昼間部の学生の割合は四九・六％である（日本学生支援機構「令和二年度学生生活調査結果」二〇二〇年）。半数の学生はなんらかの奨学金を受給していることになる。日本学生支援機構から貸与型の奨学金を受給した学生は卒業時点で平均して約三二四万円の借金を背負って卒業することになり、月々平均一万六八八〇円を平均して一四・七年返済しなければならない（労働者福祉中央協議会「奨学金や教育費負担に関するアンケート調査　調査結果の要約」二〇一九年）。大学を卒業してフリーター・無業者になるとすぐに返済に困ることになる。正規労働者では「返済が苦しい」が約四割であるのに対して、非正規労働者では六割弱が「苦しい」と回答している（同）。そして、これが結婚・出産・子育てなどの生活設計にも影響を与える（大内裕和『奨学金が日本を滅ぼす』）。

図 8-15　戦後日本型循環モデル

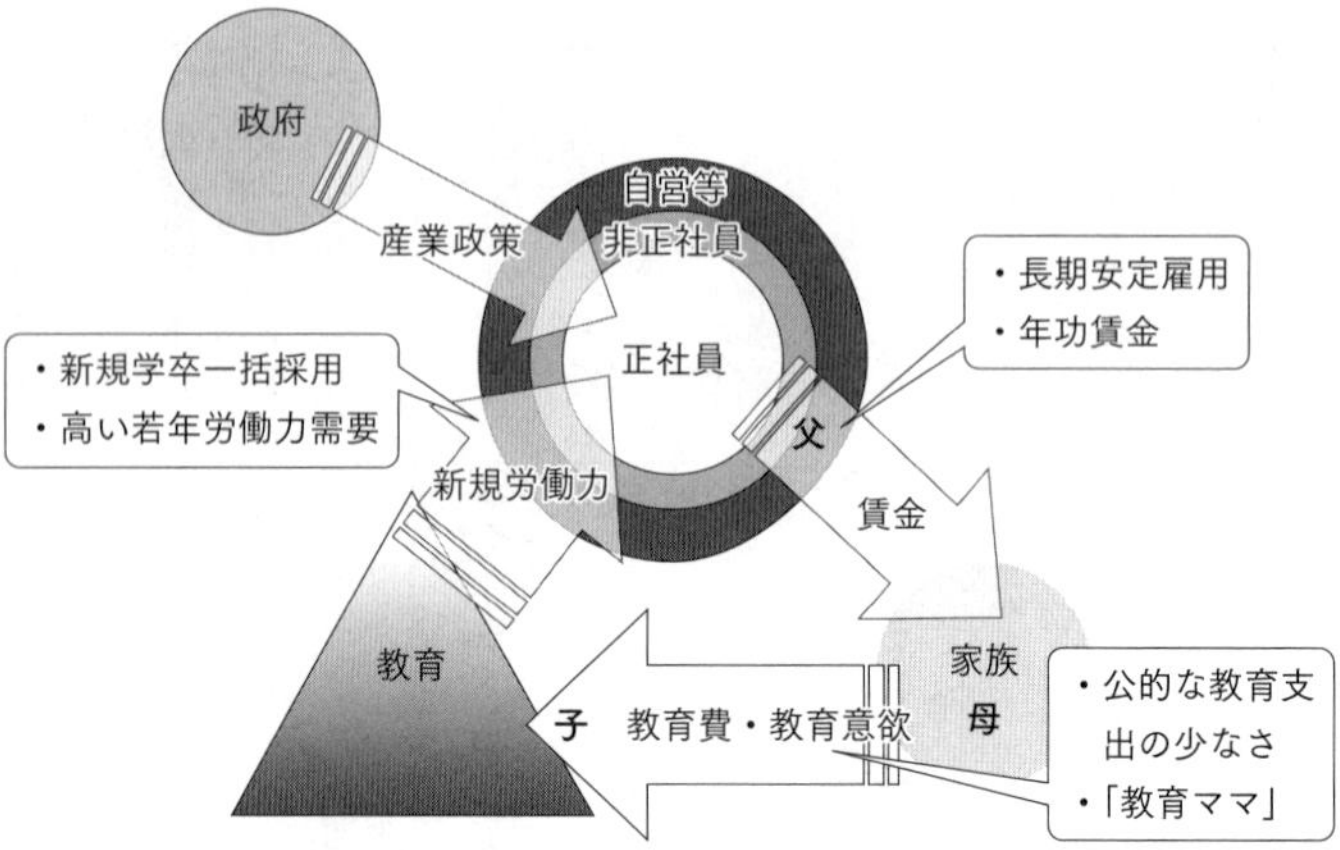

（出所）　本田由紀『もじれる社会』67 頁。

学校に在学している間に就職活動を行って内定を取り、卒業後に年度替わりとともにただちに入社式に出て「正社員」となるという、教育と仕事との間に時間的な隙間がまったくない「新規学卒一括採用」。それに乗って「正社員」になれば、もちろん企業の規模や業種、あるいは個人の学歴などによって賃金水準や昇進可能性には大きな差がありはしましたが、総じて雇用はかなり確実に維持され、賃金も上がっていくことが見込めていました。そして、その見込みに基づいて結婚して子どもをつくる、つまり家族をつくることができていました。家族をつくれば、主に父親が家庭に持ち帰ってくる賃金を、家族の主な支え手としての母親が受け取って、家電や自動車、住居などの消費行動に投入して家庭生活をだんだん豊かにしてゆく。それだけでなく、母親は子どもの学校や塾・おけいごとにも熱心にお金を使い、子どもができるだけ高い学業達成をあげるように後押しをし続ける。このような一連の流れによって社会が「まわって」いた状態が、「戦後日本型循環モデル」なのです（本田由紀『社会を結びなおす』一七頁）。

就職氷河期に学生が卒業後正社員になれなくなると、とたんにこの循環構造はまわらなくなる。

新時代の「日本的経営」

新規学卒者を受け入れる仕事の領域、企業の側では何が起こっていたのだろうか。オイルショック後、女性パートタイマーを犠牲にしつつ、男性正社員の雇用を守り、安定成長期には「ジャパン・アズ・ナンバーワン」の秘密とされ、世界の賞賛を浴びた日本的経営はどうなってしまったのか。

バブル崩壊後の不況のなか、日本的経営にも異変が起こっていた。それをよく示しているのが、日本経営者団体連盟（日経連、現・日本経済団体連合会、経団連）が一九九五（平成七）年に発表した『新時代の「日本的経営」』という報告書である。少し長くなるが、当時の企業側の事情をよく表しているので引用しておこう。

欧米先進諸国は、日本的経営について、いわゆる終身雇用慣行、年功賃金制度、企業別労働組合の三つを象徴的な特徴としてとらえているほか、経営行動としては企業間の系列関係、株式の持ち合いなどもわが国の特徴と指摘している。／しかし、日本的経営の特質は、終身雇用慣行や年功賃金制度といった制度・慣行ではなくて、そうした運営の根本にある「人間中心（尊重）の経営」「長期的視野に立った経営」という理念が日本的経営の基本である、とわれわれは考える。運営面の制度や仕組みは、環境条件の変化に応じて変える必要があるが、基本理念は普遍的性格をもつものであろう（日本経営者団体連盟『新時代の「日本的経営」』二三頁）。

まず、終身雇用慣行・年功賃金制度・企業別労働組合が日本的経営の三本柱であると考えられてきたけれども、これらは制度・慣行にすぎず、その根本にある「人間中心（尊重）の経営」「長期的視野に立った経営」こそ新時代の「日本的経営」の基本理念であって、制度・慣行は環境条件の変化に応じて変えていかなければならない、と述べられる。それでは環境条件の変化に応じてどのように変えていくのか。

最近の雇用形態の動きから今後のあり方を想像してみると、だいたい次の三つのタイプに動いていくものと考えられる。／一つは、従来の長期継続雇用という考え方に立って、企業としても働いてほしい、従業員としても働きたいという、長期蓄積能力活用型グループ。能力開発はOJT［オン・ザ・ジョブ・トレーニング」を中心とし、Off・JT［オフ・ザ・ジョブ・トレーニング」、自己啓発を包括して積極的に行なう。処遇は職務、階層に応じて考える。／二つは、企業の抱える課題解決に、専門的熟練・能力をもって応える、必ずしも長期雇用を前提としない高度専門能力活用型グループであるが、わが国全体の人材の質的レベルを高めるとの観点に立って、Off・JTを中心に能力開発を図るとともに自己啓発の支援を行なう。処遇は、年俸制にみられるように成果と処遇を一致させる。／三つは、企業の求める人材は、職務に応じて定型的業務から専門的業務を遂行できる人までさまざまで、従業員側も余暇活用型から専門的能力の活用型までいろいろいる雇用柔軟型のグループで、必要に応じた能力開発を行なう必要がある。処遇は、職務給などが考えられる（同三三頁）。

図 8-16　新時代の「日本的経営」

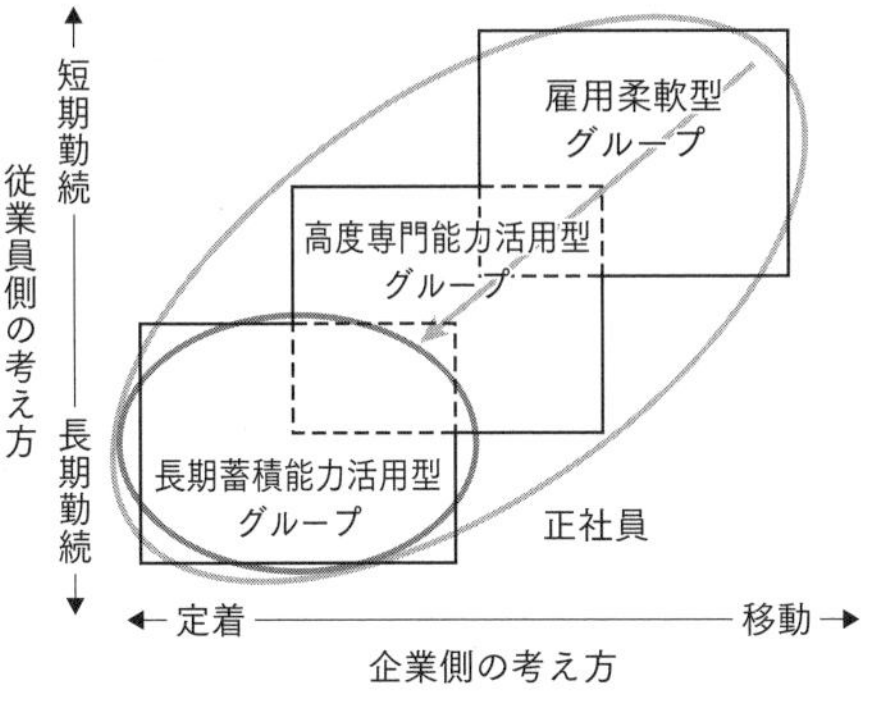

（出所）日本経営者団体連盟『新時代の「日本的経営」』32 頁より作成。

従業員を三つのグループに分けることが述べられている。

「長期蓄積能力活用型グループ」は従来の正社員の働き方をそのまま言い換えたものである。雇用形態は期間の定めのない雇用契約であり、管理職・総合職・技能部門の基幹職がその対象である。採用方針は少数精鋭主義である。「高度専門能力活用型グループ」は企画、営業、研究開発等の専門部門が対象であり、雇用形態は有期雇用契約である。「雇用柔軟型グループ」は従来のパートタイマー・アルバイトの働き方をモデルとして、その対象を従来正社員が担ってきた一般職、技能部門、販売部門まで広げたものである。雇用形態は有期雇用契約である。

『新時代の「日本的経営」』はこの三つのグループの関係を図8-16のように表している。

『新時代の「日本的経営」』が言わんとしているのは、要するに高度経済成長期のように「長期蓄積能力活用型グループ」から「高度専門能力活用型グループ」「雇用柔軟型グループ」まですべてを正社員としてかかえておくことはできないということであった。この方針にそって企業が正社員の少数精鋭化と非正規雇用の拡大を推し進めた結果が就職氷河期であった。「人間中心（尊重）の経営」と「長期的視野に立った経営」が生みだしたものは三五一万人のフリーター・無業者、さらにそれを上回る非正規雇用者であった。このとき正社員の働き方そのものを見直すという選択肢もあったはずである。しかし、じっさいには正社員の働き方には手をつけないまま、正社員を少数精鋭化し、非正規雇用を拡大するという方針がとられた。男女雇用機会均等法が男性正社員の働き方はそのままにしておいて、そこに女性をはめこもうとして犯した失敗に次ぐ二度目の失敗であった。「ドイツで行なわれたような賃金分割をともなうワークシェアリングの導入も検討に値するものと考える」（同三一頁）という一文がおざなりに挿入されているが、真剣に検討された形跡はない。[11]

『新時代の「日本的経営」』はさらに家族の領域に取り返しのつかない結果を残した。

年齢別に分解する

もう一度、雇用の戦後体制と雇用のポスト戦後体制を比較した図8-5（一八四頁）をみてみよう。女性と比べると、男性の働き方はあまり変わっていないようにみえる。二〇二〇年でも八割近くは正規雇用者である。しかし、そこには重大な変化が隠されていた。誰が正規雇用で働き、誰が非正規雇用で働いているのだろうか。これを年齢別に分解してみよう（表8-1）。

バブル崩壊直前の一九九〇（平成二）年、非正規雇用で働いていた男性は八・九％であった。三〇年後、二〇二〇（令和二）年には非正規雇用で働く男性は二二・二％になった。バブル崩壊とともにどの年齢層でも非正規雇用で働く人の割合は増加したが、とくに五五歳から六四歳、六五歳以上で非正規雇用で働く人の比率が高くなっている。これは一二（平成二四）年に改正された高齢者雇用安定法によって六五歳までの継続雇用が義務化されたことにより、六〇歳でいったん定年退職した後、契約社員・嘱託社員として再雇用されるケースが増えていることと、年金額が不十分なため働かざるをえない高齢者が増加しているためであろう。

もう一つ増えているのが、二五歳から三四歳の若年男性である。一九九〇年には三・二％であったのが、二〇二〇年には一四・四％になっている。実数でみても、一九九〇年の二一万人から、一時一〇〇万人を超えたが、二〇二〇年には八一万人になっている（労働政策研究・研修機構「早わかり　グラフでみる長期労働統計」）。

11　欧米諸国はオイルショック後一足早く低成長に沈み、そこから抜け出すために試行錯誤を重ねた。バブル崩壊によって二〇年遅れで低成長に突入したとき、日本はジャパン・アズ・ナンバーワンの成功の秘密とされた日本的経営の核心にある無限定正社員体制を死守しようとした。その結果が「失われた三〇年」である。成功は失敗のもとである。

表 8-1　年齢階級別非正規労働者の割合の推移（男性）

年	年齢計	15〜24 歳	25〜34 歳	35〜44 歳	45〜54 歳	55〜64 歳	65 歳以上
1990	8.9		3.2	3.3	4.3	22.7	50.9
1995	8.9		2.9	2.4	2.9	17.8	50.6
2000	11.7		5.7	3.8	4.2	17.7	54.7
2005	17.7	28.8	12.9	6.9	8.4	27.1	66.7
2010	18.9	25.1	14.0	8.1	8.1	28.9	68.6
2015	21.9	25.3	16.6	9.8	9.0	31.5	71.8
2020	22.2	22.4	14.4	9.0	8.2	26.5	72.0

（注）　15〜24 歳は在学中を除く。
（出所）　内閣府男女共同参画局『〔令和 3 年版〕男女共同参画白書』より作成。

表 8-2　雇用形態別・年齢階級別未婚率（男性・2017 年）

年齢	総数	自営業主	雇用者		
			総数	うち正規雇用	うち非正規雇用
20〜24 歳	93.8	91.6	93.9	91.7	97.2
25〜29 歳	72.2	66.2	72.4	69.5	87.5
30〜34 歳	45.4	42.2	45.4	41.0	77.7
35〜39 歳	31.7	30.3	31.5	27.6	70.1
40〜44 歳	26.4	23.3	26.4	23.2	65.2
45〜49 歳	22.8	24.6	22.5	20.0	57.3
50〜54 歳	17.3	18.9	17.0	14.9	45.8

（出所）　橋本健二『アンダークラス 2030』241 頁より作成。

二五歳から三四歳の男性で、非正規雇用が一四・四%、八一万人いるということは見かけ以上に深刻な影響を及ぼす。なぜなら、この世代が家族形成の中心となる世代だからである。もう一度、「年齢階級別の未婚率の推移」を示した**図7-3**（一六六頁）をみてみよう。一九七〇（昭和四五）年には、二〇歳代後半の男性の半分がすでに結婚しており、三〇歳代前半では九割近くが結婚していた。二〇二〇（令和二）年になると、二〇歳代後半で結婚している男性は約二七%、三〇歳代前半でやっと半分を超え、三〇歳代後半でも三人に一人は結婚していない。

雇用形態別に分解する

それでは結婚しているのは誰で、結婚していないのは誰だろうか。表8-2は橋本健二が作成した二〇一七（平成二九）年の男性の雇用形態別・年齢階級別未婚率を表したものである。

雇用形態によって未婚率に大きな違いがあることがわかる。キューピッドの矢は平等には飛ばない。二〇歳代前半では正規雇用と非正規雇用の間に大きな差はない。しかしその後、正規雇用では二〇歳代後半では三割、三〇歳代前半では六割、三〇歳代後半になると四人に三人が結婚しているのに対して、非正規雇用では二〇歳代後半では八七・五％が未婚であり、その後も三〇歳代前半では七七・七％、三〇歳代後半でも七〇・一％が未婚である。そして、結婚した人が五割を超えるのはようやく五〇歳を超えてからである。[12]

もともと高度経済成長期に確立されたメンバーシップ型雇用システムでは、男性正社員の無限定的な働き方と、主に主婦と学生向けのパートタイマーやアルバイトという家計補助的な働き方の二種類の働き方しかなかった。短期雇用を特徴とする女性正社員は結婚退職後は専業主婦になるか、パートタイマ

12　二〇二〇年の国勢調査では男性非正規社員の生涯未婚率は六〇・四％となった（二〇二二〔令和四〕年六月八日「日本経済新聞」）。

ーになった。無限定正社員の夫と専業主婦の組み合わせ、あるいは家計補助的に働く主婦パートタイマーとの組み合わせ、学生の間は自分の小遣いはアルバイトで稼ぎ、卒業後は新規学卒一括採用によって自分も無限定正社員になっていく子どもの組み合わせは「戦後日本型循環モデル」と適合的だった。しかし、就職氷河期に、学校を卒業しても正社員になれなかった男性が、もともと主たる生計維持者がいることを前提とした家計補助的な働き方であるパートタイマーやアルバイトとして働かなければならなくなると、家族形成が困難になるのは当然であった。

誠は二〇一七年には四五歳であった。誠が正社員として働いていれば、結婚している可能性が高いだろう。しかし、非正規雇用であれば、まだ結婚していないかもしれない。

そして第三次ベビーブームは来なかった

第二次ベビーブームは一九七一（昭和四六）年から七四（昭和四九）年までで、毎年二〇〇万人を超える子どもが生まれた。誠もその一人であった。このとき生まれた「団塊ジュニア世代」がちょうど大学を卒業する九四（平成六）年から就職氷河期が始まった。それから二〇〇七（平成一九）年までの一四年間、第二氷河期まで含めれば二〇年間、毎年多くの若者が学校を卒業しても正社員になれず、非正規雇用者として働き始めなければならなかった。そして、景気が回復しても、企業はあいかわらずその時点での新卒採用を優先し、すでに非正規雇用者として働いている就職氷河期世代の採用には消極的であった。並木正吉が一九五〇年代に観察した、新規学卒者の就職の「一回勝負」的な性格は残りつづけた。

いまでは短期間の雇用契約を繰り返しながら四〇代を迎えている就職氷河期世代も多い。

表7-1（二六一頁）をみてみよう。一九九〇年代後半、平均初婚年齢は夫が二八歳台、妻が二六歳台だった。「平均」にしたがえば、二〇〇〇年前後に第三次ベビーブームが来るはずだった。しかし、**図4-3**（七五頁）をみるかぎり第三次ベビーブームは来なかった。その原因の一つは「団塊ジュニア世代」がちょうど就職氷河期に遭遇し、結婚を迎える時期に家族形成を行なうことが困難であったこと、結婚しても子どもをもつことが困難であったためであった。その後も出生数は回復することなく下げ足を速めている。

バブル崩壊後、企業は生き残りを図り、新規学卒者の正社員採用を絞りこみ、非正規雇用を拡大した。意図したことではなかったにせよ、その結果は少子化であった。まさに「企業は生き残り、国は滅びる」（前田正子『無子高齢化』九九頁）である。

もう一つのロスジェネ

『新時代の「日本的経営」』は、高校や大学を卒業しても正社員になれず低賃金で働かなければならない非正規雇用の若者たちを生みだしただけではない。それは同時に、少数精鋭化された正社員に「運よく」滑り込んだ若者たちが、過労死につながりかねないような長時間労働で、無限定的に働かなければならない状況も生んだ。

一九九〇年代初頭のバブル経済の崩壊は、若年労働市場をひっ迫させ、学卒後も無業にとどまるか、一時的な仕事を転々とするフリーターなどの存在が注目を集めた。その一方で、絞り込まれた正規社員は、成果主義の導入にともなう過酷な競争もあって、長時間労働を強いられるようになった（片瀬一男『若者の戦後史』二三二頁）。

片瀬一男は後者を「もう一つのロスジェネ」（同）と呼んでいる。誠が大学を卒業した一九九四（平成六）年の就職率は約七九％であった。契約社員・派遣社員を含む数字であるが、誠も正社員として採用された可能性が高いだろう。しかし、「運よく」正社員になったはずの誠にも困難は待ち構えていた。

過労死

内閣府『国民生活白書〔平成一五年版〕』（二〇〇三年）もまた、一九九五（平成七）年から二〇〇一（平成一三）年にかけて、「短時間労働者のパート・アルバイト化と正社員の労働時間の長時間化」（六七頁）が同時に進行していることを指摘している。そして、パート・アルバイト化が進行するにつれて、とくに少数精鋭化された若年の正社員の労働時間が増加している。「雇用形態別にみると正社員では、［……］就業時間が六〇時間以上の長時間働く人は増加している」（同）。

法定労働時間は週四〇時間である。これを超えると時間外労働（残業）となる。過労死や過労自殺が社会問題化したことを受け、厚生労働省は二〇〇一年、新たに過労死認定基準を設けた。この基準によれば、一カ月間に一〇〇時間を超える時間外労働、または二～六カ月間に一カ月当たり八〇時間を超える時間外労働が過労死ラインの目安とされている。もし週労働時間六〇時間以上が二か月続けば過労死ラインを超えてしまう。小林美希『ルポ〝正社員〟の若者たち』は、当然支払われるべき残業代も一部しか支払われないまま、過労死ラインを超えて働く若者たちの過酷な状況を伝えている。

ワーク・ライフ・バランス

表8-2によれば、誠が正社員になっていれば、誠が結婚して家族を形成した可能性は高いだろう。**図7-7**（一七五頁）でみたように「第二の近代社会」における家族の形は多様化しており、誠がじっさいにどのような家族を作ったのかを推測することはむずかしい。しかし、どのような家族を作ったにせよ、そこで大きな課題となったのは「ワーク・ライフ・バランス」だったはずである。「ワーク・ライフ・バランス」とは仕事と仕事以外の生活の調和のことである。

高度経済成長期には、ワーク一〇〇：ライフ〇のモーレツ社員とワーク〇：ライフ一〇〇の専業主婦の組み合わせで家族としてのワーク・ライフ・バランスの帳尻は合っていた。

> ［高度経済成長期には］夫はワークに専念し、妻はライフに専念することによって、家庭としては見事にワークとライフのバランスが成り立っていたのです。夫と妻のワークライフ分業こそが究極のワーク・ライフ・バランスであったということです（濱口桂一郎『ジョブ型雇用社会とは何か』二

表 8-3　共働き世帯と専業主婦世帯別の夫と妻のワーク・ライフ・バランスの推移（時間．分）

		共働き世帯					専業主婦世帯				
	年	1996	2001	2006	2011	2016	1996	2001	2006	2011	2016
夫	仕事等	8.14	8.02	8.22	8.30	8.31	8.12	8.11	8.19	8.22	8.16
	家事関連	0.20	0.26	0.33	0.39	0.46	0.27	0.35	0.42	0.46	0.50
	うち家事	0.07	0.09	0.11	0.12	0.15	0.05	0.07	0.08	0.09	0.10
	うち育児	0.03	0.05	0.08	0.12	0.16	0.08	0.13	0.17	0.19	0.21
妻	仕事等	4.55	4.38	4.43	4.34	4.44	0.03	0.04	0.02	0.04	0.06
	家事関連	4.33	4.37	4.45	4.53	4.54	7.30	7.34	7.34	7.43	7.56
	うち家事	3.35	3.31	3.28	3.27	3.16	5.02	4.49	4.42	4.43	4.35
	うち育児	0.19	0.25	0.36	0.45	0.56	1.30	1.48	1.57	2.01	2.24

（出所）総務省統計局「〔平成 28 年〕社会生活基本調査　生活時間に関する結果　結果の概要」より作成。

〇二―三頁）。

しかし、夫も妻もともに働く「第二の近代家族」においては、夫と妻それぞれのワーク・ライフ・バランスのバランスをどうとるかが課題でありまた難題でもある。

それでは、子どもがいる世帯における夫と妻のじっさいのワーク・ライフ・バランスはどうなっているのだろう。

表8-3は、総務省統計局が五年に一度行なっている社会生活基本調査[13]にもとづく、夫と妻それぞれの仕事等の時間[14]（有償労働）と家事関連時間（無償労働）の推移を共働き世帯と専業主婦世帯別に示したものである。これによって、夫と妻それぞれのワーク・ライフ・バランスの推移をみることができる。[15]

まず共働き世帯の夫では、二〇一六（平成二八）年には、仕事等が八時間三一分、二〇年前と比べると一七分増加している。これは土日を含んだ平均である。週休二日とすると一日当たり一一時間五五分となる。あいかわらず長時間労働と長時間の通勤が続いている。家事関連のほうは四六分で、こちらも二〇年前と比べると二六分増加している。共働き世帯の妻では、一六年には、仕事等が四時間四四分、二〇年前と比べると一一分減少している。共働きの妻ではパートタイマーが多いことがわかる。その代わり、家事関連に四時間五四分を費やしている。こちらは二〇年前と比べると二一分増加している。うち家事時間が一九分減少し、育児時間が三七分の増加である。

専業主婦世帯の夫では、二〇一六年には、仕事等は八時間一六分、家事関連が五〇分である。こちらは二〇年前と比べてそれぞれ四分、二三分の増加である。専業主婦世帯の妻では、一六年には、仕事等が六分、家事関連が七時間五六分、うち家事時間が四時間三五分、育児時間が二時間二四分である。二〇年前と比べると、ここでも家事時間の減少、育児時間の増加がめだつ。[16]

二〇一六年をみると、専業主婦世帯の夫の仕事等（有償労働）と家事関連（無償労働）の合計は九時間

13　社会生活基本調査は、一日の行動を二〇種類に分類して、一五分単位で、一週間のうちの指定された二日間記録してもらうものである。二〇種類の行動は、睡眠・食事など生理的に必要な活動である「一次活動」、仕事・家事など社会生活を営むうえで義務的な性格の強い活動である「二次活動」、これら以外の活動で余暇活動など各人が自由に使える時間における活動である「三次活動」に分けられる。結果は、平日・土曜日・日曜日を平均して、一日ごとの平均時間で示される。ここでは新型コロナウイルス感染症の影響のない二〇一六（平成二八）年の調査を用いる。

14　仕事等の時間は通勤・通学、仕事、学業の合計時間である。

15　正確にはライフ部分には三次活動も含まれるがここでは含まれていない。

16　育児時間の増加の理由の一つは「育児が楽しいから」（有斐閣編集部松井智恵子さんによる）である。

六分、妻は八時間二分、有償労働と無償労働の比率は、夫では九一：九、妻では一：九九である。専業主婦世帯では、高度経済成長期とほぼ同じような「男は仕事、女は家庭」という夫と妻のワークライフ分業がみられる。

共働き世帯では、夫の仕事等と家事関連の合計は九時間一七分、妻では九時間三八分である。仕事等（有償労働）と家事関連（無償労働）を合わせれば、妻のほうが多く働いている。有償労働と無償労働の比率をみると、夫では九二：八、妻では四九：五一である。共働き世帯では、夫は専業主婦世帯の夫と同じように長時間働いており、妻がパートタイム労働と家事・育児をどちらも担うことによってなんとか家庭生活が維持されていることがわかる。「男は仕事・女は家庭と仕事」という「新性別分業」（落合恵美子「近代家族は終焉したか」NHK放送文化研究所編『現代社会とメディア・家族・世代』四五頁）である。これが現在の日本におけるワーク・ライフ・バランスの状況である。

国際比較

図8-17は六歳未満の子どもを持つ夫婦の家事関連時間を国際比較したものである。外側の数字が家事関連時間全体、内側の数字がそのうちの育児時間である。妻の家事関連時間は七時間三四分、夫は一時間二三分である。欧米諸国と比較した場合、日本の夫の家事関連時間（無償労働）が極端に短いことが一目瞭然である。これは日本の夫の仕事等（有償労働）が極端に長いことの裏返しである。そのしわよせが妻の家事関連時間の長さになっている。家事関連時間の男女比（夫を一とした場合の妻の比率）で

図 8-17　6 歳未満の子どもがいる世帯の夫と妻の家事関連時間の国際比較（時間．分）

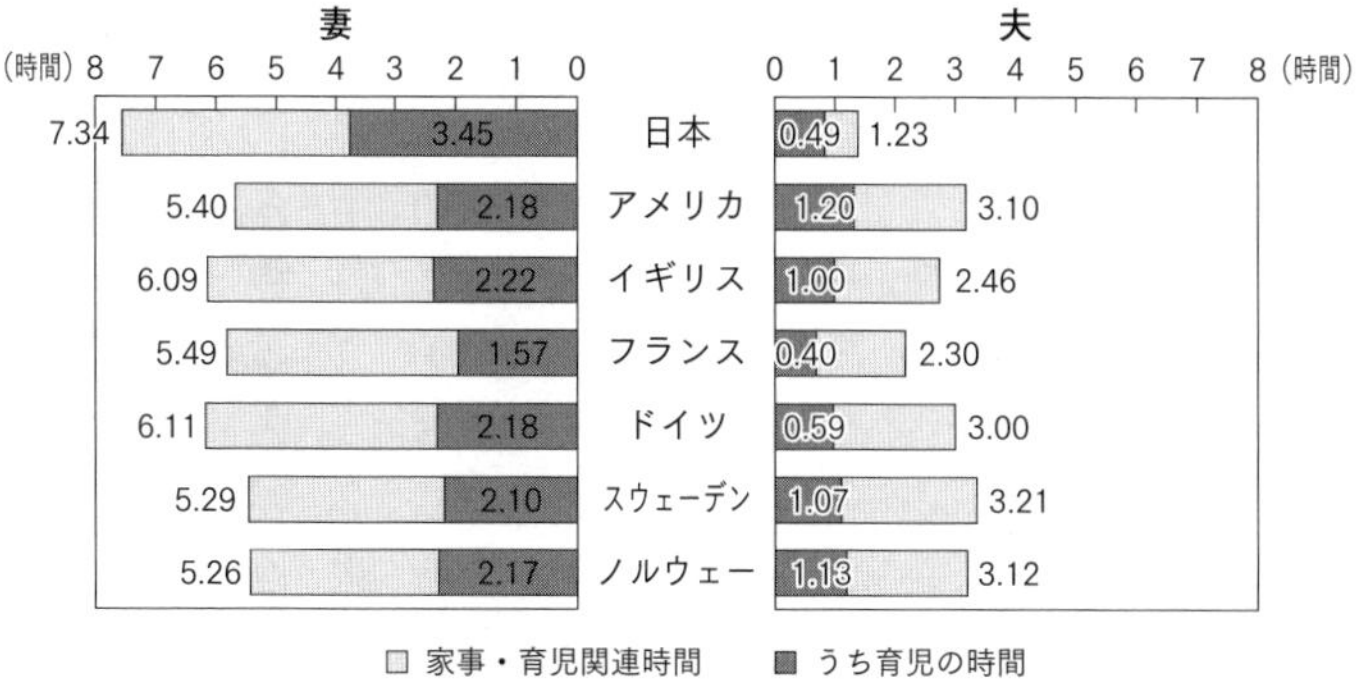

（出所）内閣府男女共同参画局『〔令和 3 年版〕男女共同参画白書』114 頁より作成。

みると、日本が五・五倍、アメリカが一・八倍、イギリスが二・二倍、フランスが二・三倍、ドイツが二・一倍、スウェーデンが一・六倍、ノルウェーが一・七倍である。永井暁子「家族政策と家族生活の日欧比較」によれば「午後七時までに夫が帰宅する割合はストックホルムで八割、ハンブルグで六割、パリで五割に対し東京では二割」（山口一男『ワークライフバランス』一三九頁より重引）である。

両立支援

一五歳から六四歳の生産年齢人口が減少している現在、女性の労働力に期待が寄せられる一方、少子化が進むなか、女性には出産・育児の期待もかけられている。このような状況のなか仕事と家庭の「両立支援」が課題となっている。しかし、もし「両立支援」が女性の仕事と家庭の両立の支援を意味するのであれば、男女雇用機会均等法、『新時代の「日本的経営」』に続く三度目の失敗、こんどこそ取り返しのつかない失敗になるだろう。変えなければならないのは男性正社員の働き方のほうである。

山口一男の興味深い研究を紹介しておこう。山口は、妻の夫婦関係満足度の構成要素として、夫への経済的満足度と精神的満足度を区別している。妻の夫婦関係満足度には、夫の収入や世帯の預貯金などの経済的満足度だけではなく、夫婦でともにする活動(「食事」「家事・育児」「くつろぎ」「趣味・娯楽・スポーツ」)、夫婦の平日の会話時間、夫婦の休日の共有生活時間総計、夫の育児分担割合などの、ワーク・ライフ・バランスにかかわる精神的満足度も大きく関係している。そして後者の影響は前者の影響より三倍強大きいとされる(山口一男『ワークライフバランス』一三八頁)。山口によれば、「夫の月収一〇万円増加」は、妻の夫婦関係満足度への貢献において、「平日の夫婦の会話時間の一日平均一六分増加」「休日に妻が夫とともに大切に過ごしていると思える生活時間の一日平均五四分増加」「夫の育児分担割合が(たとえば一五%から一八%に)三%増加」「平日に『食事』または『くつろぎ』を妻が夫と大切にする時間と感じる日が以前より六日に一日増加」と同等である(同一四〇頁)。逆にいえば、夫の収入が減っても、妻の夫婦関係満足度はワーク・ライフ・バランスによって十分埋め合わせが可能であるということである。[17] そして、山口は夫婦関係満足度が出産意欲に影響を与え出生率を高めると結論づけている。[18]

育児休業法を整備して女性の仕事と家庭の両立を図って事足れりとするのではなく、男性正社員の長時間労働と長時間通勤を変え、それを通して夫と妻それぞれのワーク・ライフ・バランスの両立を図ることが「第二の近代社会」における緊急の課題である。

新型コロナウイルス感染症の影響

令和三年社会生活基本調査は二〇二一（令和三）年一〇月に実施された。二〇（令和二）年一月に国内で最初の感染者が確認された新型コロナウイルス感染症はその後急速に拡大し、今日にいたっている。第五波のときに発出された四回目の緊急事態宣言が解除された直後に行なわれたこの調査からは新型コロナウイルス感染症による社会生活の変化をみることができる。

有業者の仕事時間をみると、男性は六時間二七分、女性は四時間四二分であり、二〇一六年調査と比較すると、男性は二二分減少、女性は五分減少している。新型コロナウイルス感染症の感染拡大を踏まえてテレワーク（在宅勤務）の活用が推奨されたが、調査の指定日（二日間）が平日で仕事があった有業者のうち、テレワークをした人は全体の六・七％であった。「テレワーク（在宅勤務）をしていた人は、していない人（テレワーク以外の人）に比べ、睡眠時間が一八分、趣味・娯楽の時間が一六分、仕事時間が一三分それぞれ長く、通勤・通学時間が一時間三分、身の回りの用事の時間が一〇分、テレビ・ラジオ・新聞・雑誌の時間が八分それぞれ短くなっている」（総務省統計局「〔令和三年〕社会生活基本調査　結果の概要」）。テレワークをした人は、仕事時間も若干長くなったが、通勤・通学時間が大幅に減少し、[19]

17　「ただし、就業時間の減少が解雇・失業の確率を増すなら、夫の失業のインパクトは非常に大きいので話は全く別であり、あくまで雇用の安定に全く影響しない残業時間や就業時間の減少ならば、という仮定での話である」（山口一男『ワークライフバランス』一四一頁）。

18　この点については赤川学は懐疑的である（赤川学『これが答えだ！　少子化問題』）。

睡眠時間、趣味・娯楽の時間も長くなっている。六歳未満の子どもがいる世帯の夫と妻の家事関連時間をみると、夫が一時間五四分、妻が七時間二八分であり、二〇一六年調査と比較すると、夫は三一分の増加、妻は六分の減少となっている。山口の知見を踏まえれば、新型コロナウイルス感染症は、そのあらゆる経済的・社会的損失にもかかわらず、少なくともワーク・ライフ・バランスにかんしてはよい効果をもたらしたといえるだろう。私たちがコロナ禍から得た教訓があるとすれば、その一つはこれだろう。

「もはや昭和ではない」

六子と勇は「夫婦と子ども二人の四人で構成され」かつ「有業者が世帯主一人だけ」という「標準世帯」を作った。高度経済成長期はまさに標準世帯が「標準的」だった時代である。みんなが結婚し、二、三人の子どもをもち、夫がサラリーマンとして働き、妻は専業主婦となった。しかし、第二の近代社会では、みんながみんな結婚するわけではないし、結婚してもみんながみんな二、三人の子どもをもつわけではないし、結婚した女性のみんながみんな専業主婦になるわけではない。家族の形は多様化している。

内閣府『〔令和四年版〕男女共同参画白書』(二〇二二年)は「もはや昭和ではない」と書いた。

もはや昭和ではない。昭和の時代、多く見られたサラリーマンの夫と専業主婦の妻と子供、または高齢の両親と同居している夫婦と子供という三世代同居は減少し、単独世帯が男女全年齢層で増加している。人生一〇〇年時代、結婚せずに独身でいる人、結婚後、離婚する人、離婚後、再婚する人、結婚（法律婚）という形を取らずに家族を持つ人、親と暮らす人、配偶者や親を看取った後ひとり暮らしをする人等、様々であり、一人ひとりの人生も長い歳月の中でさまざまな姿をたどっている。このように家族の姿は変化し、人生は多様化しており、こうした変化・多様化に対応した制度設計や政策が求められている（三頁）。

多様化しているのは家族の形だけではない。働き方もまた多様化している。勇は高度経済成長期「標準労働者」として働いた。すなわち「学校卒業後直ちに企業に就職し、同一企業に継続勤務」した。高度経済成長期とそれに続く安定成長期は標準労働者として働くことがまさに「標準的」だった時代である。しかし、第二の近代社会では標準労働者として働くことはもはや「標準的」ではない。みんながみんな「学校卒業後直ちに企業に就職」するとはかぎらないし、就職したとしてもみんながみんな正規雇用とはかぎらない。またせっかく就職してもみんながみんな「同一企業に継続勤務」するとはかぎらない。[20]

19 通勤・通学時間を都道府県別にみると、神奈川県が一時間四〇分でもっとも長く、以下、千葉県、東京都、埼玉県、奈良県、大阪府、兵庫県、京都府、茨城県、愛知県と続く。茨城県を除いて、すべて三大都市圏である。もっとも短いのは山形県と宮崎県で五六分である。

図8-18　もはや「昭和」ではない

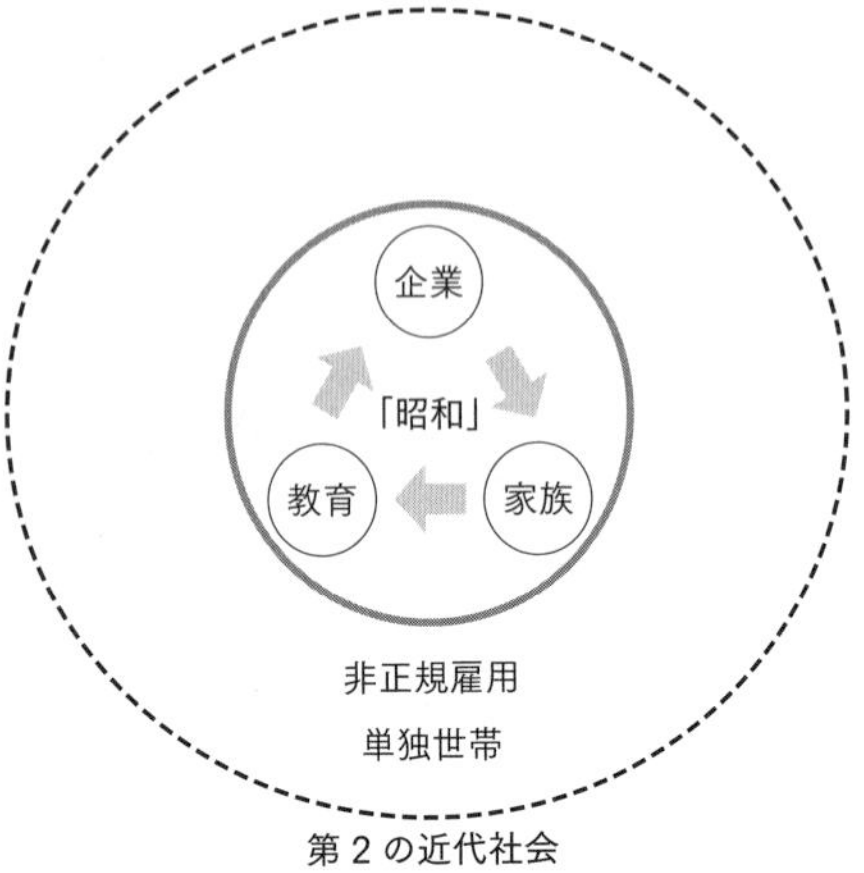

働くのは男性だけではない。第二の近代社会は男性も女性もともに働く社会である。六子が三二歳だった一九七五（昭和五〇）年、三〇歳から三四歳の女性の半分以上は働く意思を持っていなかった。二〇二一（令和三）年、子どものいる家族の二五歳から三四歳の妻の三分の一は専業主婦であり、四割はパートタイムで働いており、三割はフルタイムで働いている（二〇一頁図8-12）。家族の形もこれに応じてさらにさまざまに分岐していく。

近代社会から第二の近代社会への移行はゆっくり気がつかないうちに進んでいく。夫が正社員、妻が専業主婦という「昭和」の近代家族も少数派になったとはいえいまだ健在である。しかし、みんながみんなそのような働き方をしているわけではないし、そのような家族を作っているわけではない。ようやく作った家族も、夫も妻も子どもも[21]無理を重ねてぎしぎし音を立てながらなんとかまわっている状態である。昭和の戦後日本型循環モデルでは、正社員の夫が持って帰る賃金を専業主婦の妻が子どもの教育費に投入し、学校を卒業した子どもは新規学卒一括採用で企業の正社員となり、また自分が育ったのと同じような家族を作る……というように、企業と家族と教育がぐるぐる循環して社会がまわっていた。いまでも社会の中心にはこのような循環構造が存在しているが、それは小さく縮んでしまい、その外部におおぜいの非正規雇用で働く人びとや、一〇世帯のうち四世帯を占める単独世帯が取り残されている。「無縁社会」を見た直美や誠たちの世代が「他人事ではない」とつぶやかなければならなかった理由はこれだった。

「標準労働者」が作る「標準世帯」を優遇する制度（第三号被保険者制度、配偶者控除制度、家族手当、男女間の賃金格差、正規・非正規間の賃金格差など）は戦後日本型循環モデルをまわしていくうえでは有効であったが、循環構造が小さく縮小し、もはや「標準労働者」も「標準世帯」も「標準的」ではなくなった第二の近代社会では、循環構造の外部に存在する多くの人びとがそこから取り残されてしまっている。いま必要とされているのは、循環構造の内部にいようと外部にいようと、正規雇用であろうと非正規雇用であろうと、結婚していようといまいと、子どもがいようといまいと、婚姻届を出していようといまいと、パートナーが異性であろうと同性であろうと、日本列島のどこに住んでいようと、性別や国籍や障害の有無にかかわりなく、誰もが同じように幸福を追求できるフェアな制度である。

20　厚生労働省による調査「新規学卒者の離職状況」（二〇二二年）によれば、二〇一九（平成三一）年三月の新規大卒者の三年後の離職率は三一・五％である。入社三年以内に約三割は離職していることになる。

21　文部科学省の調査によれば、二〇二一（令和三）年度において、小中学校の不登校児童生徒数は約二四万五千人だった（文部科学省「令和三年度児童生徒の問題行動・不登校等生徒指導上の諸課題に関する調査結果について」〔二〇二二年〕）。

第9章　地域の変容——第二の近代社会へ（その三）

高度経済成長期以後の人口移動

最後に地域の変容をみておこう。

戦後、地方から大都市圏への人口移動には三つの波があった。第1章でみたように、第一の波は高度経済成長期の「民族大移動」である。高度経済成長が始まる一九五五（昭和三〇）年から、それが終わる七三（昭和四八）年までの間に、六子も含め、約八四九万人が地方から三大都市圏に移動した。

その後も若者たちは就職や進学などのために都市をめざした。図1-3（三〇頁）をもう一度みてみよう。

一九七三年の第一次オイルショックによって高度経済成長は終わりを告げ、翌七四年の経済成長率は戦後初のマイナス成長（マイナス一・二％）となった。これによって地方から大都市圏への人の流れもい

図 9-1　各地域の年齢別転入超過数（2014 年）

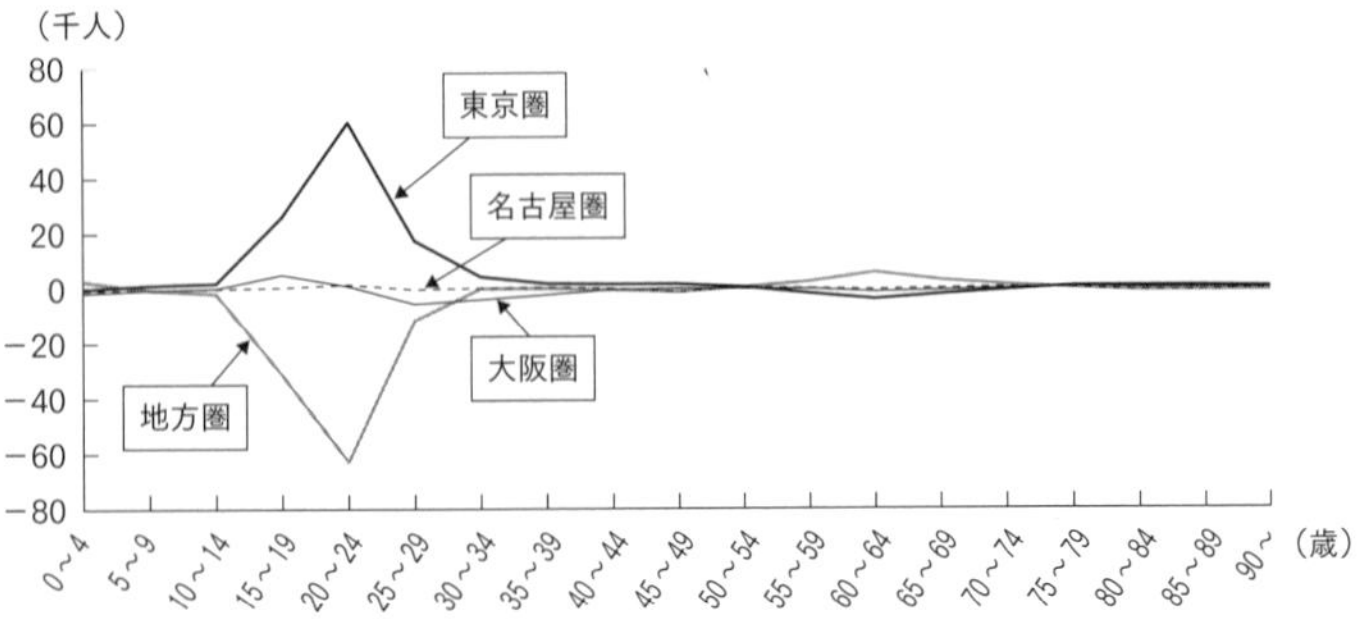

（出所）　厚生労働省『〔平成 27 年版〕厚生労働白書』より作成。

ったん収束し、七六（昭和五一）年には地方圏が転入超過に転じた。それ以降、関西圏・名古屋圏への人口流入はほぼ横ばいである。八〇年代、バブル経済に向かうと人びとはふたたび地方から東京圏へと向かった。これが第二の波である。

一九九一（平成三）年のバブル崩壊によって、九四年、九五年には東京圏も転出超過となり、地方に人口が回帰した。しかし二〇〇〇年代以降ふたたび東京圏へと人口が流入している。これが第三の波である。二〇二〇年国勢調査によれば、三大都市圏の人口が総人口に占める割合は五二・七%、東京圏が二九・三%、半分が三大都市圏、一〇人に三人が東京圏に暮らしている（総務省統計局「〔令和二年〕国勢調査　人口速報集計結果　全国・都道府県・市町村別人口及び世帯数　結果の概要」）。東京圏一極集中が進んでいる。

それでは第三の波において東京圏に来ているのはどのような人たちであろうか。図9-1は二〇一四（平成二六）年における各地域の年齢別転入超過数を示したものである。東京圏だけみておくと、二〇歳から二四歳をピークに、一五歳から二九歳までの若者たちが圧倒的に多い。約一〇万三千人の若者が転入超過となっている。これは大学進学や就職などにともなうものである。

二〇一四年、四年制大学が全国に七八一あり、そのうち東京都に一三九（一八％）、東京都を含む東京圏に二二四（二九％）ある。学生数でみると、全国の大学生二八六万人のうち、東京都に七四万人（二六％）、東京圏に一一七万人（四一％）である[1]（総務省「日本の統計二〇一六」）。地方に適当な進学先のない若者が東京圏の大学をめざしてやってくる[2]。そして、大学を卒業すると、多くが都市にとどまって就職する[3]。さらに地方の大学を卒業した大卒者もよりよい就職先を求めて移動してくる。

五五歳から六四歳では、逆に地方圏に転入超過の小さな山ができている。これは高度経済成長期に大都市圏に移動した世代のUターンだろう。

図9-2は二〇〇〇年代以降の東京圏への転入超過数の推移を男女別にみたものである。これをみる

1 大学院生を含む。

2 たとえば青森県には四年制大学が一〇ある。参考までに二〇一一（平成二三）年度の入学定員の合計は一六八五人だった（石黒格「本書の目的とデータの概要」石黒格・李永俊・杉浦裕晃・山口恵子『「東京」に出る若者たち』二頁）。一四年の青森県の高校卒業者一万二五九四人のうち四年制大学進学者は四四六二人（大学進学率三四％）。県内の大学ではすべてを収容できない。県内進学者が一六四一人（三七％）、県外進学者が二八二一人（六三％）である（青森県教育委員会「高等学校等卒業者の進路状況――平成二六年五月現在」）。

3 弘前大学が行なった若者の移動に関する調査によれば、「進学時に移動した地方出身の若者の初職地を見ると、六五・七％の若者が都市でそのまま就職している」（李永俊「地域間移動から若者が得る経済的な利益」石黒格・李永俊・杉浦裕晃・山口恵子『「東京」に出る若者たち』六〇頁）。

図 9-2　東京圏の男女別転入超過数の推移

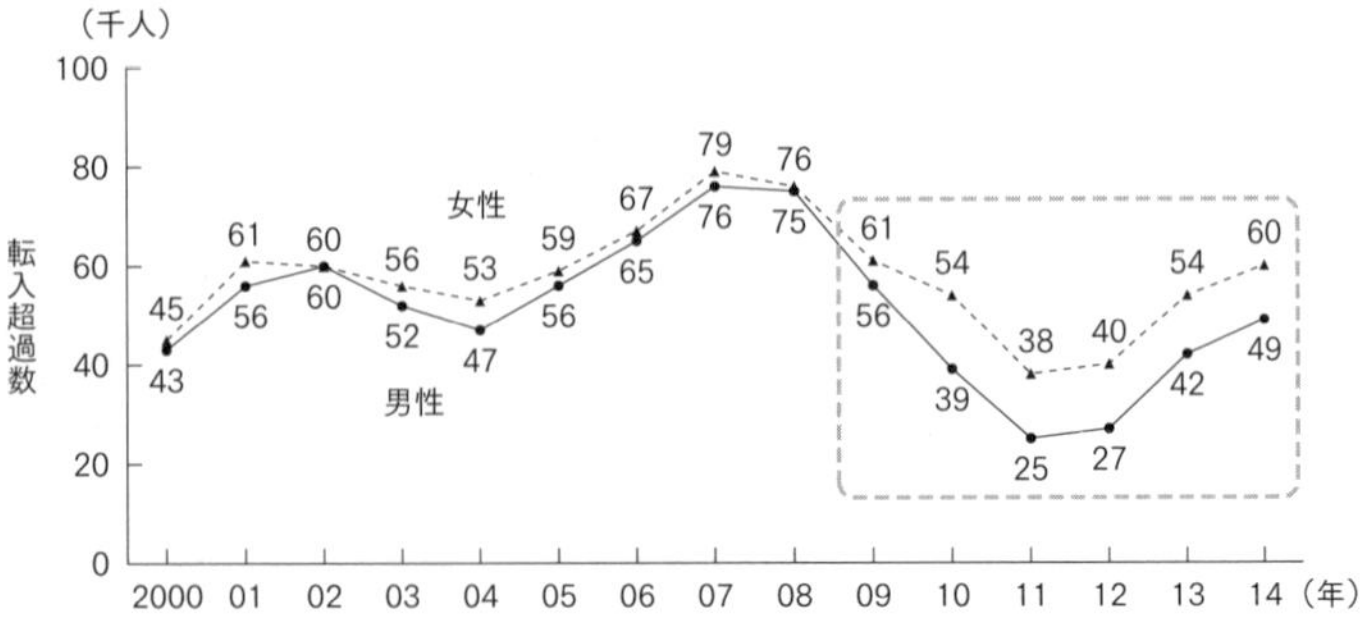

（出所）　厚生労働省『〔平成 27 年版〕厚生労働白書』より作成。

と、二〇〇〇年代は男女がほぼ拮抗していたが、一〇年代に入ると女性が男性を大きく上回るようになっていることがわかる。現在女子の大学進学率も五〇%を超えているが、大学を卒業した女性にとって魅力的な職場が地方には少ないためだろう。

増田レポート

　このような事態に警鐘を鳴らしたのが、「消滅可能性都市」というショッキングなフレーズで話題を呼んだ「増田レポート」である。日本創生会議・人口減少問題検討分科会は二〇一四（平成二六）年、「ストップ少子化・地方元気戦略」という報告書を発表した。座長の元総務大臣・増田寛也の名前を取って「増田レポート」と呼ばれている。『地方消滅』（二〇一四年）にしたがってその内容を紹介しておこう。

　二〇二〇（令和二）年の合計特殊出生率は全国平均で一・三三である。しかし出生率は全国一律で低下しているわけではない。もっとも高い沖縄県が一・八三で、東京都はもっとも低い一・一二である。[4] 他方、出生数をみると、東京都が約一〇万人でもっとも多い。なぜ合計特殊出生率がもっとも低い東京都の出生数がもっとも多いのだろう。増田レポートによれば、それは出産年齢の「二〇〜三九歳の女性人口」が地方から東京圏に流れこんでいる結果である。若年女性の流入によって女性人口が多くなり、たとえ出生率が低くても出生数は多くなる。しかし、いくら若年女性が流れこんでも、東京圏は結婚し、子どもを産み育てる環境として適しているとはいえなかった。家は狭く、職場から遠く、保育サービスの整備が遅れ、親の支援も期待できない。東京都の合計特殊出生率が最低であることがそれを示している。逆に、地方圏でいくら出生率が高くても、もともとの若年女性が少ないため出生数は少ないままである。

増田レポートは、この状態が今後も続くとどうなるかを、さらに市区町村まで分解して推計を行なっている。

二〇一〇年から四〇年までの間に「二〇〜三九歳の女性人口」が五割以下に減少する市区町村数は［……］八九六自治体、全体の四九・八％にものぼる結果となった。実に自治体の約五割は、このままいくと将来急激な人口減少に遭遇するのである。本書では、これら八九六の自治体を「消滅可能性都市」とした（増田寛也編『地方消滅』二九頁）。

4　二〇二三年六月に発表された厚生労働省「令和四年（二〇二二）人口動態統計月報年計（概数）の概況」によれば、二〇二二年の出生率がもっとも高いのは沖縄県で一・七〇、もっとも低い東京都が一・〇四（出生数約九万一千人）である。

大都市圏、とくに東京圏に若者が吸い寄せられ、地方が消滅していく一方、地方からの若者の供給が細るにつれ、もともと出生率の低い東京圏でも人口が減少に転じ、日本全体で人口減少が加速化していくことを、増田レポートはブラックホールが周囲の物質を飲みこんでいくのになぞらえて「人口のブラックホール現象」（同三四頁）と呼んでいる。暗い未来予想図である。

限界集落

日本列島の現在の風景からいくつか点描してみよう。

二〇二〇年の高齢化率は全国平均で二八・六％であるが、高齢化も全国で一律に進んでいるわけではない。もっとも高齢化率の高い秋田県が三七・五％、もっとも低い沖縄県が二二・六％、次が東京都の二二・七％である。東北地方や四国地方で高齢化率が高く、東京圏で低い。高齢化は地方から始まり都市に向かって進行している。これは戦後三度にわたって若者たちが地方から都市へ移動した結果である。

そして、地方のなかでも高齢化はまず山村から始まった。それをいち早くとらえたのが大野晃の「限界集落」という概念である。高齢化率第二位の高知県（三五・五％）の山村で調査を行なった大野は、「六五歳以上の高齢者が集落人口の五〇％を超え、独居老人世帯が増加し、このため集落の共同活動の機能が低下し、社会的共同生活の維持が困難な状態にある集落」（大野晃『山村環境社会学序説』二二一―三頁）を「限界集落」と名づけた。

一九九〇年当時、高齢化率五六％、戸数一九戸、人口二五の限界集落だった高知県K地区で一人暮らしをしているI子さん（七二歳、一九九〇年当時）の生活の様子である。

I子（七二歳）さんはこれまで母と二人で暮らしていたが、五年前に母に先立たれ、以来一人暮らしをしている。朝六時に起床し朝食の準備にかかり、七時に朝食をとる。朝食は必ずテレビをみながらすませる。八時三〇分に朝食のあとかたづけをし、洗濯とテレビで午前中を過ごす。昼食は一一時半から一二時の間に軽いものですませる。午後からは縁側に座り外の景色をながめて過ごすのが日課となっている。夕食は六時半にとり、食事のかたづけをした後はテレビをみて八時には床に入る。ふとんは居間の隣部屋に敷いたままになっているので、疲れたらいつでも横になれるという。／買物は、公民館前の広場にやってくる移動スーパーで、週一回魚、卵を買う。買物にやってくる老人のほとんどは、立ち話を楽しむこともなく、買物をすませるとすぐに家へもどるという。長い間気管支喘息を病んでいるI子さんは、月に二回から三回地元の病院へ通っている。通院はバスがないのでタクシーを使うが、片道タクシー代が二〇七〇円かかり、家計の負担になっているという。一人で暮らしていると一日誰とも口をきかないで過ごすことが多く、月に一回やってくるホームヘルパーと話をするのが楽しみだという（同九六頁）。

そして、現在これが全国に広がりつつある。

シャッター商店街

山村から山を下りて農村を通り地方都市に行くと「シャッター商店街」が続いている。そこにたどり着くまでのバイパス沿いにはロードサイドショップが並び、巨大なショッピングモールがある。いままでは全国どこの地方都市でもみられる光景である。

「ALWAYS 三丁目の夕日」には、現在の姿に変貌する前の、コンビニもスーパーマーケットもまだなかったころの商店街の様子が描かれている。鈴木オートの向かいが駄菓子屋の茶川商店、その隣が荒物屋（雑貨屋）、突き当たったところに理髪店、八百屋、そば屋があり、右に曲がると薬局、電器店、煙草屋、食堂、酒屋、靴屋、郵便局が並び、それを抜けると都電の走る大通りである。商店街はそば屋の出前や、電気冷蔵庫が普及する以前の木製の冷蔵庫用の氷を配達する氷屋、納豆売りや、夏には風鈴売りなどの物売りが行き交い、冷蔵庫のなかった主婦たちは毎日の食事のために買い物かごをさげて徒歩で商店街をまわった。おそらく全国どこの商店街も同じような光景であっただろう。

これを変化させたのが一九六〇年代の「流通革命」である。それはセルフサービス、レジ方式のスーパーマーケットを全国に広げていった。そのリーダーとなったのがダイエーの中内㓛《いさお》である。「中内㓛は一九五七（昭和三二）年に大阪で『主婦の店ダイエー』を開店したあと、五八（昭和三三）年に神戸・三宮にスーパーチェーンを本格的に立ちあげ、『価格破壊』というキャッチフレーズとともに全国にスーパーマーケットをひろげていった。一九七二（昭和四七）年にはダイエーは三越を抜いて小売業売上高日本一になるなど、中内㓛は革命児の名をほしいままにした」（新雅史『商店街はなぜ滅びるのか』一二一頁)。

この時期のスーパーマーケットはまだ駅周辺や市街地の徒歩圏に立地していた。商店街とスーパーマーケットの対立が激しくなり、一九七四(昭和四九)年には大規模小売店舗法(大店法)が施行され、スーパーマーケットの出店が規制されるようになった。その規制をかいくぐって八〇年代に郊外の幹線道路沿いに出店したのがロードサイドショップである。地方のバイパス道路沿いには、紳士服、婦人服、カー用品、靴、家電、ホームセンター、スポーツ用品、釣り具、ドラッグストア、書店、ファミリーレストラン、ファストフード、回転寿司店、パチンコ店などが軒を連ねている。そして、それぞれの店の建物、看板、ロゴなどが規格化されているため、全国どこでも同じような風景がみられるようになった。[5]これらの店舗は自動車での利用を前提とし、大規模な駐車場を備えている。さらに九二(平成四)年に大店法が改正され(二〇〇〇年廃止)、規制が緩和されると巨大なショッピングモールがロードサイドに次々に建設されていった。

苦境に立たされた商店街ではコンビニ化を図るところもでてきた。セブン-イレブンの第一号店は一九七四(昭和四九)年に東京都江東区に開店した豊洲店であった。コンビニはフランチャイズチェーン方式[6]でみるみる数を増やし、日本フランチャイズチェーン協会によれば、二〇二三(令和五)三月現在、

5 三浦展はこのような光景を、ファストフードをもじって「ファスト風土」と名づけた(三浦展『ファスト風土化する日本』)。

全国の店舗数は五万五八五二である。コンビニにはなんでもそろっている。おにぎり、弁当、パン、野菜、豆腐、卵、調味料、牛乳、ビール、たばこ、雑誌、文具、電球、化粧品、コーヒーも飲めるし、公共料金の支払いもできるし、宅急便も送れるし、銀行ＡＴＭもある。商店街がまるごとコンビニに入っているようなものである。そして、それがもともと専門店の集まりであった「商店街を内部から壊［し
た］」（同一四一頁）。

外からはロードサイドの郊外型店舗、内からはコンビニ、さらに最近ではネット通販に浸食されて、商店街だけでなく、かつては商店街と対立していた地元百貨店、駅前スーパーマーケットも含め、地方都市の中心市街地が根こそぎ衰退した。その結果が「シャッター商店街」である。

『商店街はなぜ滅びるのか』の著者新雅史は酒屋の長男だった。新の回想を一部引用しておこう。

わたしは北九州市の酒屋の長男として生まれた。［……］両親が経営する酒屋は、すぐそばにあるスーパー、たばこ屋などと並んで町に欠かせない存在だった。町で冠婚葬祭があれば、両親の店にかならず連絡がはいって、酒を配達したものだった。［……］しかし、親不孝なことに、わたしは、酒屋をよい職業だと思うことができなかった。両親がいつも家にいることも嫌だったし、父親が、サントリーやキリンのＴシャツと、日本酒メーカーの前掛けをかけて、働いていることも嫌だった。／わたしはサラリーマンと主婦の家庭にあこがれていた。スーツを着た父親とそれを待つ母親――それが当たり前の家庭だと思っていた。そこには、リビングルームと自分だけの子ども部屋

があって、楽しい平穏な生活が待っているはずだ。小さい時分からそうした家庭こそが理想的なのだと、勝手に想像していた。［……］わたしが育った、あの古びた酒屋は跡形もなくなった。近隣の店は次々とつぶれ、両親たちも、一五年ほど前に酒屋を廃業した。両親は、わたしが生まれ育った場所を転居して、コンビニに転業した。／六〇歳をこえた両親は、アルバイトを二〇人ほど雇いつつ、二四時間体制で働き詰めである。両親は自営業であるため、わずか月六万円程度の国民年金しか支給されない。あのころと変わったことといえば、両親が、サントリーやキリンの古びたTシャツを着なくなったことだ。両親の店舗と服装は新しくなった。それだけ考えれば、中学校のころのわたしの願いはかなったが、還暦をとうに過ぎた現在も、コンビニの店頭とバックヤードをかけずり回って、深夜まで働く姿を見るとせつなくなる（同二一三―六頁）。

限界団地

戦後三波にわたって若者たちが東京圏に移動し続けた結果、現在では日本列島に暮らす人口の一〇人に三人が東京圏に暮らしている。しかし、東京圏に流れこんだ若者たちは東京圏のなかのどこで暮らしているのだろうか。図9-3は、高度経済成長が始まった一九五五（昭和三〇）年から二〇二〇（令和二）

6　「フランチャイズチェーンとは次のような仕組みである。／フランチャイズチェーン本部は、店舗の所有者に対して商標利用、サービスマーク、経営販売ノウハウを提供する。店舗の所有者は、本部から提供された商標などの価値に対して、フランチャイズ契約に定められたロイヤルティ料を支払う」（新雅史『商店街はなぜ滅びるのか』一八〇頁）。

図 9-3　東京圏内部の人口移動（1955 年〜2020 年）

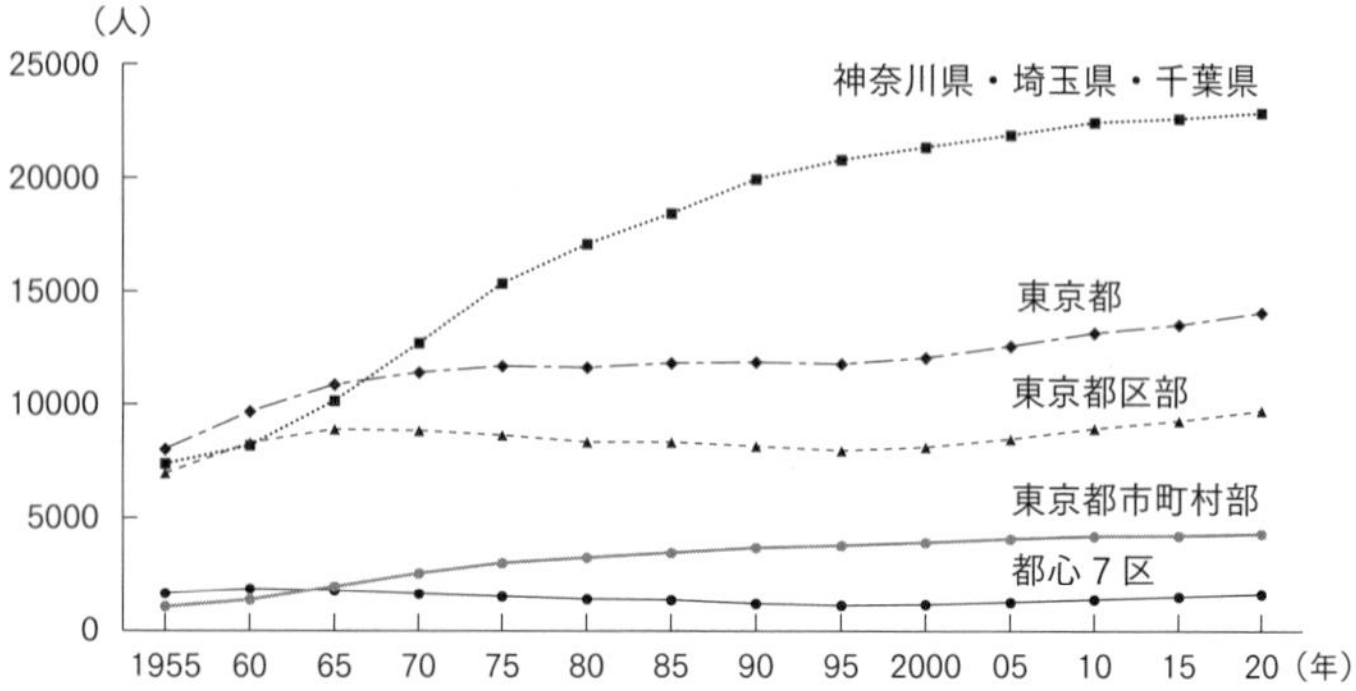

（出所）　国勢調査より著者作成。

年までの東京圏内部での人口の移動をみたものである。東京都の人口推移、東京都以外の三県（神奈川県・埼玉県・千葉県）の人口推移、東京都のなかでの市町村部、区部、都心七区（千代田区・中央区・港区・新宿区・文京区・渋谷区・豊島区）それぞれの人口推移を示したものである。

第一波の高度経済成長期、地方から東京圏に流れこんだ若者たちははじめ東京都区部で生活を始めるが、東京都区部の人口は一九六五（昭和四〇）年をピークに減少を始め、住宅公団が団地を建設した東京都の市町村部に移り住んでいく。東京都の人口も七〇年代に入ると横ばいになり、さらにその外縁部の神奈川県・埼玉県・千葉県に人びとが移動していった様子がうかがえる。七〇（昭和四五）年には神奈川県・埼玉県・千葉県の三県を合わせた人口が東京都の人口を上回る。

第二波の一九八〇年代には、バブル経済に向かうなか、東京都心の地価が上昇したため、東京都区部、なかでも都心七区の人口が減少し、東京都市町村部、神奈川県・埼玉県・千葉県の三県に人口が移動していった。

二〇〇〇年代の第三波では、三県の人口、東京都市町村部の人口が横ばいになり、東京都区部、なかでも都心七区の人口が増加に転じた。タワーマンションが建ち始めたころである。第一波、第二波では、都心から郊外へと人口が押し出されていったが、第三波では人口が都心に回帰しつつある。

六子の移動を重ねてみよう。一九五八（昭和三三）年東京にやってきた六子は港区の「夕日町三丁目商店街」にある鈴木オートに住込みで働き始めた。六八（昭和四三）年勇と結婚すると、おそらく東京都区部にある木賃アパートで生活を始めただろう。そして、六九（昭和四四）年直美が生まれると、おそらく東京都市町村部か神奈川県・埼玉県・千葉県の三県に住宅公団が建てた団地に引っ越しただろう。いまもその団地で暮らしているかもしれないし、一戸建て住宅に引っ越しているかもしれない。

直美と誠はどうしただろうか。団地で成長した直美と誠は、就職あるいは結婚を機に独立して、もっと通勤に便利な東京都区部に移動しただろう。団地の特徴は同じ時期に同じような家族構成の同じような年齢層の家族がいっせいに入居したことにあった。そして、子どもたちがいっせいに巣立つと、団地には高齢者が残された。

限界集落ははじめ山村から始まったが、いまでは山を下りて、大都市近郊の郊外まで広がっている。二〇一七（平成二九）年一二月三日付の「朝日新聞」は全国四六カ所のニュータウンの高齢化率を調査した結果を報道している。四六カ所のうち三一カ所で全国平均の高齢化率を上回り、北海道室蘭市の白鳥台ニュータウンの四四％、札幌市のもみじ台団地の四三％、兵庫県神戸市と明石市にまたがる明石舞子団地の四一％など、八カ所で四〇％を超えていた。多摩ニュータウン全体では二一％であるが、多摩ニュータウンのなかでもっとも早く入居の始まった永山団地ではそのときすでに四二％である。高度経済成長期、あこがれの的であったニュータウンも「限界団地」に近づきつつある。若者でにぎわう東京の都心だけをみていては気づかない風景が全国で広がっている。

コロナ禍における人口移動

二〇二〇（令和二）年から始まった新型コロナウイルスによる感染症は人口が密集する都市の弱点を浮き彫りにした。[7]

そしてこれが複雑な人口移動を生みだしている。まだその方向を見定めることはむずかしいが、東京圏を中心にその特徴のいくつかを新聞の見出し風に挙げておこう。

二〇二一（令和三）年

・東京圏の日本人人口が七五（昭和五〇）年の調査開始以来初めて減少（総務省「住民基本台帳に基づく人口、人口動態及び世帯数〔令和四年一月一日現在〕」）

・東京都の総人口（日本人人口＋外国人人口）がバブル崩壊後の九五（平成七）年以来二六年ぶりに減少（東京都総務局「人口の動き〔令和三年中〕」）

・東京都区部の総人口が二六年ぶりに減少（同）

・社会増減では、東京圏は二六年連続して転入超過を続けている（総務省「住民基本台帳人口移動報告〔二〇二一年結果〕」）

・東京圏のなかでは、神奈川県、埼玉県、千葉県では前年に比べ転入超過数が拡大しており、東京都は大幅に減少（同）
・男女別にみると、東京都では男性がはじめて転出超過となり、女性は転入超過が続いている（同）
・東京都区部の日本人人口が二五年ぶりに転出超過（同）

二〇二二（令和四）年

・東京都の総人口は前年の減少から増加に転じる（東京都総務局「人口の動き〔令和四年中〕」）
・東京圏の転入超過数は緩やかに拡大（総務省「住民基本台帳人口移動報告〔二〇二二年結果〕」）
・東京都の転入超過数が大幅に回復、神奈川県、埼玉県、千葉県は前年比減少（同）
・男女別にみると、東京都では男性が転入超過に転じる（同）
・東京都区部の日本人人口が前年の転出超過から転入超過に転じる（同）

パンデミック二年目の二〇二一年には東京圏、東京都ともに人口が減少した。これは出生数を死亡数が上回る自然減を転入者から転出者を引いた社会増（転入超過）で補えなかったためである。社会増が縮小したのは、東京圏、とくに東京都における感染者の増加にともなって経済活動が停滞し、転入者が

7　二〇二三（令和五）年三月三一日現在の新型コロナウイルス感染者の都道府県別累計（厚生労働省まとめ、NHK「特設サイト新型コロナウイルス」による）を、二〇二〇年国勢調査の都道府県別人口一〇万人当たりの比率でみると、上位から沖縄県（人口密度九位）、佐賀県、大阪府（人口密度二位）、熊本県、福岡県（人口密度七位）、東京都（人口密度一位）、宮崎県、広島県、愛知県（人口密度五位）、鹿児島県である。なぜ九州各県で高いのかはわからない。

減少したためと、テレワークが浸透したことによって転出者が増加したためである。それまで自宅に部屋のなかった夫がテレワーク用のスペースを確保するために、東京都区部から市町村部へ、また東京都から神奈川県、埼玉県、千葉県へと、東京圏内部で移動したと考えられる。

二〇二二年になると、東京都の転入超過が大幅に回復して、人口も増加に転じた。経済活動の正常化にともなってふたたび神奈川県、埼玉県、千葉県から東京都へ、東京都市町村部から区部へと人口が動いているようにみえる。

今後、郊外移住・地方移住の流れが続くのか、東京一極集中に戻るのか、いまのところ見通せない。

最後に、札ノ辻から見た現在の東京タワーの姿である。六五年前、六子を乗せたオート三輪は、札ノ辻から桜田通りを東京タワーに向かう都電三系統とすれちがって「夕日町三丁目商店街」に着いた。

図 9-4　札ノ辻から見た東京タワー（現在）

（出所）　著者撮影。

おわりに――第二の近代社会を生きる

明日香と翔へ

これであなたたち二人のお祖母さんとお祖父さん、お母さんとお父さんがたどってきた歩みと、その歩みが作ってきた戦後という時代の変化についての話を終わります。

あなたたちのお祖母さんはリンゴの花咲く青森の伝統的な家族に生まれ育ち、集団就職列車に乗って高度経済成長が始まったばかりの東京にやってきました。そして、お祖父さんと出会って近代家族を作り、そこであなたたちのお母さんが生まれました。お祖母さんとお祖父さんは、日本が伝統社会から近代社会に変貌する激動の時代に、苦労しながらあなたたちのお母さんとおじさんを大切に育てたでしょう。いま振り返れば楽しい日々だったかもしれません。

あなたたちのお母さんとお父さんも、日本が近代社会から第二の近代社会に変化していく多くの痛みをともなう時代に、なんとかやりくりしながらあなたたち二人を大事に育ててきたはずです。綱渡りの日もあったでしょう。僕も七時のお迎え時間ぎりぎりに必死で自転車のペダルをこいで保育園に駆けこんでくるお母さんやお父さんたちの姿をよく覚えています。

あなたたちはこれから第二の近代社会を生きていくことになるでしょう。もう高度経済成長が戻ってくることはありません。日本の高度経済成長は、高齢化率が低く現役世代の扶養負担が小さい「人口ボーナス」（一七三頁）の状態で起きました。「人口オーナス」が続く今後、日本に高度経済成長が戻ってくることはないでしょう。人口ボーナスの波は、日本のあと、ＮＩＥＳ（新興工業経済地域）諸国（シンガポール、香港、台湾、韓国など）、そして中国、ＡＳＥＡＮ諸国へと向かい、それぞれに高度経済成長を迎えましたが、その波ももう通り過ぎようとしています。次はインド、アフリカに向かっていくでしょう。

そして、近代家族ももう戻ってくることはないでしょう。お祖母さんとお祖父さんは、お祖父さんがモーレツ社員として懸命に働いて一家四人の生活を支え、お祖母さんが専業主婦として家事と育児を一手に引き受ける近代家族を作りました。みんなが結婚して、二、三人の子どもをもった時代でした。近代家族は日本的経営を特徴とする雇用の戦後体制と性別分業を特徴とする家族の戦後体制の産物でした。したがって、それは高度経済成長の産物でした。高度経済成長が戻ってこない以上、近代家族も戻ってきません。少なくともみんなに戻ってくることはありません。戻ってこないものをいつまでも待っていてもしかたありません。前に進むしかありません。

あなたたちはもう「標準」にしたがって生きる必要はありません。あなたたちのお祖母さんとお祖父さんは「標準世帯」「標準労働者」という模範にしたがって「標準的」な人生を歩んできました。それはそれで息苦しいものであったかもしれません。しかし、第二の近代社会では家族の形も働き方も多様になりました。もう男だからといって、一家の生活を一人で支えなければならないわけではありませんし、女だからといって、家事や育児を一人で担わなければならないわけでもありません。いくつまでに結婚しなければならないということもありませんし、子どもを何人持たなければならないということもありません。結婚を選択しない人たちもおおぜいいます。

多様な「家族」の形

近代家族をめざす必要はありませんが（めざしてもいいですがいまや「狭き門」です）、それでも「家族」は必要です。この本には実は大きな欠点があります。主に政府の公式統計を用いて話を進めてきたので、この本で「結婚」といってきたのは婚姻届を提出した「法律婚」のことです。婚姻届を提出していなければ、実質的に「家族」生活を営んでいても統計上は「未婚」とみなされてしまいます。人間は一人では生きていけません。人間が生きていくためにはありのままの自分を認め受け容れてくれる「場所」がどうしても必要です。いま必要だといった「家族」とはそのような「場所」のことです。法律婚も「家族」の一つですが、法律婚だけが「家族」であるわけではありません。婚姻届を出していない事実婚[1]も「家族」ですし、同性婚も「家族」ですし、シェアハウスも「家族」ですし、友だちだって「家族」です。ほかにもまだまだいろいろな「家族」の形があるはずです。

トロント大学に親しくしている先生がいます。離婚した後、日系人の作家と暮らしています。先妻との間に娘さんがいて、娘が結婚したから写真を見てくれといって、写真を見せてくれました。そこには二人の女性がにこやかに並んで写っていました。カナダでは二〇〇五年から同性婚が認められています。その次に会ったら、娘に子どもができたから見てくれというので、えっ？　と驚きましたが、そこには二人の白人の女性に抱かれた笑顔の黒人の赤ちゃんが写っていました。これも「家族」です。

「ALWAYS 三丁目の夕日」でも一つの「家族」の形が描かれていました。小説家の茶川竜之介は鈴木オートの向かいで駄菓子屋を営みながら一人暮らしていましたが、飲み屋のおかみヒロミに「縁もゆかりもない」少年淳之介を押しつけられていっしょに暮らすようになります。そして、二人はしだいに心を通わせ「家族」になっていきます。「ALWAYS 続・三丁目の夕日」ではヒロミもこの「家族」の一員となります。家族社会学者の渡辺秀樹はこの茶川と淳之介とヒロミの「家族」についてこのように書いています。

映画『ALWAYS 続三丁目の夕日』（二〇〇七年）は、近代家族の完成以前の昭和三〇年代への郷愁として描かれていると評されるが、実は、近代家族以後のあらたな関係をも提示していると考えたい。それは、売れない作家の茶川と、実子ではない淳之介、そして、（小雪が演じる）踊り子のヒロミとの間に結ばれる絆である。近代家族とは異なる、いわば多様な家族のありかた（家族と呼ばなくともよい、あらたな関係）が提示されている（渡辺秀樹「絆のゆくえ　家族と地域のつながりをつくる」岩上真珠・鈴木岩弓・森謙二・渡辺秀樹『いま、この日本の家族』一八〇―一頁）。

家族社会学者ならではの洞察だと思います。

「自分自身になる」

最後に第二の近代社会を生きていく二人にはなむけの言葉を送ります。僕が社会に巣立っていく卒業生たちに送ってきた言葉です。

主があの世で私に、メイル、[2]お前はなぜモーゼにならなかったのだ、と問われたとするならば、私はこうお答えするだろう――主よ、私がメイルにほかならないからです。そしてもし主がさらに、

1　『〔令和四年版〕男女共同参画白書』（内閣府）によれば、「事実婚に関するデータは少なく、その実態は見えにくい。しかし、内閣府で令和三（二〇二一）年度に実施した各種意識調査の結果を見ると、事実婚を選択している人は成人人口の二～三％を占めていることが推察される。〔……〕『事実婚』と言われる結婚の形を選択する理由としては、夫婦の名字・姓の問題があることが指摘されている。内閣府男女共同参画局が実施した委託調査においては、積極的に結婚したくない理由として『名字・姓が変わるのが嫌・面倒だから』と回答した割合は、二〇～三〇代の女性で二五・六％、男性で一一・一％、四〇～六〇代の女性で三五・三％、男性で六・六％であった」（六三頁）。

2　「ユダヤ教聖典の注釈者のひとりとされる二世紀に生きた賢者」（訳者注）。

メイル、お前はなぜベン・アキバ[3]にならなかったのだ、と問われたとするならば、おなじように私はお答えするだろう——主よ、私がまさにメイルだからです。だがしかし、もし主がこうお尋ねになったとする——メイル、お前はなぜメイルにならなかったのだ？　さて、私はなんとお答えしたらいいだろう（ジンメル『ジンメル宗教論集』三八〇頁）。

これは、二世紀のユダヤ教のラビ、メイルが弟子に語った言葉を、ドイツの社会学者ジンメルが引用したものです。一〇〇年ほど前のことです。メイルが弟子に言っているのは、人間は「なるもの」「成長するもの」であること、そしてその成長はモーゼやベン・アキバのような外的なものさしで測られるのではなく、自分自身をものさしとして自分がどれだけ自分になったかで測られるということです。

自分はすでに自分であるはずなのに自分になるとはどういうことでしょう。ジンメルがこの言葉を引用しているのは、ジンメルが（約一〇〇年前の）近代社会にいだいていた危機感と関係しています。ジンメルはおそらくワーク・ライフ・バランスという問題に最初に気づいた社会学者です。

社会はひとつの全体性と有機的統一であろうとし、そこでは社会に属するおのおのの個人はひとつの部分にすぎない。そこでは、個人がそれとして果たさなければならない固有の機能に、可能ならば個人はその全力を注ぎこんで、あますところなくこの機能にもっともふさわしいにない手と化すまでにならねばならない。しかしこの役割に対して、個人が自分自身に対してもつ一体性と全体性への欲求が反逆する。個人はみずからまったきものであろうとする。社会がまったきものとなることを助けるのみでなく、社会がその利害から個人のもつ諸能力のあいだに差別を設けようとも、個人はみずからの能力の全体を展開することを望む。これこそが、社会的制約に対する個人の自由の要求の本質的意味である（同三六一―二頁）。

社会はさまざまな個人から作られる統一体です。他方、個人もまたさまざまな夢や理想や欲望からなる統一体です。つまり、社会はそれ自体さまざまな要素の統一体である個人から作られる一段高次の統一体であるということになります。そして、社会がそれ自体でまったきものになろうとするとき、その要求は自らもまったきものになろうとする個人の要求とぶつかることになります。ワーク・ライフ・バランスという問題の原型がここにあります。

企業は自ら完成されたものになろうとして、それを構成する個人に単一の役割を割り当て、個人にその役割に全人格的に同一化することを求めます。しかし、それは企業の側の都合であって、個人の側には個人の都合があります。たしかに仕事も大事だけれども、パートナーとの生活も大切だし、子どもと過ごす時間はかけがえがないし、友人との息抜きの時間も必要だし、趣味の時間もほしい、というのがふつうでしょう。ジンメルは「人はけっして完全に結婚しているのではなく、たかだかたんに人格の一

3 「紀元一世紀末から二世紀ごろに活動したもっとも高名なユダヤ教の律法学者のひとり」（訳者注）。

部［……］で結婚しているにすぎない」（ジンメル『社会学〔上巻〕』一六八頁）と言ったことがあります。同じように人はたかだか人格の一部で仕事をしているにすぎませんし、たかだか人格の一部で学校に行っているにすぎません。また、たかだか人格の一部で個々の友人とつきあっているにすぎませんし、たかだか人格の一部で趣味に打ち込んでいるにすぎません。これらのさまざまな要素が合わさって一個の人格が作られます。もちろん仕事一筋の人や、「家族」一筋の人や趣味一筋の人がいたってかまいません。それぞれの要素の間での力の配分は人によってさまざまです。この配分次第でどの人も他の人と異なる個性的な自分になっていきます。明日香は明日香以外の者にはなれませんし、翔も翔以外の人間になる必要はありません。それぞれの要素をどれだけ発展させたか、自分の可能性をどれだけ生きつくしたか、どれだけまったきものになったかという内在的な基準にしたがって、どれだけ自分が自分自身になったかが測られます。「お前はなぜ明日香にならなかったのだ？」「お前はなぜ翔にならなかったのだ？」という問いは、それはそれできびしい問いだと思います。人生はこれからです。時間をかけてゆっくりと、一歩ずつ、明日香が明日香自身となり、翔が翔自身となる道を歩んでほしいと思います。勇気を出して前に進んでください。

謝　辞

僕が六子の話をはじめて取り上げたのは、東日本大震災の年、慶應義塾大学文学部が主催した「絆」をテーマとする連続公開講座の一つでした（浜日出夫「『無縁社会』現象から考える『絆』」慶應義塾大学文学部編『「絆」を考える』）。その後、慶應義塾大学の「社会学史」の授業で少しずつバージョンアップして、現在勤務している東京通信大学の「戦後社会論」でほぼ現在の形になり、最終的には二〇二〇年と二一年に早稲田大学教育学部で担当した「ポストモダン社会論」で本書の形になりました。それぞれの機会を与えてくださった方々に感謝を申し上げます。またそれぞれの授業を聞いてくださった学生のみなさんにも感謝したいと思います。みなさんのリアクションが少しでも本書に反映されていれば幸いです。

有斐閣書籍編集第二部の松井智恵子さん、四竈佑介さん、猪石有希さんにはたいへんお世話になりました。心から感謝を申し上げたいと思います。猪石さんは「社会学史」の受講生の一人でした。素敵な表紙を描いてくださったCaNNNAさんにも感謝申し上げます。

最後に本書をわが家の女性たち、母・妻・娘に捧げたいと思います。

大野晃，2005，『山村環境社会学序説――現代山村の限界集落化と流域共同管理』，農山漁村文化協会
増田寛也編，2014，『地方消滅――東京一極集中が招く人口急減』，中央公論新社
三浦展，2004，『ファスト風土化する日本――郊外化とその病理』，洋泉社

おわりに

ジンメル，ゲオルク，居安正訳，1994，『社会学――社会化の諸形式についての研究〔上巻〕』，白水社
ジンメル，ゲオルク，深澤英隆編訳，2021，『ジンメル宗教論集』，岩波書店
内閣府男女共同参画局，2022，『〔令和4年版〕男女共同参画白書』
浜日出夫，2012，「『無縁社会』現象から考える『絆』」，慶應義塾大学文学部編，『「絆」を考える――文学部は考える2』，慶應義塾大学出版会
渡辺秀樹，2010，「絆のゆくえ　家族と地域のつながりをつくる」，岩上真珠・鈴木岩弓・森謙二・渡辺秀樹，『いま，この日本の家族――絆のゆくえ』，弘文堂

大内裕和，2017，『奨学金が日本を滅ぼす』，朝日新聞出版
落合恵美子，2008，「近代家族は終焉したか――調査結果が見せたものと隠したもの」，NHK 放送文化研究所編，『現代社会とメディア・家族・世代』，新曜社
落合恵美子，2019，『21 世紀家族へ――家族の戦後体制の見かた・超えかた〔第 4 版〕』，有斐閣
片瀬一男，2015，『若者の戦後史――軍国少年からロスジェネまで』，ミネルヴァ書房
小林美希，2008，『ルポ“正社員”の若者たち――就職氷河期世代を追う』，岩波書店
筒井淳也，2015，『仕事と家族――日本はなぜ働きづらく，産みにくいのか』，中央公論新社
内閣府，2003，『〔平成 15 年版〕国民生活白書』，ぎょうせい
内閣府，2022，『〔令和 4 年版〕男女共同参画白書』
永井暁子，2006，「家族政策と家族生活の日欧比較」，財団法人家計経済研究所第 36 回報告
日本経営者団体連盟，1995，『新時代の「日本的経営」――挑戦すべき方向とその具体策』
野村正實，2007，『日本的雇用慣行――全体像構築の試み』，ミネルヴァ書房
橋本健二，2020，『アンダークラス 2030――置き去りにされる「氷河期世代」』，毎日新聞出版
濱口桂一郎，2021，『ジョブ型雇用社会とは何か――正社員体制の矛盾と転機』，岩波書店
本田由紀，2014，『社会を結びなおす――教育・仕事・家族の連携へ』，岩波書店
本田由紀，2014，『もじれる社会――戦後日本型循環モデルを超えて』，筑摩書房
本田由紀，2019，「若者の困難・教育の陥穽」，吉見俊哉編，『平成史講義』，筑摩書房
前田正子，2018，『無子高齢化――出生数ゼロの恐怖』，岩波書店
山口一男，2009，『ワークライフバランス――実証と政策提言』，日本経済新聞出版社

第 9 章
新雅史，2012，『商店街はなぜ滅びるのか――社会・政治・経済史から探る再生の道』，光文社
李永俊，2012，「地域間移動から若者が得る経済的な利益」，石黒格・李永俊・杉浦裕晃・山口恵子，『「東京」に出る若者たち――仕事・社会関係・地域間格差』，ミネルヴァ書房
石黒格，2012，「本書の目的とデータの概要」，石黒格・李永俊・杉浦裕晃・山口恵子，『「東京」に出る若者たち――仕事・社会関係・地域間格差』，ミネルヴァ書房

波書店
見田宗介，2006，『社会学入門――人間と社会の未来』，岩波書店
三和良一・原朗編，2010，『近現代日本経済史要覧〔補訂版〕』，東京大学出版会
吉川洋，2012，『高度成長――日本を変えた6000日』，中央公論新社
労働大臣官房政策調査部編，1991，『転勤と単身赴任――転勤と勤労者生活に関する調査研究会報告書』，大蔵省印刷局

第6章

上野千鶴子，2011，『おひとりさまの老後』，文藝春秋
今野晴貴，2012，『ブラック企業――日本を食いつぶす妖怪』，文藝春秋
酒井順子，2006，『負け犬の遠吠え』，講談社
佐藤俊樹，2000，『不平等社会日本――さよなら総中流』，中央公論新社
橘木俊詔，1998，『日本の経済格差――所得と資産から考える』，岩波書店
橘木俊詔，2006，『格差社会――何が問題なのか』，岩波書店
三和良一・原朗編，2010，「近現代日本経済史要覧〔補訂版〕」，東京大学出版会
山田昌弘，1999，『パラサイト・シングルの時代』，筑摩書房
山田昌弘，2007，『希望格差社会――「負け組」の絶望感が日本を引き裂く』，筑摩書房
山田昌弘・白河桃子，2008，『「婚活」時代』，ディスカヴァー・トゥエンティワン
吉川洋，2012，『高度成長――日本を変えた6000日』，中央公論新社
渡辺和博・タラコプロダクション，1984，『金魂巻――現代人気職業三十一の金持ビンボー人の表層と力と構造』，主婦の友社

第7章

岩澤美帆・金子隆一・佐藤龍三郎，2016，「ポスト人口転換期の出生動向」，佐藤龍三郎・金子隆一編，『ポスト人口転換期の日本』，原書房
塩沢美代子・島田とみ子，1975，『ひとり暮しの戦後史――戦中世代の婦人たち』，岩波書店
内閣府男女共同参画局，2022，『〔令和4年版〕男女共同参画白書』
濱口桂一郎，2021，『ジョブ型雇用社会とは何か――正社員体制の矛盾と転機』，岩波書店
山田昌弘，2007，『少子社会日本――もうひとつの格差のゆくえ』，岩波書店

第8章

赤川学，2017，『これが答えだ！　少子化問題』，筑摩書房
大内章子，1999，「女性総合職・基幹職の実態調査」，『三田商学研究』42（1），117-180
大内章子，2007，「均等法世代の総合職女性の離転職行動」，『組織科学』41（2），29-41

東京百年史編集委員会編，1979，『東京百年史　第 6 巻　東京の新生と発展（昭和期戦後)』，ぎょうせい
中島京子，2010，『小さいおうち』，文藝春秋
西川祐子，2004，『住まいと家族をめぐる物語――男の家，女の家，性別のない部屋』，集英社
西山夘三，1989，『すまい考今学――現代日本住宅史』，彰国社
日本団地年鑑編集委員会編，1967，『日本団地年鑑――首都圏版』，日本だんち新聞社
野村正實，1994，『終身雇用』，岩波書店
橋本健二，2010，「激変する社会の多様な就業構造」，橋本健二編，『家族と格差の戦後史――1960 年代日本のリアリティ』，青弓社，
橋本健二，2020，『〈格差〉と〈階級〉の戦後史』，河出書房新社
原武史，2012，『団地の空間政治学』，NHK 出版
本田由紀，2005，『若者と仕事――「学校経由の就職」を超えて』，東京大学出版会
見田宗介，1999，「世界の芽吹く場所」，『水俣展総合パンフレット』，水俣フォーラム
山岡靖，1987，「東京の軽井沢――桜新町」，山口廣編，『郊外住宅地の系譜――東京の田園ユートピア』，鹿島出版会
若林幹夫，2007，『郊外の社会学――現代を生きる形』，筑摩書房

第 5 章

今田高俊，1989，『社会階層と政治』，東京大学出版会
沖藤典子，1986，『転勤族の妻たち』，創元社
小熊英二，2019，『日本社会のしくみ――雇用・教育・福祉の歴史社会学』，講談社
木本喜美子，1995，『家族・ジェンダー・企業社会――ジェンダー・アプローチの模索』，ミネルヴァ書房
講談社，1997，『週刊 YEAR BOOK　日録 20 世紀　1973』，講談社
武田晴人，2019，『日本経済史』，有斐閣
富永健一，1986，『社会学原理』，岩波書店
富永健一・友枝敏雄，1986，「日本社会における地位非一貫性の趨勢　1955-1975 とその意味」，『社会学評論』37（2)：152-174
友枝敏雄，2023，「地位の一貫性・非一貫性と政治的態度」，友枝敏雄・浜日出夫・山田真茂留編，『社会学の力――最重要概念・命題集〔改訂版〕』，有斐閣
野村正實，1998，『雇用不安』，岩波書店
橋本健二，2018，『新・日本の階級社会』，講談社
濱口桂一郎，2009，『新しい労働社会――雇用システムの再構築へ』，岩波書店
濱口桂一郎，2013，『若者と労働――「入社」の仕組みから解きほぐす』，中央公論新社
濱口桂一郎，2021，『ジョブ型雇用社会とは何か――正社員体制の矛盾と転機』，岩

社
山口覚，2016，『集団就職とは何であったか――〈金の卵〉の時空間』，ミネルヴァ書房
山下祐介・作道信介・杉山祐子，2008，「津軽地域とその変容――周縁地域の近代化論にむけて」，山下祐介・作道信介・杉山祐子編，『津軽，近代化のダイナミズム――社会学・社会心理学・人類学からの接近』，御茶の水書房

第 2 章

上山和雄，2009，「東京オリンピックと渋谷，東京」，老川慶喜編，『東京オリンピックの社会経済史』，日本経済評論社
下水道東京 100 年史編纂委員会編，『下水道東京 100 年史』，東京都下水道局
重兼芳子，1984，『女房の揺り椅子』，講談社
東京都編，1994，『東京都政五十年史　事業史Ⅰ』，東京都
東京都交通局，2012，『東京都交通局 100 年史』，東京都交通局
東京百年史編集委員会編，1979，『東京百年史　第 6 巻　東京の新生と発展（昭和期戦後）』，ぎょうせい
堀川惠子，2017，『永山則夫――封印された鑑定記録』，講談社
見田宗介，2006，『社会学入門――人間と社会の未来』，岩波書店
吉川洋，2012，『高度成長――日本を変えた 6000 日』，中央公論新社
吉川文夫，1997，『東京都電の時代』，大正出版
吉見俊哉，2002，「メディア・イベントとしての『御成婚』」，津金澤聰廣編，『戦後日本のメディア・イベント［1945-1960 年］』，世界思想社

第 4 章

青木俊也，2001，『再現・昭和 30 年代　団地 2DK の暮らし』，河出書房新社
NHK スペシャル取材班，2018，『本土空襲全記録』，KADOKAWA
小熊英二，2019，『日本社会のしくみ――雇用・教育・福祉の歴史社会学』，講談社
小田光雄，2017，『〈郊外〉の誕生と死』，論創社
落合恵美子，2019，『21 世紀家族へ――家族の戦後体制の見かた・超えかた〔第 4 版〕』，有斐閣
小野浩，2009，「住まいの理想と現実」，老川慶喜編，『東京オリンピックの社会経済史』，日本経済評論社
苅谷剛彦，1991，『学校・職業・選抜の社会学――高卒就職の日本的メカニズム』，東京大学出版会
経済企画庁編，1961，『国民生活白書〔昭和 35 年版〕』，大蔵省印刷局
今和次郎，1987，『考現学入門』，筑摩書房
今和次郎，1989，『日本の民家』，岩波書店
菅山真次，2011，『「就社」社会の誕生――ホワイトカラーからブルーカラーへ』，名古屋大学出版会

参考文献

はじめに

NHK「無縁社会プロジェクト」取材班編，2010，『無縁社会――“無縁死”三万二千人の衝撃』，文藝春秋
柴垣和夫，1975，「産業構造の変革」，東京大学社会科学研究所編，『戦後改革 8 改革後の日本経済』東京大学出版会
原朗，1995，「戦後五〇年と日本経済――戦時経済から戦後経済へ」『年報・日本現代史』，1，79-111
福沢諭吉，1995，『文明論之概略』，岩波書店
ホブズボーム，エリック，河合秀和訳，1996，『20 世紀の歴史――極端な時代〔上巻〕』，三省堂
宮本憲一，1994，『昭和の歴史　第 10 巻　経済大国〔新装版〕』，小学館
三和良一・原朗編，2010，『近現代日本経済史要覧〔補訂版〕』，東京大学出版会
吉川洋，2012，『高度成長――日本を変えた 6000 日』，中央公論新社

第 1 章

石田浩，2000，「中卒者就職のミクロなメカニズム」，苅谷剛彦・菅山真次・石田浩編，『学校・職安と労働市場――戦後新規学卒市場の制度化過程』，東京大学出版会
小川利夫・高沢武司編，1967，『集団就職――その追跡研究』，明治図書出版
加瀬和俊，1997，『集団就職の時代――高度成長のにない手たち』，青木書店
苅谷剛彦，2000，「問題の提起と本研究の射程」，苅谷剛彦・菅山真次・石田浩編，『学校・職安と労働市場――戦後新規学卒市場の制度化過程』，東京大学出版会
苅谷剛彦，2000，「学校・職安・地域間移動」，苅谷剛彦・菅山真次・石田浩編，『学校・職安と労働市場――戦後新規学卒市場の制度化過程』，東京大学出版会
菅山真次・西村幸満，2000，「職業安定行政の展開と広域紹介」，苅谷剛彦・菅山真次・石田浩編，『学校・職安と労働市場――戦後新規学卒市場の制度化過程』，東京大学出版会
関口安義，2006，『キューポラのある街――評伝早船ちよ』，新日本出版社
中央青少年問題協議会事務局編，1959，『青少年白書〔1958 年版〕』，大蔵省印刷局
鳥越晧之，1993，『家と村の社会学〔増補版〕』，世界思想社
永山則夫，1990，『無知の涙〔増補新版〕』，河出書房新社
並木正吉，1960，『農村は変わる』，岩波書店
早船ちよ，1965，『集団就職の子どもたち――その夢と現実』，弘文堂
福武直，1978，『日本の農村〔第 2 版〕』，東京大学出版会
堀川惠子，2017，『永山則夫――封印された鑑定記録』，講談社
見田宗介，2008，『まなざしの地獄――尽きなく生きることの社会学』，河出書房新

第 9 章

第 5 章

第 6 章

第 7 章

第 8 章

図表一覧

■人名・た行

■人名・な行

■人名・は行

■人名・ま行

■人名・や・わ行

■や行

■ら行

■わ行

■人名・あ行

■人名・か行

■人名・さ行

■な行

■た行

■さ行

索　引

（人名には「六子」たち本書の登場人物も含めた）

戦後日本社会論――「六子《むつこ》」たちの戦後

Social Theory of Postwar Japan: The Journey of "Mutsuko" and the Others

---

2023年11月25日 初版第1刷発行

著　者　浜 日出夫

発行者　江草貞治

発行所　株式会社有斐閣

〒101-0051 東京都千代田区神田神保町2-17

https://www.yuhikaku.co.jp/

装　丁　CaNNNA

印　刷　大日本法令印刷株式会社

製　本　大口製本印刷株式会社

装丁印刷　株式会社亨有堂印刷所

落丁・乱丁本はお取替えいたします。定価はカバーに表示してあります。

Printed in Japan. ISBN 978-4-641-17492-4